O Espírito Santo

Dados Internacionais de Catalogação na Publicação (CIP)
(Câmara Brasileira do Livro, SP, Brasil)

Boff, Leonardo
O Espírito Santo : fogo interior, doador de vida
e Pai dos pobres / Leonardo Boff. – Petrópolis, RJ :
Vozes, 2013.

2ª reimpressão, 2023.

ISBN 978-85-326-4653-8

1. Deus – Amor 2. Espírito Santo 3. Espírito
Santo na Bíblia 4. Pentecostalismo – Igreja
Católica 5. Pentecostes 6. Santíssima Trindade
7. Vida espiritual I. Título.

13-08250 CDD-231.3

Índices para catálogo sistemático:
1. Espírito Santo : Teologia cristã   231.3

Leonardo Boff

O Espírito Santo
Fogo interior, doador de vida e Pai dos pobres

EDITORA VOZES
Petrópolis

© by Animus/Anima Produções Ltda.
Caixa Postal 92.144 – Itaipava
25741-970 Petrópolis, RJ
www.leonardoboff.com

Direitos de publicação em língua portuguesa:
2013, Editora Vozes Ltda.
Rua Frei Luís, 100
25689-900 Petrópolis, RJ
www.vozes.com.br
Brasil

Todos os direitos reservados. Nenhuma parte desta obra poderá ser reproduzida ou transmitida por qualquer forma e/ou quaisquer meios (eletrônico ou mecânico, incluindo fotocópia e gravação) ou arquivada em qualquer sistema ou banco de dados sem permissão escrita da editora.

CONSELHO EDITORIAL

Diretor
Volney J. Berkenbrock

Editores
Aline dos Santos Carneiro
Edrian Josué Pasini
Marilac Loraine Oleniki
Welder Lancieri Marchini

Conselheiros
Elói Dionísio Piva
Francisco Morás
Gilberto Gonçalves Garcia
Ludovico Garmus
Teobaldo Heidemann

Secretário executivo
Leonardo A.R.T. dos Santos

Editoração: Maria da Conceição B. de Sousa
Diagramação: Sheilandre Desenv. Gráfico
Capa: Adriana Miranda

ISBN 978-85-326-4653-8

Este livro foi composto e impresso pela Editora Vozes Ltda.

Dedicatória

Dedico este livro às mulheres, geradoras de vida ou
que entregaram suas vidas nos fundões de nosso país,
na Região Amazônica e no sertão para salvar vidas
ameaçadas. Possuem uma conaturalidade com o Espírito
Santo porque, como elas, é doador de vida.

Sumário

Prefácio – Pentecostes foi só o começo, 9

I. Vem, Espírito Santo; vem com urgência, 13

II. No princípio era o Espírito: novo modelo de pensar Deus, 55

III. Espírito: as interpretações das experiências-base, 75

IV. A passagem do espírito ao espírito de santidade, 91

V. O salto do espírito de santidade para o Espírito Santo, 95

VI. Do Deus-Espírito Santo à Terceira Pessoa da Santíssima Trindade, 119

VII. Os caminhos da reflexão sobre a Terceira Pessoa da Santíssima Trindade, 129

VIII. Os pensadores do Espírito: homens e mulheres, 143

IX. O Espírito, Maria de Nazaré e o feminino pneumatizado, 167

X. O universo: templo e campo de ação do Espírito Santo, 175

XI. A Igreja: sacramento do Espírito Santo, 193

XII. Espiritualidade: vida segundo o Espírito, 215

XIII. Comentários aos hinos ao Espírito Santo, 245

Conclusão – O Espírito foi o primeiro a chegar e ainda está chegando, 267

Referências essenciais, 269

Índice, 277

Livros de Leonardo Boff, 281

Prefácio
Pentecostes foi só o começo

Depois de muitos anos de pesquisa e de reflexão, apresento aqui um pequeno tratado sobre o Espírito Santo: no cosmos, na humanidade, nas religiões, nas igrejas e em cada pessoa humana, especialmente nos pobres.

Os tempos ameaçadores que vivemos reclamam uma séria reflexão sobre o *Spiritus Creator.* Sua criação está ameaçada. E nela os pobres e marginalizados padecem grandes opressões que exigem processos de libertação. A ameaça não vem de algum meteoro rasante como há 65 milhões de anos que exterminou os dinossauros depois de viverem por mais de cem milhões de anos sobre a Terra. O meteoro rasante atual se chama *homo sapiens e demens*, duplamente *demens*. Por sua relação agressiva para com a Terra e com todos os seus ecossistemas, pode eliminar a vida humana, destruir nossa civilização e afetar gravemente toda a biosfera. Diz-se com razão que inauguramos uma nova era geológica, chamada de *antropoceno*; vale dizer, o ser humano como o grande perigo para o sistema-Terra e para o sistema-vida.

É num contexto assim que refletiremos sobre o Espírito Santo. Mas o faremos com o rigor exigido pela teologia. Procuraremos identificar na história aquelas experiências que nos permitem captar o espírito. Este está primeiro no cosmos e somente depois em nós.

Do espírito nos alçamos ao Espírito de Deus, para culminar-nos no Espírito Santo, a Terceira Pessoa da Santíssima Trindade. As fontes são as experiências humanas e os textos fundadores da fé cristã: os dois Testamentos.

Além deste esforço de reconstrução, interessa-nos principalmente um ponto de densidade paradigmática. Pensar o Espírito é pensar o movimento, a ação, o processo, a emergência, a história e a irrupção do novo e do surpreendente. É pensar o devir, o permanente vir a ser. Este não pode ser apreendido com as categorias clássicas com as quais se elaborou o discurso ocidental, tradicional e convencional da teologia. Deus, Cristo, a graça e a Igreja foram pensados dentro de categorias metafísicas de substância, de essência e de natureza. Portanto, por algo estático e sempre já circunscrito de forma imutável. É o paradigma grego feito oficial pela teologia cristã.

Ora, o Espírito Santo nos obriga, para apreendê-lo adequadamente, a pensá-lo dentro de outro paradigma mais próximo da moderna cosmologia. Esta vê todas as coisas em gênese, emergindo a partir de um fundo de Energia Inominável, Misteriosa e Amorosa que está antes do antes, no tempo e no espaço zero. Ela sustenta o universo e todos os seres nele existentes e por vir, e penetra de ponta a ponta toda a criação.

A tarefa de redizer o terceiro artigo do Credo – "Creio no Espírito Santo" – nestes novos moldes não está isenta de dificuldades. Empregamos nessa diligência nossos melhores esforços, cientes de que ficamos aquém da tarefa que o Deus-Espírito demandava.

A reflexão teológica nunca é obra de uma pessoa, mas de toda uma comunidade pensante que, imbuída de fé, procura fazer luz lá onde o horizonte se obscurece. Mas no termo nos damos conta de que esta obscuridade é própria do Mistério. Este sempre se revela mas também se vela. A missão dos teólogos e das teólogas é buscar incessantemente esta revelação.

É próprio do Espírito esconder-se. É próprio do ser humano descobri-lo. Ele sopra onde quer e não sabemos nem de onde vem nem para onde vai (cf. Jo 3,8). Mas isso não nos exime da tarefa de des-ocultá-lo. E quando irrompe surpreendentemente, nos alegramos e celebramos, celebramos e nos entusiasmamos, nos entusiasmamos e ficamos ébrios de sua graça e de seus dons.

Pentecostes foi apenas o começo. Ele se prolonga ao longo e ao largo de toda a história e nos alcança até nos dias em que nos toca viver e sofrer.

Leonardo Boff
Petrópolis, Festa de Pentecostes de 2013.

I
Vem, Espírito Santo; vem com urgência

A situação do mundo, das religiões, das igrejas e dos pobres nos fazem gritar: "Vem, Espírito Santo! Vem depressa e com urgência!" O nosso grito vem das profundezas de uma terrível crise que pode nos levar para o abismo ou propiciar um salto de qualidade para um novo tipo de humanidade e para uma forma diferente de habitar a única Casa Comum que temos, que é a Mãe Terra.

Neste contexto de temor e angústia reboam em nós as palavras realistas do hino cantado na liturgia de Pentecostes: "*Sine tuo numine nihil est in homine, nihil est inoxium*" ("Sem a tua luz não há nada no ser humano, nada que seja puro"). Mas nos enchemos de esperança com a outra estrofe: "*In labore requies, in aestu temperies, in fletu solatium*" ("No trabalho és o descanso, no calor, a aragem, e no pranto, o consolo").

1 A presença do Espírito nas grandes crises

O Espírito Santo perpassa sempre a história, mas irrompeu especialmente nos momentos críticos, seja do universo, seja da humanidade, seja na vida individual das pessoas. Quando se deu a primeira singularidade, o *big-bang*, a instabilidade originária ou o estouro silencioso (não havia ainda espaço e tempo que permitissem ouvir qualquer coisa) daquele pontozinho bilionésimas vezes menor do que a cabeça de um alfinete, mas cheio de energias e informações, dando origem ao universo que conhecemos, aí estava de forma densíssima o Espírito. É o que vem sugerido no primeiro relato bíblico da criação, que se refere ao Espírito que pairava sobre o caos originário (*thouwabou*: Gn 1,1). Foi Ele que presidiu o sutilíssimo equilíbrio de todos os fatores, sem os quais não haveria a expansão das energias fundamentais, nem a matéria (a "Partícula de Deus" e o "Campo de Higgs"), nem o surgimento das grandes estrelas vermelhas. Estas, depois de milhões e milhões de anos, explodiram, fornecendo os materiais com os quais se forjaram os conglomerados de galáxias, as estrelas, os planetas e nós mesmos.

O Espírito estava presente no momento em que a matéria alcançou alta complexidade, que permitiu a irrupção da vida, há 3,8 bilhões de anos. Presente estava também nas 15 grandes dizimações sofridas pela Terra, especialmente aquela do Cambriano, há 570 milhões de anos, na qual 80-90% das espécies vivas desapareceram. Novamente estava presente quando há 245 milhões de anos, no permotriássico, deu-se a ruptura do único grande continente, a Pangeia, permitindo o surgimento dos atuais continentes.

Especialmente presente estava quando há 65 milhões de anos, no cretáceo, um imenso meteoro de 9,7km caiu na região do Caribe e produziu um verdadeiro armagedon ecológico, destruindo grande parte das espécies, nomeadamente os dinossauros, que por 133 milhões de anos perambularam por todas as partes do planeta. Depois dessa dizimação, como que se vingando, ocorreu a maior florada de biodiversidade da história da Terra.

Por essa época surgiu nosso ancestral, que vivia no alto das grandes árvores, tremendo de medo de ser devorado pelos dinossauros. Foi a partir de então que o Espírito densificou de modo singularíssimo sua presença ao fazer emergir do mundo animal o ser humano, portador de consciência, de inteligência e de capacidade de amor e de cuidado. Tal evento misterioso ocorreu há cerca de 7-9 milhões de anos, até que finalmente, há cem mil anos, surgiu, como *sapiens sapiens*, o ser humano de hoje que somos, enquanto homens e mulheres.

Para os cristãos, a maior presença do Espírito aconteceu quando Ele desceu sobre Maria. Veio e nunca mais se retirou dela. Desta presença permanente nasceu a santa humanidade de Jesus. E, junto com Jesus, Ele se tornou constantemente presente na história humana, particularmente na encarnação, na sua vida de pregador ambulante e anunciador de uma grande utopia, o do Reino de Deus: Jesus de Nazaré. Na força do Espírito curava doentes e ressuscitava mortos. Depois de ser executado na cruz, Ele o ressuscitou, fazendo que fosse o "novíssimo Adão" (1Cor 15,45).

Presente estava quando, estrepitosamente, na forma de línguas de fogo, irrompeu no meio da comunidade dos discípulos de Jesus, temerosos e confusos por não entenderem que uma pessoa "que passou pelo mundo fazendo o bem" (At 10,38) pudesse acabar na cruz e por fim tenha ressuscitado. Fez-se presente quando, perplexos sobre que caminho seguir, os apóstolos tomaram a decisão de ir pelo mundo, difundindo a mensagem libertadora de Jesus. Eles o dizem explicitamente: "pareceu bem a nós e ao Espírito Santo" (At 15,28) tomarmos o caminho dos gentios.

Poderíamos seguir com exemplos e mais exemplos de rupturas instauradoras que só foram possíveis por causa da ação do Espírito Santo. O Concílio Vaticano II afirma enfaticamente: "O Espírito de Deus dirige o curso da história com providência admirável, renova a face da Terra e está presente na evolução" (*Gaudium et Spes*, 26/281). As quatro rupturas, próximas a nós, merecem ser mencionadas: a realização do Concílio Ecumênico Vaticano II (1962-1965), a Conferência Episcopal dos Bispos Latino-americanos em Medellín (1969), o surgimento da Igreja da Libertação e a Renovação Carismática Católica (RCC).

Pelo Vaticano II (1962-1965) a Igreja acertou seu passo com o mundo moderno e com as liberdades que surgiram com ele. Especialmente estabeleceu um diálogo com a tecnociência, com o mundo do trabalho, com a secularização, com o ecumenismo, com as religiões e com os direitos fundamentais humanos. O Espírito rejuvenesceu com ar novo o crepuscular edifício da Igreja-instituição.

Em Medellín (1968) acertou o passo com o submundo da pobreza e da miséria que caracterizava e ainda caracteriza o continente latino-americano. Na força do Espírito, os pastores latino-americanos tiveram a coragem de fazer uma opção pelos pobres e contra a pobreza, e decidiram implementar uma prática pastoral que fosse de libertação integral: libertação não apenas de nossos pecados pessoais e coletivos, mas de libertação do pecado da opressão, do empobrecimento das massas, da discriminação dos povos originários, do desprezo pelos afrodescendentes e do pecado da dominação das mulheres pelos homens desde o neolítico.

Dessa prática, também por inspiração do Espírito, nasceu a Igreja da Libertação. Ela mostra seu rosto através da leitura popular da Bíblia, de um novo modo de ser Igreja mediante as Comunidades Eclesiais de Base, das várias pastorais sociais (dos Indígenas, dos Afrodescendentes, da

Terra, da Saúde, das Crianças e outras) e de sua correspondente reflexão, que é a Teologia da Libertação. Essa Igreja da Libertação criou cristãos engajados politicamente do lado dos oprimidos e contra as ditaduras militares, sofrendo perseguições, prisões, torturas e morte. Talvez é uma das poucas igrejas que podem contar com tantos mártires leigos e leigas, religiosos e religiosas, padres e teólogos, e até bispos como Angelleli na Argentina, Girardi na Guatemala e Oscar Arnulfo Romero em El Salvador.

A quarta irrupção à qual lhe dedicaremos mais detalhes foi o surgimento da Renovação Carismática Católica (RCC) a partir de 1967 nos Estados Unidos, e na América Latina a partir dos anos 70 do século XX. Ela trouxe de volta a centralidade da oração, da espiritualidade, da vivência dos carismas do Espírito com a criação de comunidades de oração e de cultivo dos dons do Espírito Santo. Essa renovação ajudou a superar a rigidez da organização eclesial, a frieza das doutrinas, e rompeu com o monopólio da Palavra detida pelo clero, abrindo espaço para a expressão livre dos fiéis.

Estes quatro eventos só são teologicamente bem avaliados se os colocarmos sob a ótica do Espírito Santo. Ele sempre atua na história e de forma inovadora na Igreja, que então se faz fonte de esperança e de alegria de viver a fé e a vida. Nesta ação ele se mostra, como canta a liturgia de Pentecostes, como o "pai dos pobres" (*pater pauperum*), animando-os a se organizarem e a buscarem a liberdade que lhes é socialmente negada.

Hoje vivemos talvez a maior crise da história da humanidade. Assim o é porque pode ser terminal. Com efeito, nós nos demos os instrumentos da autodestruição. Construímos os instrumentos de morte, que podem matar todos e liquidar a nossa civilização, tão custosamente construída em milhares e milhares de anos, de trabalho criativo. E junto conosco poderá perecer grande parte da biodiversidade. Se essa tragédia ocorrer, a Terra continuará sua trajetória, coberta de cadáveres, devastada e empobrecida, mas sem nós.

Por essa razão, dizemos que, com nossa tecnologia de morte, inauguramos uma nova era geológica: o *antropoceno*. Quer dizer, o ser humano está se mostrando como o grande meteoro rasante ameaçador da vida, como aquele que pode preferir a autodestruição de si mesmo e a danificação perversa da Terra viva, de Gaia, do que mudar de estilo de vida, de relação para com a natureza e para com a Mãe Terra. Como outrora na Palestina, judeus preferiram Barrabás a Jesus, os atuais inimigos da vida poderão preferir Herodes às crianças inocentes mortas nos arredores de Belém, onde nasceu Jesus. Mostrar-se-ão de fato o satã da Terra, ao invés de serem o anjo da guarda da criação.

É nesse momento que invocamos, imploramos e gritamos: *"Veni, Sancte Spiritus, et emite caelitus, lucis tuae radium"* ("Vem, Espírito Santo, envia do céu um raio de tua luz").

Sem a presença do Espírito corremos o risco de que a crise deixe de ser chance de acrisolamento, de purificação e de amadurecimento e degenere numa tragédia sem retorno.

Se um dia tivemos a coragem de eliminar o Filho de Deus quando quis ser um de nós, elevando-o numa cruz, por que não teríamos a perversa vontade de destruir tudo o que está ao nosso alcance, inclusive o nosso próprio futuro?

Mas cremos firmemente que Ele, que é o doador de toda vida, o *Spiritus Creator*, "lavará o que é sujo, irrigará o que é árido e sanará o que é doente" (*Lava quod est sordidum, riga quod es aridum, rege quod est saucium*"). Ao antropoceno oporemos o *ecoceno* (proteção de todos os ecossistemas); à era antropozoica contraporemos a era *ecozoica*. À cultura da devastação em função do crescimento ilimitado, ofereceremos uma cultura da sustentação de toda a vida. À qualidade de vida material, acessível a poucos, apresentaremos o bem-viver, realizável por todos. Deus, apresentado pelo livro da Sabedoria (11,24) como "o soberano amante da vida", não permitirá que ela se autodestrua.

Todas as grandes dizimações não conseguiram destruir a vida. Esta sempre se manteve, triunfou e refez, após milhares de anos de trabalho evolutivo, toda sua incontável diversidade de formas de vida. Não será agora, por nossa irresponsabilidade, que a vida será destruída. Seguramente conhecerá uma sexta-feira santa escura, tremenda e dolorosa. Mas não conseguirá impedir a invencível, triunfante e gloriosa ressurreição.

2 A erosão das fontes de sentido

Já foi dito com verdade que o ser humano é devorado por duas fomes: a de pão e a de espiritualidade. A fome de pão é saciável, embora milhões passem ainda fome; não a saciamos porque transformamos os alimentos, as águas, os solos e as sementes em *commodities*, vale dizer, em mercadorias que se negociam nos grandes mercados. É uma ofensa à vida, pois tudo o que tem a ver diretamente com a vida, especialmente a água, presente em todos os alimentos, é sagrado e não pode ser objeto de compra e venda. A mesa está posta com farta alimentação, mas os famintos não têm o dinheiro necessário para pagar o que precisariam para comer. Podemos saciar a fome do mundo inteiro e não o fazemos porque não amamos nossos semelhantes e perdemos o sentido de compaixão e de solidariedade para com a humanidade sofredora.

A fome de espiritualidade, no entanto, é insaciável. Ela é feita de comunhão, de solidariedade, de amor desinteressado, de abertura a tudo o que é digno e santo, de diálogo e prece ao Criador de todas as coisas. Esses valores, secretamente ansiados pelos seres humanos, não conhecem limites em seu crescimento. Há um apelo de infinito que lateja dentro de nós. Somente um infinito real pode nos fazer repousar. Ora, esse infinito não nos é oferecido pela atual sociedade. Seu interesse reside no material, e não no espiritual. Mas o material não é o objeto adequado ao nosso impulso interior infinito. Por essa razão, a excessiva centralização na acumulação e no desfrute de bens materiais acaba por produzir grande vazio e decepção. Há em nós um clamor por algo maior e mais humanizador. Atrás desse algo se esconde a presença do Espírito Santo.

É nessa dimensão que se coloca a questão do sentido da vida. É uma necessidade humana encontrar um sentido coerente da vida e da história. O vazio e o absurdo produzem angústia e o sentimento de estar só e desenraizado. Ora, a sociedade industrialista, pós-industrialista e consumista, montada sobre a razão funcional fria e calculista, colocou no centro o indivíduo e seus interesses particulares. Com isso, fragmentou a realidade, dissolveu qualquer cânon social, carnavalizou as coisas mais sagradas e ironizou as grandes convicções, chamadas de "grandes narrativas", consideradas metafísicas essencialistas, próprias de sociedades fechadas e de outro tempo. Agora funciona o *anything goes*, o vale-tudo dos vários tipos de racionalidade, de posturas e de leituras da realidade. Criou-se um relativismo total, no sentido de que, no fundo, nada conta definitivamente, pois não vale a pena.

A isso se chamou de Pós-modernidade, que para mim representa a fase mais avançada e decadente da burguesia opulenta mundial. Não satisfeita em destruir o presente, quer destruir também o futuro. Por estar em decomposição, ela se caracteriza por um completo descompromisso com a transformação do mundo e por um professado desinteresse por uma humanidade melhor.

Tal postura se traduz por uma ausência declarada de solidariedade para com o destino trágico de milhões que lutam por ter uma vida minimamente digna, de poder morar melhor do que os animais, de ter acesso aos bens culturais que lhes enriqueçam a visão das coisas. Nenhuma cultura sobrevive sem uma narrativa coletiva que confere coesão, dignidade, honradez, ânimo e sentido à caminhada coletiva de um povo. A Pós-modernidade nega a legitimidade desta ânsia originária.

Ao contrário do que ela supõe, por todas as partes do mundo, as pessoas estão elaborando significados para seus trabalhos e sofrimentos, buscando estrelas-guia que lhes deem um norte na vida e lhes abram um horizonte de esperança. Podemos viver sem fé, mas não sem esperança. Sem ela estamos a um passo da violência sem objeto, da banalização da morte e, no limite, do suicídio.

Ora, as instâncias que historicamente representavam a construção permanente do sentido entraram modernamente em erosão. Ninguém, nem o papa, nem Sua Santidade o Dalai-Lama podem dizer seguramente o que é bom ou ruim para todos e o que se apresenta como mais adequado para esta quadra planetária da história humana.

A crise globalizada de nossa civilização planetária se deriva, em grande parte, pela ausência de uma espiritualidade que lhe rasgue uma visão de futuro, que lhe aponte caminhos novos e que lhe ofereça um sentido capaz de suportar as maiores contrariedades. As crises serão superadas quando se fizer uma nova experiência do Ser essencial, de onde deriva uma espiritualidade viva.

Antes, as filosofias e outros caminhos espirituais respondiam por essa demanda fundamental do humano. Mas eles se formalizaram e perderam o impulso criador. Sofisticam-se cada vez mais sobre o já conhecido, sempre de novo repensado e redito, mas desfibrados de coragem para projetar novas visões, sonhos esperançadores e utopias mobilizadoras. Vivemos um "mal-estar da civilização", semelhante àquele do ocaso do Império Romano, prenunciando seu fim. Nossos "deuses", como os deles, já não são mais críveis. Os novos "deuses", que estão despontando por todas as partes, não são suficientemente vigorosos para serem reconhecidos, venerados e lentamente ganharem os altares do processo histórico.

3 O Espírito na história: a derrocada do Império Soviético, a globalização, os fóruns sociais mundiais e a consciência ecológica

Não pretendemos aprofundar a complexidade das várias atuações do Espírito na história. Mas seria insuficiente qualquer análise mais profunda se não tributássemos ao

Espírito Santo a *derrocada do vasto Império Soviético*, construído sobre um socialismo de Estado, ateu e desrespeitador dos direitos individuais. Surpreendentemente, a segunda maior potência mundial, com capacidade militar de destruir toda a humanidade, a União Soviética, ruiu, sem passar por processos violentos de rebeliões e de guerras civis. A grande ocasião foi a queda do muro de Berlim em 1989. Como num jogo de dados, todas as república soviéticas, uma após a outra, foram proclamando sua autonomia face ao centralismo moscovita até que, por fim, a própria União Soviética se derrocou, permitindo o surgimento da República da Rússia.

Esse evento, com características de mistério transcendente dentro da história, pois não foi previsto por nenhum analista de renome, liquidou com a divisão entre os dois mundos: o ocidental capitalista e o oriental socialista. Encerrou-se a Guerra Fria. Tal acontecimento fortaleceu o processo de globalização de viés ocidental e capitalista, com todos os reducionismos que implica.

Por mais críticas que lhe devemos fazer no seu aspecto econômico e político, a *globalização* é, antes de tudo, um fenômeno antropológico, chamado melhor de planetarização: a humanidade que vivia dispersa pelas muitas regiões do mundo, com suas culturas, histórias e tradições, começa a pôr-se a caminho. Todos se encontram num único ponto, na Casa Comum, no Planeta Terra. Aí nos descobrimos como uma única espécie com um destino comum.

Esse fenômeno antecipa o que já Pierre Teilhard de Chardin dizia em 1933 a partir de seu exílio eclesiástico na China: estamos na antessala de uma nova fase da humanidade: a fase da *noosfera*, vale dizer, da convergência das mentes e dos corações, constituindo uma única história humana junto com a história da Terra. Ora, isso representa, também, uma irrupção do Espírito, que é um Espírito de unidade, de reconciliação e de convergência na diversidade.

Os *Fóruns Sociais Mundiais*, que a partir do ano 2000 começaram a se realizar a partir de Porto Alegre, revelam uma particularíssima irrupção do Espírito. Ele é cantado na liturgia como o *pater pauperum*, o pai dos pobres e o defensor dos humildes. Pela primeira vez na história moderna, os pobres do mundo inteiro, fazendo contraponto às reuniões dos ricos na cidade suíça de Davos, conseguiram acumular tanta força e capacidade de articulação, que acabaram aos milhares se encontrando, primeiro em Porto Alegre, no Brasil, depois em outras cidades do mundo, para apresentar suas experiências de resistência e de libertação, para trocar experiências de como se criam microalternativas ao sistema de dominação imperante, como alimentam um sonho coletivo para gritar: um outro mundo é possível, um outro mundo é necessário.

Nas várias edições dos Fóruns Sociais Mundiais, em níveis regional e internacional, notam-se os brotos do novo paradigma de humanidade, capaz de organizar de forma diferente a produção, o consumo, a preservação da natureza e a inclusão de toda a humanidade, a partir dos últimos, num projeto coletivo que garanta um futuro de vida e de esperança para todos. Daí a sua importância: dos fundos do desamparo está emergindo uma fumaça, de dentro do lixo humano, que remete a um fogo interior inapagável. Ele se transformará numa brasa e num clarão a iluminar o novo caminho da humanidade.

A *Primavera Árabe*, que incendiou todo o Norte da África, realizou-se sob o signo da busca de liberdade, de respeito dos direitos humanos e na integração das mulheres, tidas como iguais, nos processos sociais. Ditaduras foram derrubadas, democracias estão sendo ensaiadas, o fator religioso é mais e mais valorizado na montagem da sociedade, mas deixando de lado aspectos fundamentalistas. Tais fatos históricos devem ser interpretados, para além de sua leitura secular e sociopolítica, como emergências do Espírito de liberdade e de criatividade.

Quem poderia negar que, numa leitura bíblico-teológica, a crise de 2008 que afetou principalmente o centro do poder econômico-financeiro mundial, lá onde estão os grandes conglomerados econômicos que vivem da especulação à custa da desestabilização de outros países e do desespero de suas populações, não seja também uma irrupção do Espírito Santo? Ele cumpre sua missão, cantada pela liturgia da Igreja, que é "lavar o que é tórrido, irrigar o que é árido, sanar o que está doente, dobrar o que está rígido, aquecer o que está frígido e guiar o que está perdido". Não é nesta linha de catarse e limpeza que se buscam soluções para sair da crise?

Mesmo os movimentos de vítimas do modelo econômico-financeiro, que se organizaram na Europa, como os "indignados" na Espanha e na Inglaterra e os *occupies Wall Street* nos Estados Unidos, revelam uma energia de protesto e de busca de novas formas de democracia e de organizar a produção, cuja fonte derradeira, na leitura da fé, encontra-se no entusiasmo suscitado pelo Espírito Santo.

A crescente consciência ecológica está tomando conta de um número cada vez maior de pessoas em todos os países do mundo. Os fatos não podem ser negados: tocamos nos limites da Terra; os ecossistemas mais e mais estão se exaurindo; a energia fóssil, o motor secreto de todo nosso processo industrialista, tem dias contados. São cada vez mais frequentes os eventos extremos: excessivo calor de um lado e exasperante frio do outro; o degelo das calotas polares; a escassez de água; a erosão da biodiversidade na ordem de quase cem mil espécies que anualmente desaparecem (dados de 2013); a desertificação, o desflorestamento e o aquecimento global que não para de aumentar, a ponto de, dentro de algumas décadas, poder ameaçar toda a biosfera e a espécie humana: todos estes problemas colocam uma interrogação à consciência de todos. É o Espírito que nos desperta e nos leva a decidir por novos caminhos.

Somos os principais responsáveis por esse caos ecológico. Ou mudamos de rumo, reorientando a economia, a política e a ética, ou podemos ir ao encontro do destino já sofrido dos dinossauros. Faz-se urgente um outro paradigma de civilização, que vá na linha das visões já testadas na humanidade, como o "bem-viver" e o "bem-conviver" (*sumak kawsay*) dos povos andinos, o "índice de felicidade bruta" do Butão, o ecossocialismo, a economia solidária e biocentrada, uma bem entendida economia verde ou projetos cuja centralidade é posta na vida, na humanidade e na Terra viva, Gaia, a serviço das quais são formuladas a economia, a política, a cultura e a ética.

4 O enrijecimento das religiões e das igrejas

As religiões e as igrejas sempre foram lugares privilegiados da experiência de sentido concreto e existencial e de um sentido derradeiro (Sentido dos sentidos), pois falam de valores infinitos. Mas elas foram atingidas pela crise global de nossa civilização. Seguramente mantêm seu núcleo perene. Mas a maneira pela qual este núcleo é apresentado nas linguagens, nos ritos, nas doutrinas e na disciplina se fossilizou. Essas instituições se aferram ao passado sem renovar os modos de transmissão de suas mensagens. Continuam fontes, mas de águas mortas.

Lamentavelmente tal crise atingiu em cheio a institucionalidade oficial da Igreja Católica. Face à crise global, até o advento do Papa Francisco ao invés de enfrentá-la com coragem, refugiou-se sobre si mesma, sobre as conquistas do passado, transformando-se num bastião de conservadorismo, de patriarcalismo e de reacionarismo. Se há uma instituição que poderia ousar até ao limite da heresia, porque se sente acompanhada pelo Espírito, seriam as igrejas cristãs. Poderiam avançar propostas de solução, abrir caminhos renovadores e perspectivas inauguradoras do novo. Mas não o fazem porque se fizeram reféns do sistema eclesiástico e se fecharam sobre seu monolitismo e pretensa exclusividade. Inventaram que são supostamente de direito divino, e por isso intocáveis. Ademais, vivem de medos, de suspeitas e de condenações. Ora, sabemos que aquilo que se opõe à fé não é a não fé ou o ateísmo, mas o medo.

A Igreja Católica, nos últimos decênios, foi tomada pela obsessão do relativismo. Combate-o a partir de um absolutismo tão pernicioso quanto o relativismo, pois engessa a história e torna anêmica a vontade de criar e abandona a Tradição de Jesus, de que falava José Comblin em sua grandiosa pneumatologia. Na verdade, tudo na história é relativo, menos Deus e a fome e o sofrimento dos inocentes "Dom Pedro Casaldáliga". Ela precisa encontrar uma forma de estar presente no mundo que a faça contemporânea ao nosso tempo e uma fonte de sentido e de alegria de viver. A maioria dos cristãos anda tão triste, que não parece que foi redimida e que crê na ressurreição de toda a carne. As pessoas têm o direito de ouvir a mensagem libertadora de Jesus, de forma que a possam compreender e viver. E isso não é garantido com a repetição catequística de doutrinas elaboradas no passado e codificadas no presente sem buscar os caminhos da comunicação com a nova era do conhecimento e da globalização do destino humano. Tudo parece haver mudado com a intronização do Papa Francisco, vindo das novas Igrejas do Terceiro Mundo, da Argentina. Ele inaugurou uma vigorosa volta à verdadeira tradição, que é a chamada "Tradição de Jesus". Ela implica uma despaganização da Igreja, especialmente da hierarquia e do estilo de cardeais e papas, que haviam historicamente assumido os hábitos pagãos dos imperadores romanos com seus símbolos de poder imperial absoluto, com o fausto dos palácios renascentistas e nos modos principescos de viver.

O Papa Francisco, Bispo de Roma, como gosta de ser chamado, disse claramente, ao lhe oferecerem a *mozzeta* (o manto colocado aos ombros, sempre ricamente adornado), que aquilo era o símbolo dos imperadores romanos para demonstrar seu poder ilimitado. "Agora o carnaval acabou." E não aceitou vestir tal símbolo, mas uma simples capinha branca que se compõe com a veste branca, os sapatos convencionais e, por debaixo, a calça preta que sempre usava.

Mas a verdadeira revolução eclesial que introduziu foi dar centralidade a três polos: a Jesus, aos pobres e à pessoa humana concreta, independentemente se é crente ou não.

Assumiu o Jesus histórico e não o Cristo pantocrator da teologia triunfante posterior. Esse Jesus histórico, o Nazareno, apresentou-se como pobre, mas com uma mensagem centrada na imagem de Deus Pai com características de mãe, no amor incondicional, na misericórdia sem limites, na proximidade das massas empobrecidas, no privilégio dos humilhados e feitos invisíveis, considerados os primeiros destinatários de seu anúncio do Reino de Deus. A estes, com seus gestos e palavras, confere esperança, força de resistência e capacidade de inventar outro tipo de sociedade, menos malvada do que a atual. Assume a coragem profética de denunciar um sistema econômico-financeiro que idolatra o dinheiro e sacrifica nações inteiras à sua voracidade. Assim, faz-se aliado poderoso de todos os que buscam um outro mundo possível e necessário.

Outro polo explícito são os pobres. Em sua primeira entrevista pública aos jornalistas disse claramente: "Como queria uma Igreja pobre para os pobres". Esta não foi uma frase retórica, como o era nos discursos dos papas anteriores, que falavam da opção pelos pobres mas nunca tinham contato direto com eles. O Papa Francisco foi ao encontro dos mais pobres dos pobres, que são na Europa os imigrados da África e do Leste Europeu. Visitou-os, sem nenhum aparato, na Ilha de Lampedusa, no centro de acolhida dos jesuítas em Roma e na Córsega, onde se concentra o maior número de desempregados de toda a Itália.

Ele mesmo vive pobremente, fora do palácio pontifício, na Casa de Hóspedes Santa Marta; come junto com outros e vive num quarto comum, igual ao de todos os hóspedes. Sai de carro popular, dispensando todo o aparato de segurança, como o mostrou em sua primeira viagem ao estrangeiro, ao Brasil, para a Jornada Internacional da Juventude, em julho de 2013. Mostra como deve ser a Igreja: solidária com os que mais sofrem no mundo. Desafiou os religiosos e religiosas que possuem conventos vazios: ao invés de fazerem dinheiro com eles com eventos e outras iniciativas, que os abram aos pobres, que são "a carne de Cristo".

O terceiro polo é a pessoa humana concreta e em seu percurso pessoal. Entende a Igreja não como uma fortaleza a se defender da contaminação do mundo, mas como uma casa aberta, para os ministros saírem ao encontro dos fiéis e para os fiéis entrarem nela e se sentirem como que em casa. Dialoga com todos. Respondeu pessoalmente a um grande jornalista italiano não crente, Eugênio Scalfari, sobre as relações entre fé, ciência e não crença.

Talvez estas palavras, numa longa entrevista programática na revista dos jesuítas *La Civiltà Cattolica*, em fins de setembro de 2013, revelam sua visão da Igreja e de sua missão no mundo:

> Vejo com clareza crescente que aquilo de que a Igreja mais precisa hoje é a capacidade de curar as feridas e de aquecer o coração dos fiéis, a proximidade. Vejo a Igreja como um hospital de campanha depois de uma batalha. É inútil perguntar a um ferido grave se ele tem o colesterol ou o açúcar altos. Deve-se primeiramente curar as suas feridas. Depois podemos falar de todo o resto. E é necessário começar de baixo. A Igreja por vezes encerrou-se em pequenas coisas, em pequenos preceitos. O mais importante, no entanto, é o primeiro anúncio: "Jesus Cristo te salvou". E os ministros da Igreja devem ser, acima de tudo, ministros de misericórdia. As poessoas têm de ser acompanhadas, as feridas têm, de ser curadas. Eles devem ser misericordiosos, tomar a seu cargo as pessoas, acompanhando-as como o bom samaritano

que lava, limpa, levanta o seu próximo. Isto é Evangelho puro. Deus é maior do que o pecado. As reformas organizativas e estruturais são secundárias, isto é, vêm depois. A primeira reforma deve ser a da atitude. Os ministros do Evangelho devem ser capazes de aquecer o coração das pessoas, de caminhar na noite com elas, de saber dialogar e mesmo de descer às suas noites, na sua escuridão, sem perder-se. O povo de Deus quer pastores, e não funcionários ou clérigos de Estado.

A passagem é longa, mas revela sua concepção de Igreja e sua missão libertadora no mundo de hoje. Ele representa uma primavera na Igreja, que traz a alegria de ser cristão e esperança para o mundo.

Apesar desta revolução institucional intrpduzida pelo Papa Francisco, resta ainda um problema nunca totalmente equacionado: a tensão entre o carisma e o poder. Na Igreja há o poder, pois a comunidade precisa se organizar e garantir sua continuidade na história. Diz-se que o ministério petrino (de São Pedro) garante a tradição apostólica. Ocorre, como foi analisado acima, que esse poder se tornou monárquico e absolutista, todo concentrado nas mãos de uma minoria de cristãos: o clero, com o papa na cabeça. A partir dessa estruturação desigual, que está na contramão da vontade explícita de Jesus, criou-se uma unidade fictícia pela irrestrita submissão de todos, gerando cristãos infantilizados, sem criatividade e autenticidade. Na doutrina comum, a organização eclesiástica eliminou o Espírito Santo. É por ela que o Espírito atua, esquecendo-se que, segundo São Paulo, o Espírito foi dado a todos e distribuiu seus carismas segundo seu desígnio, e não segundo a aprovação da hierarquia.

Em outras palavras, perdeu-se o carisma, o momento paulino (de São Paulo, príncipe da liberdade cristã). Ora, a Igreja tem seu fundamento em ambos os Apóstolos: Pedro e Paulo. Eliminando ou diminuindo um, deformamos a Igreja, contrária à Tradição de Jesus. Importa reconhecer: lá onde impera o poder, mesmo sob a figura do sagrado, lá desaparece o amor, a compaixão e a criatividade. O poder, para ser poder, precisa ser forte, aliar-se a outros poderes, colocar sob controle todos os que o ameaçam ou representem um antipoder. A história o comprova: os portadores de carismas, os reformadores e inovadores foram perseguidos e condenados, quando não eliminados pelo poder.

A instituição da Inquisição (pouco importa a mudança de seu nome) foi e continua sendo o grande instrumento do controle, da repressão e da condenação de todos os que significam alguma ameaça ao poder estabelecido. É talvez a instância que mais dificulta a evangelização e o diálogo com qualquer outro interlocutor, porque preza mais a ordem do que a vida, mais a disciplina do que a criatividade, mais a autoafirmação do que a abertura ao outro.

Com tristeza admoestava São Paulo: "Não afogueis o Espírito" (1Ts 5,19). O que mais tem ocorrido nos últimos séculos é o afogamento do Espírito por parte do poder institucional, que não soube manter a tensão criativa entre os dois polos legítimos: o poder e o carisma, tese central e objetivo de meu livro ajuizado negativamente pela ex-Inquisição: *Igreja: carisma e poder* (1982). Veja que não se diz: "Igreja: carisma ou poder". Mas "Igreja *e* poder". Precisamos do poder para garantir a perpetuidade da mensagem de Jesus na história. Precisamos do carisma para manter o poder como serviço e não permitir que a Tradição de Jesus se fossilize em doutrinas, ritos e normas canônicas. Portanto, o carisma é para atualizar e inovar continuamente a mensagem face às mutações históricas. Sem a manutenção dialética e difícil dessas duas energias destrói-se o equilíbrio necessário para se ter uma comunidade saudável, a um tempo ordenada e criativa. Sem esta articulação dos polos, o poder facilitará o esquecimento do Espírito, como ocorreu vastamente na Igreja latina, na qual o poder sagrado da hierarquia ganhou a hegemonia e acabou colocando sob seu controle as manifestações do Espírito.

O grande teólogo alemão J.A. Möhler († 1838) dizia ironicamente: "Deus criou a hierarquia, e desta maneira estabeleceu generosamente tudo o que é necessário até o final dos tempos". Triste ilusão, mas que se transformou num ensinamento tradicional pelo qual se enfatizava que, como explicitamente escreveram os papas Gregório XVI († 1846) e Pio X († 1914): "A Igreja é uma sociedade de desiguais, hierárquica e perfeita: por um lado a hierarquia que ensina e manda, e por outro os leigos que escutam e obedecem". E se ensinava mais: a divisão entre clérigos e leigos é de direito divino e por isso é irreformável. Eis a razão por que esta visão de poder instaura logo hierarquias, discriminações e desigualdades, todas qualidades que esquecem o Espírito com seus dons ou lhe criam obstáculos à sua ação. Nesse contexto é relevante a Renovação Carismática Católica (RCC), que reforça o momento de carisma e convoca (ou deveria convocar) o poder a ser serviço, e não dominação.

Hoje, além da hierarquia se colocou o *Catecismo Universal da Igreja Católica*, publicado sob João Paulo II no lugar do Espírito Santo. Como analisa com acerto José Comblin:

"Este Catecismo Universal coloca tudo no mesmo plano e não permite investigação ulterior. Impõe a mesma interpretação a todos os continentes em várias culturas diferentes. Todas as culturas devem entender a revelação como se entende em Roma. Esta interpretação permanece inevitavelmente abstrata e impede a interpretação à luz da situação histórica, ou seja, corre o risco de permanecer inoperante. A publicação deste Catecismo torna inútil a ação do Espírito Santo. Ele já não precisa fazer nada, já que tudo está explicado para todos no Catecismo" (COMBLIN, J. *O Espírito Santo*, p. 116).

Afora essa inflação do poder sagrado que deixa pouco espaço para o Espírito Santo, cabe ainda reconhecer que quase todas as religiões e também igrejas estão doentes, da doença do fundamentalismo. Este faz suscitar nelas a pretensão da exclusividade, de serem as únicas portadoras da verdade e o único caminho para Deus. O fundamentalismo, seja na política seja nas religiões e nas igrejas, sempre leva à violência e aos mecanismos de exclusão. Rompe a unidade do tecido comum humano e da obra que o Espírito faz em todos os povos e nos corações. Ele chega sempre antes do pregador, pois onde há amor, perdão, misericórdia e fraternidade aí está o Espírito com todos os seus dons. E não podemos negar que tais bens estejam presentes em todos os povos e culturas.

Como contrapartida ao fundamentalismo, surgiu o experiencialismo. Faz-se a apologia de todo tipo de experiência. Mas, por sua natureza, a experiência é um dado da subjetividade humana, rico, fecundo, que deve ser incentivado e respeitado. O Espírito se apresenta mediante as experiências de sentido e da percepção do sagrado. Mas se não vier acompanhada de discernimento, facilmente a subjetividade decai para o subjetivismo de experiências que não ultrapassam os limites do sujeito e alcançam outras subjetividades, animando-as e criando afinidades seletivas com elas. O subjetivismo abriu espaço a crenças exóticas como o horóscopo, a condução da vida pelo I-Ching, o esoterismo de todo tipo, o xamanismo superficial e as crenças mágicas. Espera-se a solução para o drama humano por forças que estão além de nós e incontroláveis, solução que exime o ser humano de um compromisso pessoal.

Por essa razão, verifica-se atualmente uma pletora de experiências espirituais de toda natureza, vindas do Oriente, dos povos originários, de antigas tradições como as célticas e outras. Cria-se um "pastel" místico-espiritual que mais aliena o ser humano face ao desafio de buscar autonomamente um caminho de autorrealização do que o estimula em sua criatividade e liberdade. Aqui o caráter carismático, próprio do Espírito, transforma-se em caráter psíquico, próprio de perturbações da centralidade humana. Não sem razão São Paulo distinguia os *psychikói* (os psíquicos) dos *pneumatikói* (os portadores do *Pneuma*).

Outro caminho que ganhou grande curso é a vasta literatura de autoajuda. Ele construiu um verdadeiro mercado com seus gurus e mestres espirituais. Trata-se de uma literatura feita de cacos de tradições espirituais e religiosas, de psicologia do profundo, de alguns elementos da nova cosmologia e das teorias da comunicação, criando nos leitores a ilusão da felicidade fácil, do sucesso imediato e da paz interior. Como são enganos, pois passam ao largo da condição real da vida humana, com suas contradições, altos e baixos, oferecendo remédios que são verdadeiros placebos, acabam desiludindo as pessoas ou levando-as a passar de um livro de autoajuda a outro, numa circulação sem fim. Dispensa o ser humano de enfrentar honradamente o desafio da vida humana, sempre contraditória e sempre necessitada de uma síntese a ser construída a partir de dentro, de trabalho sério com seus anjos e demônios interiores, até alcançar aquela relação adequada com o mundo, com a natureza, com os outros, consigo mesmo e com a Última Realidade, que signifique realmente uma paz verdadeira.

5 A irracionalidade da razão moderna

A Modernidade se construiu sobre a razão instrumental-analítica. Sua utilização criou as ciências modernas, fundadas na Física e na Matemática. Tudo foi feito objeto de conhecimento e a partir dele, de intervenção na realidade. Por ela a Terra foi transformada, em sua base físico-química-ecológica, pois passou por todo tipo de exploração, de todos os seus bens e serviços, pelos processos de industrialização. Esse tipo de razão foi usado pelos poderes políticos como a grande arma de dominação de outros povos e culturas, tecnicamente menos avançados, na África, na América Latina e, em geral, no mundo. Ela permitiu a colonização e o submetimento dos povos, cujas riquezas naturais deveriam servir aos interesses das potências europeias. O projeto, verdadeira obsessão da Modernidade, é a ideia de progresso, entendido como crescimento material ilimitado. Identificam-no ilegitimamente com o desenvolvimento, coisa que não é, pois este envolve o ser humano em suas múltiplas dimensões, especialmente sua capacidade de plasmar, em liberdade, sua vida e destino.

Este afã de crescer mais e mais se traduz pela vontade de enriquecimento sem limites humanitários e éticos. Ele implica a devastação da natureza e a gestação de grandes desigualdades sociais, que significam injustiças em nível planetário. A crise ecológica atual, manifestada pelo aquecimento global e pelos limites do planeta, pequeno e limitado, está se aproximando a um paroxismo: uma Terra limitada não aguenta um projeto ilimitado. Ela que é viva, Gaia, vai reagir de alguma maneira e se defender como pode. Mas já foi de tal maneira explorada que perdeu, em níveis consideráveis, sua capacidade de reposição do que lhe foi tirado. Em outras palavras, a Terra está se tornando insustentável. Ou mudamos de prática ou podemos experimentar consequências perversas de caráter ecológico-social.

Essa prática criou o paradigma de nossa civilização – racionalista, objetivista, materialista, utilitarista –, que perdeu o sentido de totalidade, fragmentando a realidade para melhor conhecê-la e dominá-la. Neste paradigma há pouco lugar para o Espírito e a espiritualidade. Antes, pelo contrário, enlouqueceu-se a razão, porque foi absolutizada e feita como o único critério de validade e de aceitação social. Hoje vivemos a irracionalidade da razão, que criou, como acenamos anteriormente, os meios de dar fim a si mesmo e de danificar profundamente a biosfera. A violência "inteligente", aplicada sobre grupos humanos, dizimou grande parte das culturas indígenas latino-americanas, deu origem a guerras de grande poder destruidor e a *shoah*, vale dizer, o extermínio em massa de judeus, ciganos e deficientes. Hoje, o arsenal de armas químicas, biológicas e nucleares pode destruir, por muitas vezes, toda a espécie humana. Essa razão é irracional, embrutecida e inimiga da vida.

A causa principal do enlouquecimento da razão se deve à sua absolutização e à repressão sistemática da inteligência emocional, afetiva e cordial. Alegava-se que esta obscurecia a objetividade do conhecimento. Ocorre que a própria ciência recente, a partir da Física Quântica e da nova Cosmologia, deu-se conta de que todo conhecimento vem impregnado de sentimentos e de elementos da subjetividade pessoal e social.

A razão lança suas raízes em algo mais ancestral, que é a afetividade, ligada ao cérebro límbico, surgido na evolução, quando, há mais de 200 milhões de anos, irromperam os mamíferos. Com eles apareceu sobre a face da Terra o que não existia antes: o afeto, o cuidado e o amor. Nós, humanos, somos mamíferos afetivos. O mais profundo em nós é a capacidade de sentir, de cuidar e de amar. Aqui se encontra o lastro que sustenta os valores e todo o edifício ético.

Desse transfundo afetivo irrompeu a razão, tardiamente, por volta de 7 milhões de anos atrás, quando ao cérebro límbico se acrescentou o cérebro neocortical. Por esse elaboramos conceitos, ordens racionais e projetamos visões de mundo. E acima da razão analítica se encontra a inteligência que intui e contempla o todo e se manifesta como sabedoria. A razão se situa nesse meio, entre o mais ancestral e o mais recente.

Não podemos renunciar à razão, pois por ela organizamos nosso mundo e atendemos nossas necessidades. Mas ela deve, hoje, ser enriquecida com a razão cordial e afetiva. É essa razão que nos torna sensíveis à gravidade da crise atual, que nos leva a ouvir os lamentos dos pobres e o grito da Terra oprimida. É a razão cordial, fundada no coração, que nos faz abraçar a Terra como Mãe, nos suscita a compaixão por todos os que sofrem e nos anima para o cuidado e o amor por tudo o que existe e vive.

É o Espírito que cura a razão mediante a espiritualidade. É Ele que a ilumina para que sirva à vida e não aos negócios, e que desperta nossas virtualidades mais luminosas que podem nos tirar das margens do abismo a que chegamos.

6 A contribuição do feminismo mundial

Foi mérito do pensador francês das ciências Gaston Bachelard e do teólogo russo Evdokimov a denúncia do caráter masculinista e machista da ciência moderna. Isso porque inflacionou a dimensão do *animus*, do poder, da vontade de dominação e de acumulação e recalcou a dimensão da *anima*, do afeto, do sentimento, do espiritual e de sua ligação com os processos vitais. Mas a contribuição maior veio do feminismo e do ecofeminismo. As mulheres não apenas denunciaram a dominação secular do homem sobre a mulher (questão de gênero), mas especialmente toda a nossa cultura patriarcal.

Foi por meio do feminismo que nos demos conta das duas energias que constroem a identidade humana: a *anima* e o *animus*, tão bem elaboradas por C.G. Jung. Elas estão presentes e atuantes em cada ser humano, homem e mulher. Mas especialmente a mulher é portadora privilegiada (mas não exclusiva) da dimensão da *anima*. Ela responde por tudo o que existe no homem e na mulher de sensibilidade, de cooperação, de capacidade de perceber as mensagens vindas da realidade e da dimensão de veneração e espiritual da vida.

A irrupção das mulheres em todos os campos da atividade humana – no mundo do trabalho, nos centros de saber, no campo da política e das artes, mas principalmente com uma vigorosa reflexão a partir da condição feminina – deve ser vista como uma irrupção poderosa do Espírito na história.

As dimensões do feminino referidas anteriormente são urgentes hoje, se quisermos superar a crise global. A vida está ameaçada. A mulher é conatural à vida, pois a gera e cuida dela durante todo o tempo. Ela possui uma missão messiânica, salvadora, como nunca antes na história. Como veremos mais adiante, é pela mulher Maria que o Espírito ganhou corpo histórico. Há uma afinidade entre o Espírito (nas línguas médio-orientais é feminino) e a mulher.

O século XXI será o século das mulheres, daquelas que, pelo fracasso do homem em sua arrogância e em poder desumanizador, assumirão mais e mais responsabilidades coletivas, como se nota em quase todos os países. Será por elas que virá a superação da crise e a irrupção do novo paradigma que terá por centralidade valores fundamentalmente vividos e testemunhados pelas mulheres: a vida, a humanidade e a Terra. Sobre estas pilastras se poderá projetar outro ensaio civilizatório que será, seguramente, mais voltado ao cuidado, à cooperação, à solidariedade a partir dos últimos, à compaixão com os que sofrem na sociedade e na natureza, ao amor como força de coesão e de realização da felicidade humana.

7 A Renovação Carismática Católica: a missão de renovar a comunidade

Se a Igreja da Libertação tirou as consequências libertadoras da mensagem cristã, levando as igrejas a ficarem do lado das vítimas e criando novas formas de pastoral e um novo modo de ser Igreja com as Comunidades Eclesiais de Base e as pastorais sociais, colocando o acento na prática transformadora e libertadora, a Renovação Carismática Católica (RCC) vem completar esta experiência com uma ênfase imprescindível: a oração e a espiritualidade, fundadas na experiência do Espírito atuando nas pessoas e agindo no mundo. Essa experiência é feita numa prática de espiritualização da vida cristã, no âmbito pessoal e comunitário.

Seria ter uma visão preconceituosa e reducionista contrapor a Igreja da Libertação à Igreja Carismática. Ambas nascem do mesmo Espírito. Os impulsos de transformação do mundo interior e de transformação do mundo exterior provêm do Espírito, como de sua fonte originária.

A súplica "Vem, Espírito Santo, vem com urgência" foi ouvida. Junto com a Igreja da Libertação o Espírito fez surgir a RCC. Importa, entretanto, não esquecer que semelhante irrupção ocorreu mais de dois séculos antes nas igrejas protestantes, que conheceram o "despertar do Espírito" e o "batismo no Espírito Santo".

É de se recordar a ação de John Wesley (1703-1791), fundador do Movimento Metodista. Era filho de um pastor anglicano e ele mesmo pároco anglicano. Sentindo a rigidez de sua Igreja, resolveu, em 1738, ser pregador itinerante e estimular os leigos a serem também pregadores, particularmente no meio operário, altamente explorado pelo capitalismo nascente. Ele concebeu o cristianismo como um encontro vivo com Deus. Wesley falou "da religião do coração" que, segundo ele, não é outra coisa que "a justiça, a paz e a alegria no Espírito Santo". Tais realidades não devem ser pensadas, mas experienciadas na vida; caso contrário, o cristianismo permanece coisa morta (cf. COR-

TEN, A. *Le pentecôstisme au Brésil*, 1995, p. 56). O metodismo de Wesley começou a se difundir a partir da Grã-Bretanha (1729), alcançando todo o norte da Europa, os Estados Unidos, a África e, por fim, a América Latina.

A RCC teve suas raízes, primeiramente, nas comunidades protestantes a partir de 1956, depois na própria Igreja Católica, em 1966, na Universidade de Duquesne, em Pittsburgh, e no ano seguinte, em 1967, na Universidade de Notre Dame, em South Bend, Indiana. Na origem está um retiro espiritual de fim de semana, entre 17 e 19 de fevereiro de 1967. Um grupo de estudantes e professores se propôs viver o espírito de Pentecostes. Em Pentecostes ocorreu o nascimento da Igreja e novamente de Pentecostes deveria vir também a renovação da Igreja.

A importância do Espírito foi realçada por mim, ainda em 1968, em minha tese doutoral na Universidade de Munique e publicada sob os auspícios do então teólogo Joseph Ratzinger: *A Igreja como sacramento na experiência do mundo*. Dois longos capítulos são dedicados ao Espírito Santo como força de organização eclesial, fundada não na *potestas sacra*, mas na pluralidade e simultaneidade dos carismas, entre os quais ressalta o carisma de direção e de construção da unidade.

Já Leão XIII, com sua encíclica de 9 de maio de 1897, *Divinum illud Munus*, antecipara a importância do Espírito. Lamentava o esquecimento a que fora sujeito nos fiéis e na própria Igreja e convocava a todos ao seu culto e adoração. Mas quem antecipou a emergência do Espírito foi o Papa João XXIII ao convocar o Concílio Vaticano II no dia 25 de dezembro de 1961. Fazia uma conclamação de "um novo Pentecostes" para a Igreja. Paulo VI, fazendo eco a esta conclamação, disse numa audiência de 20 de novembro de 1972 que a Igreja precisa de "um Pentecostes perpétuo". João Paulo II dedicou-lhe também uma encíclica; *Dominum et Vivificantem*, em 1986 (AAS 78).

Não pretendemos fazer minuciosamente um histórico do nascimento e desenvolvimento da RCC. Queremos apenas enfatizar sob que contexto ela significa uma expressão da vinda do Espírito Santo e sua contribuição para o rejuvenescimento da Igreja.

Como asseveramos anteriormente, em momentos de grande crise desce o Espírito no meio do turbilhão para criar ordem e fazer suscitar mentes criadoras. Na sociedade mundial vigorava e vigora selvagem massificação dos povos e destruição das identidades culturais. Nos tempos atuais verifica-se um esmagamento das subjetividades pela indústria do entretenimento e do *marketing* de produtos. Nas sociedades, as regulações, as burocracias e os controles artificializaram demasiadamente a vida. Na Igreja Católica, apesar do *aggiornamento*, e nas igrejas protestantes históricas ainda predomina estilo doutrinal, ritualista e excessivamente cerebral, deixando pouco espaço para a expressão do corpo e da criatividade.

Nesse contexto irrompe o Espírito na forma de grupos de oração, de expressão livre do corpo, de falas e orações espontâneas, e não mais controladas pelo clero.

No Brasil surgiu a partir de 1969 com a atuação em retiros espirituais de dois jesuítas norte-americanos: o Pe. Haroldo Rahm e o Pe. Eduardo Dougherty, na cidade de Campinas. De lá, como uma rastilha de fogo, difundiu-se por todo o Brasil. Inicialmente por outros padres que conheceram o movimento nos Estados Unidos e depois de forma independente. Decisivo foi o livro do Pe. Haroldo: *Sereis batizados no Espírito*, que serviu como referência teórica e prática para as comunidades de oração. Estas cresceram tanto, que já em 1973 organizou-se em Campinas o Primeiro Encontro Nacional da Renovação Carismática.

A RCC ganhou novo impulso pela Comunidade Canção Nova, sob a liderança do Pe. Jonas Abib, de Cachoeira Paulista, de viés bastante conservador. Utilizando um canal próprio de TV, seus seguidores conseguem atingir milhares de fiéis, não raro em polêmica com outros grupos pentecostais evangélicos e, por vezes, com a Teologia da Libertação.

No Brasil, a RCC tem mais de 15 milhões de seguidores, sendo que cerca de 70% são de mulheres. A base social é constituída predominantemente por fiéis da classe média. As pessoas dessa classe estão, com frequência, sob os assaltos da cultura consumista dominante, que dilui as relações sociais diretas, gera angústia, medos e um dolorido vazio existencial. Este suscita a busca de um sentido para preenchê-lo. A RCC vem ao encontro destas demandas. Entretanto, não se restringe a esses grupos, mas se difunde nos bairros populares e em outros segmentos sociais mais pobres.

A RCC Católica apresenta as seguintes características principais, dentre outras: centralidade na Pessoa do Espírito Santo, nos seus carismas, dons e frutos; "batismo no Espírito", que traduz a conversão interior e a total abertura às inspirações do Espírito Santo; a imposição de mãos uns aos outros, como forma de invocar a vinda e a presença do Espírito; o amor a Jesus Cristo e a Maria, portadores principais do Espírito; a vivência da oração pessoal e comunitária; a leitura meditada das Escrituras; a frequência assídua à Eucaristia; a ênfase no louvor a Deus; o falar em línguas (glossolalia); o amor fraterno; a irrestrita aceitação da doutrina da Igreja e a obediência e devoção à hierarquia.

Para garantir o seu lugar no interior da Igreja oficial, a RCC procurou cedo a aprovação das instâncias doutrinárias do Vaticano. Seu estatuto – Serviço Internacional da Renovação Carismática – foi acolhido no dia 14 de setembro de 1993 pelo Pontifício Conselho para os Leigos, mediante um decreto que lhe conferiu a chancela oficial.

A RCC está difundida no mundo inteiro, envolvendo mais de cem milhões de cristãos. Trouxe um rosto diferente da Igreja: no lugar da ênfase na cruz e na severidade dominante da piedade tradicional, foi introduzida a alegria do Espírito, a espontaneidade nas expressões, a criatividade nas orações, nos belos cânticos e nos ritos, a intimidade com Deus, a celebração da vida da fé mais do que sua ritualização. Ela ajudou a superar o caráter formal, rígido e pouco dinâmico dos hábitos religiosos cristãos e das celebrações oficiais, pobres em símbolos e em participação.

Uma das maiores contribuições da RCC foi ter resgatado para a vida da fé o lugar da inteligência emocional, da razão cordial e sensível, atualmente objeto de grande debate em função da crise da razão funcional-analítica (cf. BOFF, L. *Saber cuidar*. Vozes, 1999. • BOFF, L. O *cuidado necessário*. Vozes, 2012). Como o tem mostrado a moderna Antropologia e outras ciências do humano, a nossa dimensão mais profunda não reside no *logos* (racionalidade), mas no *pathos* (afetividade). O ser humano é um ser de sentimentos e paixões e de experiências "oceânicas", junto com sua grande capacidade de buscar e dar razão às coisas.

A partir desse transfundo, emerge nele a racionalidade, sempre imprescindível, mas não exclusiva. A racionalidade vem impregnada de sentimentos, interesses e valores. O lugar da religião, da espiritualidade e da ética não está tanto na razão, mas no afeto e na capacidade de sentir em profundidade e em totalidade. A RCC, enfatizando a experiência do Espírito, resgatou para a vida da Igreja esta dimensão esquecida e tão necessária para humanizar as relações, nossa relação para com Deus e para com a natureza.

Possivelmente a Igreja entrará numa nova era, com a consolidação da RCC, caso ela incorpore mais elementos da Tradição de Jesus. Ela e a Igreja da libertação constituirão os dois pulmões da comunidade cristã: a primeira do encontro vivo e íntimo com Deus na força do Espírito, e a segunda, a partir do seguimento de Cristo e da vida segundo o Espírito, testemunha a prática libertadora dos cristãos ao lado dos sofredores deste mundo e da natureza devastada. Ambas as expressões de Igreja nascem da mesma fonte, do Espírito e do seguimento de Jesus morto e ressuscitado.

Tudo o que é sadio pode, entretanto, ficar doente. Assim, notamos na tônica geral da RCC certas tendências reducionistas. Escapam-lhe elementos imprescindíveis da mensagem cristã, sem os quais a herança de Jesus fica diminuída e menos eficaz. Assim, por exemplo, há pouca sensibilidade pela dramaticidade do mundo e pelo trágico destino dos pobres. Quer dizer, a questão da justiça social e ecológica em nível mundial aparece pouco como tema de reflexão e de prática.

A experiência espiritual, tão decisiva para a RCC, deixa pouco espaço para a reflexão teológica e crítica. Há poucos nomes notáveis da teologia que se inscrevem na RCC, à exceção do teólogo alemão Heibert Mühlen, especialmente com seu livro de notável rigor: *Renovação da fé cristã: caris-*

ma, espírito, libertação (Munique, 1974), e seus dois volumes *Iniciação à experiência cristã fundamental* (Mainz, 1976).

Reina difuso certo fundamentalismo na interpretação dos textos bíblicos e com facilidade, sem maiores discernimentos, atribuem-se curas e intervenções do Espírito sem previamente passar pela mediação analítica, com os recursos hoje disponíveis da teologia crítica, das várias ciências do humano e do profundo (cf. ADLAY, S.C. *A renovação no Espírito Santo*. Louva-a-Deus, 1986).

Importa reconhecer que Pentecostes representa o início, e não o ponto de chegada. Assim foi na Igreja dos primórdios. A partir da efusão do Espírito na forma de línguas de fogo começou a missão. E ela não terminou ainda. A força do negativo nunca cessa no tempo. Este precisa ser enfrentado com a força do positivo, que é o Espírito. Pentecostes significa um processo sempre em curso. Por isso, a permanente invocação: "Vem, Espírito, e renova a face da Terra".

A evangelização efetuada pela RCC precisa ser enriquecida pela dimensão do social, que implica a preocupação pelos pobres, entendidos corretamente com empobrecidos e oprimidos por relações sociais injustas, e a regeneração da sociedade como aparece claramente na Sequência litúrgica da Festa de Pentecostes. Se levarmos em conta, consoante a melhor exegese ecumênica, que o Pai-nosso significa um resumo da mensagem de Jesus expressa em forma de oração, então veremos claramente que aí se articulam as duas dimensões. Na primeira parte se louva o *Pai nosso* que está no céu e se suplica pela vinda de seu Reino. Na segunda se pede pelo *pão nosso* e pela reconciliação da sociedade rompida. Nunca devemos separar aquilo que Jesus uniu: o Pai nosso com o pão nosso. A paixão por Deus, ao se revelar como *Abba*, e a paixão pelo outro, que precisa de nosso pão e de nossa reconciliação, precisam sempre andar de mãos dadas.

A RCC sublinha de forma bastante concentrada a dimensão do *Pai nosso,* alegra-se com esta revelação, canta e dança a festa dos filhos e filhas de Deus no Espírito. Mas presta pouca atenção ao *pão nosso*, pelo qual tantos gritam, pois têm fome, e a fome não pode esperar. Para que sua evangelização seja completa, ela deve incorporar esta parte tão essencial do legado de Jesus: repartir o pão e matar a fome dos famintos.

Aí a Teologia da Libertação, purificada também de seus eventuais reducionismos, pode oferecer um subsídio já bem pensado e praticado com referência ao *pão nosso* que, para ser nosso, deve ser feito e consumido coletivamente. A RCC ajudará a Teologia da Libertação a nunca esquecer a fonte de todo compromisso que é o *Pai nosso* com seu Reino. Juntas, Teologia da Libertação e RCC podem se completar e apresentar uma evangelização mais integral e convincente para a humanidade.

8 A Renovação Carismática Católica: a missão de evangelizar a Igreja hierárquica?

Mas há uma missão que caberia à RCC realizar de forma mais determinada e para a qual ela não parece ter ainda despertado: ajudar a Igreja hierárquica a superar a crise intrassistêmica que a assola desde os primeiros séculos. Houve uma lamentável separação entre clérigos e leigos, como analisamos anteriormente. O poder ficou restrito apenas à hierarquia, sem qualquer participação, em termos de decisão, do corpo laical.

Tudo começou com o Papa Leão I (440-461), grande jurista e homem de Estado. Ele copiou a forma romana de poder, que é o absolutismo e o autoritarismo do imperador. Começou a interpretar em termos estritamente jurídicos e não pastorais os três textos do Novo Testamento atinentes a Pedro: Pedro como pedra sobre a qual se construiria a Igreja (Mt 16,18), Pedro, o confirmador da fé (Lc 22,32) e Pedro como pastor que deve tomar conta das ovelhas (Jo 21,15). O sentido bíblico e jesuânico vai numa linha totalmente contrária àquela jurídica: do amor, do serviço e da renúncia a toda supremacia.

Predominou, no entanto, a leitura do Direito Romano absolutista. Consequentemente, Leão I assumiu o título de Sumo Pontífice e de Papa em sentido próprio, coisa que até aquele momento era privilégio dos imperadores romanos. Logo após, os demais papas começaram a usar as insígnias e a indumentária imperial (a púrpura), a mitra, o trono dourado, o báculo, as estolas, o pálio, a cobertura de ombros (mozeta), a formação dos palácios com sua corte e a introdução de hábitos palacianos que perduram até os dias de hoje nos cardeais e nos bispos.

Tal estilo escandaliza não poucos cristãos que leem nos Evangelhos que Jesus era um operário pobre e sem aparato. Então começou a ficar claro que os hierarcas estão mais próximos do palácio de Herodes do que da gruta de Belém.

Mas há um fenômeno para nós de difícil compreensão: no afã de legitimar esta transformação e de garantir o poder absoluto do papa, forjou-se uma série de documentos, como a "Doação de Constantino", século VIII na França, e as "Pseudodecretais de Isidoro", posteriormente assumidas, em parte pelo Código de Graciano (a primeira grande codificação do Direito Canônico), que reforçavam o poder central de Roma, durante séculos. Somente no século XVI o Cardeal Nicolau de Cusa mostrou seu caráter falso. Mas tais documentos deram fundamento, contra os príncipes, para o "sistema romano" centralizado, monárquico e absolutista.

Verificou-se posteriormente um *crescendo* no poder dos papas: Gregório VII († 1085), em seu *Dictatus Papae* ("a ditadura do papa", de 1075), autoproclamou-se senhor absoluto da Igreja e do mundo; Inocêncio III († 1216) se anunciou como vigário-representante de Cristo, e, por fim, Inocêncio IV († 1254) se arvorou em representante de Deus. Como tal, sob Pio IX, em 1870, o papa foi proclamado infalível em campo de doutrina e moral.

Curiosamente, todos esses excessos nunca foram retratados e corrigidos pela Igreja hierárquica porque lhes são úteis. Eles continuam valendo para escândalo dos que ainda creem no Nazareno pobre, humilde artesão e camponês mediterrâneo; perseguido, executado na cruz e ressuscitado para se insurgir contra toda busca de poder e mais poder, mesmo dentro da Igreja. Essa compreensão comete um esquecimento imperdoável: os verdadeiros vigários-representantes de Cristo, segundo o Evangelho (Mt 25,45), são os pobres, os sedentos e os famintos.

Aqui caberia uma crítica profética da RCC, marcada pela lucidez, e não pela amargura, nascida pelo amor a uma Igreja cada vez mais fiel ao legado de Jesus e ouvinte dos apelos do Espírito. Este pede renúncia do poder em nome do serviço, o despojamento do aparato palaciano em favor da simplicidade e da transparência.

Hoje, inegavelmente, este modelo de organização da Igreja, de um lado a hierarquia, e de outro o laicato, sofre pesada crítica da teologia, da exegese, do movimento ecumênico e da cultura democrática mundializada, por estar demasiadamente longe da Tradição de Jesus. Ele está em franca e generalizada crise. Caso não se transformar na linha de uma visão evangélica, já esboçada pelo Concílio Vaticano II, mas não totalmente realizada e atualizada pelo Papa Francisco, a Igreja hierárquica entrará numa crise, possivelmente sem volta.

O equilíbrio entre o carisma e o poder foi rompido em favor do poder. Esse poder controla, submete e, não raro, afoga o carisma. Não é sem significado que tanto as instâncias vaticanas como a Conferência dos Nacional Bispos do Brasil (CNBB) se apressaram em traçar limites e submeter o carisma da RCC aos critérios do poder eclesiástico. O Papa João Paulo II o fez na alocução do dia 23 de novembro de 1980, na qual aponta os eventuais excessos da RCC. A CNBB publicou em novembro de 1994 suas *Orientações pastorais sobre a Renovação Carismática Católica* (Documento da CNBB, n. 53).

Novamente se nota o vício do poder institucional de querer pôr limites ao carisma e assim desfibrá-lo de seu potencial transformador. As delimitações são rigorosas. Em ambos os documentos vê-se que o poder sagrado rebaixa a natureza do carisma. Como é comum na tradição latina, não se reconhece suficientemente a missão do Espírito, que é de criar o novo, de ser na história a fantasia de Deus para tornar continuamente boa-nova a mensagem de Jesus.

É neste ponto que entraria a missão da RCC. Ela não pode ver o futuro como continuação do passado e do presente. Sua missão seria a de evangelizar a Igreja hierárquica, para que seja realmente serviço e animação da comunidade com seus serviços, dons e carismas. A hierarquia se propõe evangelizar o mundo. Mas quem evangeliza a hierarquia? Quem limita a sua excessiva vontade de poder que gera, como é sabido, intrigas, espírito carreirista e busca de privilégios e golpes de poder? Para não falar das advertências, transferências de lugar e punições canônicas.

Esses desvios obrigaram o Papa Francisco a fazer uma profunda reforma da Cúria Romana.

A RCC recebeu do Espírito Santo não apenas o ânimo para renovar a vida espiritual do mundo. Sua missão maior, ainda não assumida e conscientizada, seria viver o carisma da profecia: com suavidade e vigor apontar os excessos do poder sagrado – a pedofilia, os escândalos financeiros e outros são expressões do poder não limitado pelo carisma – e apontar, a partir da prática de Jesus e dos Apóstolos, sugestões criativas de direção e de animação servial. O alimento espiritual para esta diligência é o amor, o supremo dom do Espírito, o cuidado de uns para com os outros e a misericórdia para com aqueles que sofrem. Ao invés de hierarquia (poder de mando), hierodulia (serviço aos demais): eis a proposta de Jesus.

Se a RCC não assumir esta missão árdua mas urgente, quem a fará? Poderá conhecer a maledicência, a incompreensão e até a perseguição. Tais efeitos deverão ser assumidos no espírito das bem-aventuranças. Face a tais circunstâncias existem os dons da coragem, da longanimidade (a resiliência) e da paciência, com os quais os fiéis deverão sempre contar.

Como conclusão, podemos dizer: a irrupção do Espírito Santo na nova fase da humanidade, a planetária, na Igreja

Católica e nas demais igrejas, para que sejam mais espirituais, evangélicas e seguidoras do Jesus pobre e humilde e especialmente na consciência ecológica – fundamental para salvaguar a vida humana no planeta e para o futuro de nossa civilização –, representa um dom celestial a ser acolhido com o coração aberto e agradecido. Vivemos tempos que poderão ser os últimos. Em tempos assim, segundo as Escrituras, verifica-se a efusão do Espírito sobre toda carne.

Sua vinda atende ao nosso grito: "Vem, Espírito Criador", "vem renovar a face da Terra", "vem depressa e urgentemente".

II
No princípio era o Espírito: novo modelo de pensar Deus

Depois de termos feito longa introdução, invocando a vinda urgente do Espírito, agora nos propomos, como tarefa prévia, a reflexão teológica: resgatar a categoria "espírito", base para falarmos do Espírito Santo. Na cultura atual a palavra "espírito" é desmoralizada em duas frentes: na cultura letrada e na cultura popular.

1 O resgate da palavra "espírito"

Na cultura letrada dominante, "espírito" é o que se opõe à matéria. Matéria sabemos mais ou menos o que é, pois pode ser medida, pesada, manipulada e transformada, enquanto que "espírito" cai no campo do intangível, indefinido e até nebuloso. A matéria é a palavra-fonte de valores axiais da experiência humana dos últimos séculos. A ciência moderna foi construída sobre a investigação e a dominação da matéria. Penetrou até nas suas últimas dimensões, as partículas subatômica, o Campo Higgs, no qual se teria dado a primeira condensação da energia originária em matéria: os tão buscados hádrions e a "partícula Deus". Einstein comprovou que matéria e energia são equipolentes. Matéria não existe, é energia altamente condensada e um campo riquíssimo de interações. As consequências para o novo entendimento da realidade que esta teoria implica sequer foram tomadas a sério pela teologia, que, predominantemente, continua "materialista"; vale dizer, substancialista.

O Estado se entende como o organizador da produção de bens materiais, mediante o trabalho humano, a técnica, as pequenas e grandes empresas, visando atender as demandas humanas e ao capitalismo de mercado, a acumulação de riqueza. Mas não está fora de sua competência zelar por valores intangíveis como a transparência, a cooperação, o respeito às diferenças culturais e de gênero, o cuidado pelo ambiente, para que seja ecologicamente limpo, social e minimamente justo. Tais dimensões têm a ver, também, com a dimensão espiritual da existência.

Os valores espirituais, na acepção moderna convencional, situam-se na superestrutura e não cabem nos esquemas científicos. Seu lugar é o mundo da subjetividade, entregue ao arbítrio de cada um ou a grupos religiosos. Exprimindo-o de uma maneira um tanto grotesca, mas nem tanto, podemos dizer: "Quando se fala em 'valores espirituais', todo mundo imagina que está falando um burguês numa reunião do Rotary ou dos Lions Club, depois de uma abundante ceia regada a bons vinhos e servida com comidas finas; para o povo em geral, 'valores espirituais' equivale a 'palavras belas, mas ocas'" (COMBLIN, J. *O Espírito no mundo*, 1978, p. 9). Ou então pertence ao repertório do discurso eclesiástico moralizante e espiritualizante numa relação distanciada e hostil com o mundo moderno.

Em razão disso, a expressão "valores espirituais" surge com mais frequência na boca de eclesiásticos de viés conservador, para designar o campo específico de atuação da Igreja na sociedade. Ela é a zeladora e promotora de "bens espirituais", que geralmente equivalem a "valores morais". Deles se ouve amiúde que a crise do mundo contemporâneo reside fundamentalmente no abandono do mundo espiritual, mais do que nas distorções no campo da política, da economia ou do meio ambiente. E entendem o abandono do "espiritual" como abandono da frequência às celebrações religiosas ou de qualquer referência explícita ao mundo religioso.

Mas com os escândalos havidos com os eclesiásticos pedófilos, primeiramente ocultados pela alta hierarquia do Vaticano, mas finalmente levados aos tribunais civis, por se tratar de crimes, e também com os escândalos financeiros ligados ao Banco do Vaticano, o discurso oficial dos "valores espirituais" se deslegitimiza. Estes não perdem valor, mas a instância oficial que os anuncia parece voz no deserto contando com pouquíssima audiência.

Na cultura popular, a palavra "espírito" possui grande vigência. Ela traduz certa concepção mágica do mundo à revelia da racionalidade aprendida na escola. Para grande parte do povo, especialmente os influenciados pela cultura afro-brasileira e indígena, o mundo é habitado por bons e maus espíritos que atuam na realidade e afetam as distintas situações da vida, como na saúde, nas doenças, na vida afetiva, nos sucessos e nos fracassos, na boa ou na má sorte. O espiritismo codificou essa visão de mundo pela via da reencarnação. As almas se reencarnam para se purificar e evoluir para, finalmente, depois de muita purgação, chegarem a Deus. Possui mais adeptos do que se suspeita, não só em pessoas de nível popular, mas também em todos os estratos da sociedade; até em pessoas cultas e letradas e entre cristãos das várias igrejas, inclusive da católica.

No entanto, os últimos decênios conheceram um poderoso refluir do entusiasmo pelo mundo material e por suas promessas, sentidas agora como enganosas. O excesso de racionalidade em todas as esferas e o consumismo exacerbado geraram saturação existencial e também muita decepção. A felicidade não se encontra na materialidade das coisas, mas em dimensões ligadas ao coração, ao afeto, às relações de amor, de solidariedade e de compaixão.

Por todas as partes buscam-se experiências espirituais novas, quer dizer, sentidos de vida que vão além dos interesses imediatos e da luta cotidiana pela vida. Elas abrem uma perspectiva de iluminação e de esperança no meio do mercado de ideias e de propostas convencionais, veiculadas pelas meios de comunicação e também pelas assim chamadas "instituições do sentido", que são as religiões, as igrejas e as filosofias de vida. Elas ganharam força a partir dos programas de TV e de grandes eventos religiosos que obedecem à lógica da espetacularização massiva e que, por isso mesmo, afastam-se do caráter reverente e sagrado de toda religiosidade. Numa sociedade de mercado, a religião e a espiritualidade se transformaram também em mercadorias à disposição do consumo geral.

Não obstante a referida mercantilização do religioso, o mundo espiritual começou a ganhar fascínio, embora, na maioria das vezes, em sua forma de exoterismo, misticismo e mesmo de literatura de autoajuda. No entanto, ele abriu uma brecha na profanidade do mundo e no caráter cinzento da sociedade de massa. Nos meios cristãos surgiram os movimentos que têm o Espírito Santo como referência principal. Emergiram as igrejas pentecostais, os movimentos carismáticos e a centralidade do terceiro artigo do

Credo: "Creio no Espírito Santo". Estaríamos, como conjeturam alguns, às portas da tão suspirada "Era do Espírito Santo", depois de séculos da "Era do Filho"?

Estes fenômenos supõem um resgate da categoria "espírito" num sentido positivo e até antissistêmico. O "espírito" constitui uma referência luminosa e não mais colocada sob suspeita pela crítica da Modernidade, que somente aceitava o que passava pelo crivo da razão. Ocorre que a razão não é tudo nem explica tudo. Há o irracional e arracional. No ser humano há o universo da paixão, do afeto e do sentimento que se expressa pela inteligência cordial e emocional. O espírito não se recusa à razão, antes, precisa dela. Mas vai além, englobando-a num patamar mais alto que tem a ver com a inteligência, a contemplação e o sentido superior da vida e da história.

2 Fenômenos carregados de espírito

Elenquemos algumas experiências de vida e do espírito que nos podem abrir a porta para conhecermos melhor a realidade do Espírito de Deus.

a) A força da natureza; ela geme e freme

Primeira cena: de longe se ouve o fragor da chuva que cai pesadamente sobre a cerrada floresta amazônica. Parece um animal furioso que sacode o corpo todo, convulsionado pelo vento. Ruge o céu escuro. Sacodem as copas imensas. Gemem os galhos, friccionando-se uns com os outros. Estrepitosamente, como se alguém houvera aberto as fontes celestes, despenca a chuva forte. Um medo surdo e sinistro invade a alma. Não há para onde fugir.

De repente, nós nos descobrimos parte daquilo tudo que freme, geme, chora e transpira. Depois, tudo lentamente para e uma tênue névoa sobe do *humus* encharcado de água. A natureza vive porque se rejuvenesceu e dá mostra de toda a sua majestática pujança. Nessa experiência há algo daquilo que vamos chamar de espírito como movimento, vida, turbilhão.

Segunda cena: o sertão está estorricado. Aqui e acolá veem-se ossadas de animais esbranquiçadas pela canícula. Somente cactos espiam taciturnos a paisagem mirrada. Ao longe se ergue uma nuvem avermelhada. Começa a crescer de volume. Leve brisa se anuncia, levantando pequenos redemoinhos de poeira que se esparrama pelo chão. A brisa leve evolui em vento. Os cactos se movem quais fantasmas. O vento se densifica. Voa silvando sobre as pedras. Agora já é ventania. É mais. É forte tempestade.

As ossadas rolam, amontoando-se umas às outras. Uma poeira vermelha fecha o horizonte. Troveja um rancor seco. Raios relampejam furiosos. Grossas gotas começam a fulminar o chão. Num instante, já é uma torrente que se despenha ruidosamente sobre a terra ferida. O vento endemoniado forma como que uma esteira que se esvai, desfazendo-se à medida que some por entre a caatinga.

É a respiração ofegante desse sertão sofrido e dorido. Dentro de pouco e mais um pouco só se ouve a chuva que cai, gostosa, sobre a terra sedenta. Um dia mais, mais um dia, um verde fino, um viço ridente reponta por todos os lados. A brisa ligeira parece a respiração de uma criança, satisfeita com o leite materno.

Nessa linha deve ser pensado o espírito, como respiração da natureza e como fonte de vida, como uma força que da caatinga faz um vergel.

b) A vida como expressão do espírito

A vida é certamente um mistério, embora possamos descrever as condições de complexidade, dentro das quais irrompe. Especialmente Ilya Prigogine, Prêmio Nobel em Termodinâmica, mostrou que a vida emerge quando os elementos da natureza alcançaram alto grau de complexidade e se distanciaram do equilíbrio. Ela emerge como forma de superação do caos criado (*Order out of chaos*, 1984), formando um novo equilíbrio dinâmico. O Prêmio Nobel de Medicina Christian de Duve sustenta que, atingido certo nível elevado de complexidade, a vida irrompe como imperativo cósmico, em qualquer parte do universo (*Poeira vital*, 1997).

No entanto, a própria ciência reconhece seu caráter misterioso (cf. Schröder, De Duve, Capra). Podemos descrever as condições que permitem sua emergência. Mas o que ela mesmo é, nos escapa totalmente. Por fim, nós nos convencemos de que não se trata de definir a vida, mas de vivê-la, defendê-la e abraçá-la, situando-nos dentro dela. É só vivendo integralmente que se experimenta e se percebe vitalmente a vida.

Inicialmente tem a ver com um organismo. Este constitui uma unidade a partir de muitos elementos e fatores articulados por um centro. É matéria complexa e, ao mesmo tempo, não o é, pois vem carregada de informações (código genético) que não possuem as características da matéria. A vida está sempre trocando matéria e energia com o meio, autorregulando-se e se autocriando.

Os biólogos não se cansam de afirmar o caráter singularíssimo e misterioso da vida. Ela é uma emergência da evolução e a melhor floração de todo o processo cósmico. As bactérias, por exemplo, as formas mais primitivas de vida (surgidas há 3,8 bilhões de anos), conservam pelos séculos afora sua vitalidade intrínseca. Acondicionadas em temperaturas absolutas (menos 273° Celsius), não se desestruturam; ao contrário, fixam-se vitalmente, independentemente do correr do tempo. Podem ser reconduzidas a todas as suas funções, mesmo depois de milhares e milhares de anos congeladas sob dezenas de metros de gelo. Na pele de um mamute congelado há dez mil anos na Sibéria detectaram-se bactérias que, colocadas em temperaturas adequadas, revitalizaram-se. Em depósitos de sal mineral foram encontradas bactérias fixadas vitalmente há milhões de anos. Recondicionadas, voltaram a viver e a se clonar, como faziam outrora.

É assente que vírus, bactérias, algas e protozoários são, em certo sentido, imortais. Clonam-se com absoluta perfeição. A morte, portanto, não é marca natural e necessária da vida orgânica (SCHRÖDER, p. 117-118). Estas formas primitivas de vida, quando não prejudicadas pelo meio ambiente hostil, não conhecem a morte. Poderíamos até dizer que também as células sexuais de seres biologicamente desenvolvidos, como nós, constituem, de certa forma, uma linha horizontal de vida imortal, embora a sexualidade tivesse introduzido a morte individual. Mas a espécie continua indefinidamente.

Estes fenômenos deixam entrever que a compreensão da vida como complexificação da matéria e mutação de matéria em energia, autorreprodução e manutenção de seu equilíbrio e sua perda pela doença e pela morte não dá conta de forma adequada do que ela é. Nem o oxigênio é indispensável. Há organismos, nas profundidades escuras dos oceanos, que se conservam por milênios sem qualquer luz e oxigenação. As bactérias de sulfato, como as de nitrato e nitrito, talvez as mais ancestrais da Terra, vivem sem qualquer oxigênio. Sua presença poderia matá-las.

Enfim, o que é a vida? Um mistério desafiador que se subtrai a qualquer compreensão que nos satisfaça. Vida é espontaneidade, movimento, troca, presença, energia, irradiação e força. Em tudo isso os antigos e nós dizemos: aqui há a presença de um princípio não material, mas espiritual. Em seu lugar, mais avante, diremos que a vida é a manifestação mais extraordinária do Espírito Santo na criação, especialmente a vida humana.

Vejamos a manifestação da vida no mundo vegetal e animal para, em seguida, considerarmos a vida enquanto humana.

c) A vivacidade da vida vegetal e animal

Primeira cena: dois gatinhos brincam com a bola. Correm, rodam, negaceiam. Depois esquecem a bola e brincam entre si. Torcem-se e retorcem-se sobre si mesmos. Fingem morder-se, rolando um sobre o outro. Depois, põem-se a puxar a franja da toalha da mesa. Cai um vaso. Saem correndo amedrontados.

Neles vigora exuberância de vida e de vitalidade, que desvela o que significa, de verdade, a palavra animal: o ser portador de *anima*, fonte de vida e de vigor.

O que constatamos neste fenômeno cotidiano e familiar? É a vida em toda a sua pujança.

Segunda cena: a floresta amazônica. A pujança que observamos na vida animal aqui se transforma em verdadeira orgia dionisíaca de vida. É o que sentimos na pele quando penetramos na floresta amazônica. Impacta e entusiasma a profusão do verde em todas as suas nuanças. Extasia-nos e arrebata-nos os vários andares da floresta. Embaixo, rastejando, os arbustos que querem crescer para o alto, buscando luz.

Os inumeráveis tentáculos das trepadeiras, agarrando-se aos troncos, envolvendo-se na galharada, subindo, ziguezagueando, descendo para novamente ascender, lançando longos braços, quais cordas e raízes buscando alimento no chão. No meio, as árvores já adultas, grandes, imensas, vigorosas, livres dos parasitas. Por fim, as árvores centenárias erguem-se para cima como um jato de madeira soberba, com a base imensa de raízes que acompanham o tronco até 3-4 metros para fora da terra e para cima. A copa, soberana lá no alto, acenando para as nuvens e mostrando o rosto altivo para o céu. Por dia, cada uma destas grandes árvores emitem até 300 litros de umidade – chamada de rios volantes –, que o vento leva em várias direções garantindo o regime de chuvas em longínquas regiões ou impedindo que se desertifiquem.

Dentro daquele verde forte e viçoso se desenrola, exuberante, o teatro da vida animal. São miríades de borboletas, insetos de toda ordem que polinizam as flores, animais de todas as espécies. De manhã, ao meio-dia e ao entardecer, na hora em que se refestelam, ouvem-se os trilados de pássaros, o uivar das feras, a tagarelice dos papagaios, o canto inefável do uiapuru, o choramingar dos macacos e o urro senhorial das onças pintadas.

O homem da floresta, esse pequenino ser frágil, mas valente, esgueira-se por entre as seringueiras e, desviando as castanheiras, cujas pinhas caindo podem ameaçá-lo, sente-se tomado de pavor reverencial e, ao mesmo tempo, de aconchego no seio da grande mãe natureza.

A vida jorra, desborda por todos os lados, perpassa todo o nosso ser, constituindo um imenso corpo místico vital. Eis a experiência da vida e do espírito na natureza.

d) A irradiação da vida humana

O fenômeno da vida irrompe de forma particularmente densa na vida humana. Primeiramente, surpreende-nos que nela se encontram as mais diversas dimensões da realidade: a base físico-química, a orgânica, a psíquica, a emocional, a racional e especificamente a espiritual. Essas dimensões não se justapõem, mas se entrelaçam, formando uma unidade complexa e plural.

Nela está presente, a partir das dimensões do cérebro, a história da vida: o *cérebro reptíleo*, com mais de trezentos milhões de anos, que responde por nossos atos instintivos como o de defesa, a circulação do sangue, as batidas do coração e o movimento das pestanas. Sobre ele a evolução forjou o *cérebro límbico*, com mais duzentos milhões de anos. Ele surgiu quando emergiram os mamíferos. Estes carregam dentro de si a cria e estabelecem uma relação de intimidade com ela. Com o cérebro límbico surgiu algo inédito no universo: o sentimento, o cuidado, a simpatia e o amor. Nós humanos somos mamíferos racionais, carregados de emoções e paixões. Por fim, apareceu há uns 5-7 milhões de anos o *cérebro neocortical*, responsável pelas ideias e pela ordenação racional do mundo.

A vida humana vem habitada por energias, algumas para a morte, outras para a vida e a ressurreição. Por um lado, vigora a força do amor, da doação generosa ao outro. Por outro, irrompe a força do negativo, da agressividade e da exclusão.

Estas energias convivem, pois somos simultaneamente *sapientes* e *dementes*. O desafio ético do ser humano é privilegiar a dimensão de sapiência e de luz, ao invés a da demência e da sombra; da bondade, ao invés a da maldade; da esperança, ao invés do desespero. Por isso a vida humana nunca é linear, mas complexa; ora com caminhos que nos enobrecem, ora com percursos que nos humilham.

A teia das relações sociais seguem a mesma lógica: poderes e interesses que se harmonizam, por vezes, conflitam-se outras vezes e sempre se tensionam. Somos um pouco o resumo do processo evolutivo também articulado em caos e cosmos, em ordens, desordens e novas ordens.

e) O ser humano: portador privilegiado do espírito

Mas a característica principal do ser humano é o fato de ser portador de consciência, de inteligência; numa palavra, do espírito. O espírito pervade todo o universo, desde o seu primeiro momento de emergência. Mas no ser humano ele se torna autoconsciente e livre.

Um fenômeno mostra eminentemente a realidade do espírito: a fala. Só o ser humano, entre todos os demais seres superiores, é dotado de fala. Ele pode até ser definido como *o ser da fala*, como tem enfatizado o biólogo chileno Maturana (cf. *A árvore do conhecimento*, 1995). Por ela, recria todo o universo das coisas, dando-lhe nomes, codifica suas experiências mediante símbolos fonéticos e gráficos. A Linguística moderna nos assinalou a lógica férrea que preside toda fala e que se mostra na criança, por mais pequena que seja. Falamos sem pensar nas estruturas que comandam nossa sintaxe e nossa gramática.

O espírito se revela especialmente na linguagem do amor, na poética da natureza e na retórica da persuasão. Nesses eventos, a fala é mais que fala. Ela se transforma em *pathos, logos, eros* e *ethos*, quer dizer, em realidades que nos movem, inspiram, convencem e nos levam à ação.

Na poesia irrompe o espírito como criação. O poeta não fala. É falado por uma energia inspiradora que o toma totalmente. Canta a vida, chora a desgraça, expressa as experiências mais secretas e revela as intenções mais escondidas. Ele transfigura a realidade por metáforas e figuras que evocam e convocam a viver experiências surpreendentes.

O artista toma um pedaço de madeira. Corta, cinzela, aprimora e tira de dentro a imagem que nos transporta para outros mundos e nos comunica sentimentos de beleza e admiração. A matéria se transfigura. Especialmente na dança, o corpo vira espírito pela leveza dos passos e pela mensagem de delicadeza e de elegância que suscita.

Nada mostra mais o espírito no ser humano do que o amor. Por ele se busca a fusão com o outro. É uma entrega que se assemelha à morte porque é uma entrega incondicional que permite o eu se fundir com o tu. Quando o amor se transforma em compaixão, o espírito se mostra em sua capacidade de sair de si, colocar-se no lugar do outro e vergar-se sobre o caído na estrada. Quando perdoa, ele se autotranscende, não permitindo que o passado tenha a última palavra e impeça a abertura para o presente e para o futuro.

A expressão mais alta do espírito se realiza quando se abre ao Grande Outro, no amor e na confiança. Estabelece um diálogo com Deus, escuta na consciência seus apelos, entrega-se, confiante, como quem está na palma de sua mão. A comunhão pode ser tão intensa, como o testemunham os místicos de todas as procedências, que permite a experiência da alma amada fundir-se com o Amado e fazer uma experiência de não dualidade e, por graça, ser Deus por participação. Aqui o espírito humano toca as fímbrias do Espírito Santo.

f) A fulguração das pessoas carismáticas

Nada mais convincente da presença do espírito do que uma pessoa carismática. O carisma é uma força cósmica que toma as pessoas; ele não pode ser construído. O carisma é como a poesia. Ou se é carismático ou não se é. O carismático é habitado por uma energia que ele não pode manipular nem controlar. Ela irrompe e o faz instrumento de sua manifestação. Há o carismático político, capaz de arrebatar massas, pela palavra candente, pela metáfora inventiva e por gestos simbólicos surpreendentes. No Brasil o ex-Presidente Luiz Inácio Lula da Silva é uma clara demonstração do que é o carisma em política. Por onde ia, atraía multidões e podia galvanizar milhares de ouvintes com sua palavra forte e criativa. Mas não só ele. Carismáticos eram Gandhi, Che Guevara e Mandela, cuja irradiação benfazeja se estende pelos tempos afora.

O carisma se expressa nas várias atividades da vida, no mundo das artes, da música, do teatro e do cinema, entre outros. O portador de carisma sempre atrai, naturalmente, a atenção e produz o efeito da fascinação.

Eminente é o carismático religioso. É aquele que apenas por sua presença nos transporta para o mundo do Sagrado e torna crível falar de Deus e de sua ação no mundo.

Uma aura cerca o carismático religioso, que o faz fascinar as pessoas e as atrair suavemente para sua mensagem. Dom Helder Camara, o Papa João XXIII, o Papa João Paulo II, Luther King Jr. o Papa Francisco são e eram figuras de alto carisma. São os carismáticos religiosos que renovam velhas estruturas e dão vida nova a ritos ancestrais. São eles que alimentam a esperança, recuperam o sentido da vida no meio de catástrofes e se fazem os "consoladores do povo".

g) O entusiasmo como possessão do espírito

Um dos fenômenos mais ricos que revela a presença do espírito é aquele do entusiasmo. Nele encontramos duas dimensões, já vislumbradas pelos gregos. Trata-se de um fenômeno eminentemente humano, ligado à exuberância de vida e à exaltação da vida. Alguém tomado de entusiasmo cria iniciativas, enfrenta obstáculos, abre caminhos novos. Nada do que é grande é realizado sem a força do entusiasmo.

Por outro lado, ele tem a ver com uma energia que possui a pessoa, uma força que não pode ser criada, apenas acolhida. O entusiasmo possui algo de divino. A própria palavra o sugere claramente. Filologicamente, entusiasmo se deriva do grego *entousiasmós*, que significa: possuir um deus (*theós*) dentro (*en*). Essa energia se apodera da pessoa, torna-a *éntheos*; vale dizer, entusiástica e carregada pelo divino.

O entusiasmo faz cantar, dançar, rir largamente e festejar. O entusiasmo se apossa do poeta, do escritor, do ator teatral, do artista plástico, do músico e do pintor e coloca-os a trabalhar até esgotar a força entusiástica da criação e da invenção. Então se mostra o que é a obra do espírito: transformar a matéria, roubar um som e produzir uma melodia, tomar um pedaço de mármore e nos entregar a Pietà ou Moisés de Miquelângelo. Nascidas do entusiasmo, essas obras provocam entusiasmo nos espectadores (cf. KELLER. *Enthusiastisches Tranzendenzerleben*, p. 49-63).

h) A irrupção do espírito profético e da inspiração poética

Outra grande manifestação do espírito encontramos nos profetas. Eles são pessoas arrebatadas e compelidas pelo Espírito. Sua força reside na palavra que denuncia as injustiças praticadas pelos poderosos contra os fracos e vulneráveis. Atacam-nos por causa dos salários injustos (Jr 22,13), das fraudes nos negócios (Am 8,5; Os 12,8), da venalidade dos juízes (Mq 3,11; Is 1,23; 5,23), da crueldade contra os devedores (Am 2,8), da exploração econômica (Is 3,15; Am 2,6-8; 8,4-5), por causa da vida de luxo e de dissipação (Is 3,16-23; Am 6,5). Eles enfrentam os reis como maus pastores (Ex 34; Jr 23,1-4). O Profeta Natã acusa o Rei Davi de ter mandado matar Urias para ficar com a mulher dele (2Sm 12). O próprio Jesus se comporta como um profeta denunciando os escribas que "devoram os bens das viúvas" (Mc 12,40).

Por isso os profetas ontem e hoje são perseguidos, presos, torturados e mortos violentamente (Jr 26,20-23; 1Rs 18,4-13; 19,10-14).

Mas eles também anunciam um mundo novo, um homem e uma mulher novos, um coração novo (Jr 31,34) e um outro espírito (Ez 36,16-38). Consolam e animam o povo (todo o Dêutero-Isaías; Ez 37) para manter firme a fé e a esperança (Eclo 49,10).

Fundamentalmente o profeta é um intérprete da crise. Ele surge como homem extraordinário para situações extraordinárias (P. Bourdieu). É alguém atento às situações de caos social e de ameaças de guerra e conclama para mudanças de vida que podem transformar a situação, como o faz o Papa Francisco. Os profetas inovam, procuram refazer a aliança perene que Deus estabeleceu com o povo (Mq 6,1-8) e revolucionar a realidade perversa mediante um espírito reto e um coração novo (Ex 36,16-38). Por isso, os profetas sempre estão metidos com a política, porque é nesse campo que ocorrem as injustiças e podem ser feitas as transformações necessárias.

Profetas modernos no campo religioso foram Dom Helder Camara; Dom Oscar Arnulfo Romero, morto sobre o altar em El Salvador; Dom Pedro Casaldáliga, na parte amazônica; o cardeal Dom Paulo Evaristo Arns, paladino dos direitos humanos, especialmente dos pobres, e o Papa Francisco, que deu centralidade à vida, à ternura e à compaixão. No campo social, Leon Tolstoi, pregando a não violência ativa, que converteu Gandhi para a causa; o Senador Teotônio Vilela, denunciando o regime militar e pregando a democracia; o pensador católico Alceu Amoroso Lima, tornando públicas as torturas dos órgãos de repressão.

Profetas houve em todos os tempos, no antigo Egito, na Babilônia e na Mesopotâmia, como Balaão (Nm 22–23) e em cada geração até nos tempos atuais. Sempre que emergem crises que deixam o povo atordoado e sem rumo, aparecem vozes proféticas que apontam caminhos e sustentam a coragem e a esperança. Aí emerge lidimamente o que seja o espírito como energia transformadora.

i) A fortaleza do espírito face à opressão

O espírito aparece translúcido na coragem daqueles que, iguais aos profetas, denunciam e anunciam, e são vítimas dos poderes que mantêm situações de opressão social e de marginalização dos pobres. Há os que resistem e se engajam em movimentos libertadores. Sem fazer um juízo ético e prudencial sobre os muitos caminhos seguidos por grupos de resistência e libertação, importa reconhecer que eles escolheram o caminho mais oneroso e imbuídos de ideais generosos para com as vítimas das opressões. "Eles, de quem o mundo não era digno", como diz a Epístola aos Hebreus (11,38), passaram por prisões, torturas bárbaras e foram violentamente assassinados. Não se curvaram diante dos poderosos. Não negociaram ideais. Foram fiéis e entregaram a vida por valores que estão acima da vida.

As Escrituras cristãs falam de *parrhesia*; vale dizer, a coragem de, diante das autoridades, sustentar a verdade, denunciar as injustiças e de falar em nome do Deus da vida e da ternura dos pobres. Muitos, por causa desse destemor, sofreram todo tipo de humilhação e foram sacrificados, como quase todos os profetas da história. É pelo Espírito que falaram, e sua força é incoercível.

j) Carne e espírito: dois modos de ser

Todos esses exemplos, alguns entre tantos, fazem-nos perceber a presença do espírito como vida e energia. Há outros significados que poderiam ser desenvolvidos, mas que passaremos ao largo. Como, por exemplo, quando falamos do espírito de um povo: o tipo de vida e de cultura que revela. Ou do espírito da lei: seu sentido profundo que pode ir além da sua letra. Ou o espírito de um estilo de arte como o gótico, para dizer um deles, que aponta para cima, para a transcendência divina. Ou quando dizemos: Esta pessoa possui espírito: é arguta, faz conexões surpreendentes e revela um fino humor. Ou quando falamos da vida espiritual: uma vida assentada sobre valores intangíveis como a comunhão com Deus, o cultivo das virtudes, a vivência do amor, da solidariedade e da compaixão.

Por outro lado, o espírito possui o seu contraponto, o que nos obriga a pensá-lo sempre dialeticamente. Cada valor implica um antivalor. O que se opõe ao espírito não é a matéria, mas um outro espírito, um antiespírito que se rege pelo egoísmo, pela dureza de coração, pelo legalismo, pela impiedade e pela manipulação do sagrado para autopromoção ou vantagens pessoais. As Escrituras chamam essa dimensão de "carne". Carne é o ser humano todo, inteiro, cujo projeto existencial exclui o espírito, que é vida, irradiação do bem e busca do certo e do justo. Espírito e carne representam dois projetos de vida.

O homem-carne se fecha sobre si mesmo, sem considerar os outros, exclui e inflaciona o eu a ponto de continuamente se autorreferir. O destino da carne é a solidão, o desenraizamento e a morte. O homem-espírito é um ser para os outros, aberto ao amor e especialmente aberto a Deus e a tudo o que é sagrado.

Como se depreende de todas essas considerações, a categoria "espírito" é uma das mais altas que as culturas criaram para expressar o melhor do ser humano, sua capacidade de transcendência e de produção de vida em todas as suas formas. Ele nos obriga a ver a realidade mais como devir do que como ser, e Deus como Energia e Dinamismo, agindo no mundo, na história e em cada pessoa. Praticamente a tradição teológica se baseia numa concepção substancialista de Deus. Estuda sua natureza e essência eterna, infinita e imutável.

Com a categoria espírito somos convidados a entender Deus como processo, como devir, como Energia que sustenta o universo inteiro, cada ser e cada uma das pessoas. Ele é mais Ação do que Substância imutável. É um Deus que tem futuro porque entra na história. Esta não lhe é exterior, mas foi projetada para recebê-lo, inaugurar novidades que nunca existiram antes, como, por exemplo, a encarnação. Por ela Deus começou a ser aquilo que antes não era, um Deus que sai de seu Mistério e se autocomunica ao homem Jesus de Nazaré. Deus-espírito é uma realidade aberta e sempre em comunicação em todas as direções. Também dizemos que Ele é Mistério fontal que sempre pode ser conhecido e que permanece também sempre desconhecido. Este Mistério, por esta razão, mostra um dinamismo que nunca se repete e sempre está vindo a ser.

Todos os fenômenos descritos acima apontam para esse dinamismo e para essa ação continuada, que nos remete ao agir de Deus mais do que à sua essência e natureza. Ele é eternamente relacional e uma fonte de vida, de amor e de entrega que não conhece limites. É um oceano de energias sem margens e sempre suscitando emergências que o revelam.

Cabe agora interpretar teologicamente todos esses fenômenos para, então, nos habilitarmos a falar do Espírito de Deus, de Deus como Espírito e do Espírito Santo como Terceira Pessoa da Santíssima Trindade.

III
Espírito: as interpretações das experiências-base

Os fenômenos referidos no capítulo anterior, chamados por nós de experiências-base do espírito, pedem uma interpretação. Elas são muitas. Nenhuma delas esgota as experiências nem as substitui. Entretanto, as interpretações pertencem às próprias experiências. Sem elas, as experiências permaneceriam incompletas e, de certa forma, mudas. As interpretações desvelam dimensões escondidas e que enriquecem as nossas próprias experiências. Elas abrem uma janela de compreensão do que seja espírito e Espírito Santo. Elenquemos algumas sistematizações dessas experiências-base.

1 O animismo e o xamanismo: sua atualidade

As experiências-base receberam uma sistematização significativa pelo assim chamado animismo e também xamanismo. Consoante o conhecido especialista no tema, E.B. Tylor (*Primitive Culture*), trata-se de "uma filosofia racional bem ordenada e articulada" (cf. tb. VAN DER LEEUW. *L'homme primitif*, 25-162. • VAN DER LEEUW. *Phänomenologie*, p. 77-86. • SALADO. *La religiosidad magica*, p. 255-280).

O animismo constitui a mentalidade primitiva, primitiva não no sentido temporal do termo, mas no sentido antropológico, quer dizer, das estruturas originárias e mais profundas da psique humana. Piaget mostrou que o animismo é a visão natural das crianças (*La représentation du monde*, 1926). No inverno, a criança vê o sol entrando na sala e exclama: "Que bom, o sol entra e vem esquentar nossa lareira". Os objetos possuem vida e inteligência. Uma outra criança ouve a pergunta: "Por que o navio fica por cima da água, enquanto a pedra afunda"? E responde outra criança, bem no estilo animista: "O navio é mais inteligente do que a pedra" (p. 210).

Como modernos, somos também animistas e funcionamos dentro da mentalidade primitiva na medida em que significamos nossa experiência do mundo simbolicamente. Sabem-no perfeitamente os artistas, os poetas e os pintores. Vivenciamos afetivamente a realidade, dentro de uma dimensão unificadora e globalizante, sentindo-nos parte do todo que nos envolve. E aí usamos metáforas como o tango argentino: "Eu não canto a lua porque brilha e nada mais; eu canto à lua porque ela sabe do meu largo caminhar". Aqui a lua é feita companheira do destino humano. Somos animistas, comenta o conhecido antropólogo holandês Van der Leeuw, "embora façamos todo o esforço para esquecê-lo" (*Phänomenologie*, p. 82).

Tudo nos fala ou pode nos enviar mensagens: as montanhas, as florestas, as paisagens, as cores, os animais e objetos domésticos queridos. Deles sai uma irradiação que nos afeta, alimenta nosso imaginário e enriquece a nossa experiência. Os objetos possuem espírito, pois fazem parte do *Lebenswelt*, de nosso entorno vital. Cunhou-se a expressão *mana*, palavra tirada da cultura da Milanésia para expressar a energia e sua irradiação nos objetos. As tradições nagô se referem ao *axé* como aquela força cósmica que tudo penetra e que encontra nos pais e mães de santo portadores especiais; logo abaixo trataremos brevemente desta questão. Os antigos falavam do *spiritus loci*, o espírito do lugar, a paisagem que nos traz recordações. Porque as coisas falam e possuem vida, é possível a poesia, a pintura e toda a inspiração, presente até no pensamento mais formalizado.

O xamanismo surge da interpretação da realidade como energia (DROUOT. *O xamã*, p. 60-73). O xamã não é um mero entusiasta que o leva a fazer coisas extraordinárias. Ele é alguém que se deixa penetrar pelas energias cósmicas; sente-se tão unido a elas, que consegue conduzi-las para determinados fins benéficos. O xamanismo talvez seja a mais antiga cosmovisão da humanidade pela qual os seres humanos conferiram sentido às forças da natureza, percebendo-se em profunda comunhão com elas.

2 O *ruah* bíblico: o espírito que enche o cosmos

O homem bíblico chamou a energia da natureza, como o vento, a respiração, o sopro, a tempestade e as convulsões da terra, de *ruah*. *Ruah* é espírito. Suas manifestações são sinais de vida, de vitalidade, de movimento e de explosão imprevisível e incontrolável das forças da natureza. A natureza do *ruah* é exatamente esta: o fato de ser imprevisível e incontrolável pelos seres humanos. É uma energia que, como todas as energias, pode ter efeitos bons ou ruins. Existe o espírito santo (ocorre apenas duas vezes no Primeiro Testamento: Is 63,10-11; Sl 51,13) e também o espírito da mentira e da morte (DUHM, H. *Die bösen Geister im Alten Testament*, 1904. • VOLZ, P. *Das Dämonische in Jahwe*, 1924).

O relato do transe profético de Saul revela a força dominadora do espírito. Saul é "transformado num outro homem" (1Sm 10,6). Ele persegue de morte a Davi. Por três vezes envia emissários. Mas sobre eles desce o espírito e entram em transe profético, ficando fora de si. Por fim, o próprio Saul vai ao encalço de Davi. Mas, no caminho, baixou nele o espírito: "Tirou a roupa e ficou em transe diante de Samuel; caiu no chão e ficou sem roupa todo o dia e toda a noite" (1Sm 19,18-24).

Fenômeno semelhante ocorreu com Moisés e os setenta anciãos que, possuídos pelo espírito, tiveram dificuldade de sair da excitação profética (Nm 11,24-30). O espírito se apossou de Balaão e o fez cantar um poema no qual descreve o plano de Deus sobre Israel (Nm 24,3). Samuel chega a falar "do espírito mau de Deus que se apoderou de Saul" (1Sm 16,23); outras forças sinistras e malévolas são atribuídas ao espírito (Jz 9,23; 1Sm 18,10; 19,9). Até um espírito de mentira é enviado pelo Senhor aos profetas de Acab para que estes fossem seduzidos (1Rs 22,21-23). Como se vê, espírito é uma energia que pode ser boa ou malévola.

Por outro lado, o espírito pôde conferir uma força inacreditável a Sansão, que estraçalha leões, vence, sozinho, trinta inimigos e quebra grilhões (Jz 14,6.19). Com acerto afirmou Eduard Schweizer: "O ser humano possui alma, mas é o espírito que o possui" (*Heiliger Geist*, 23).

Como se pode inferir, o espírito aparece como uma força primitiva que rompe os quadros costumeiros dos comportamentos humanos. Introduz o inesperado, o surpreendente e o novo. Não é um princípio de ordem e de reforço da instituição, mas de ruptura e de surpresa.

Como os estudiosos chamaram a atenção (*Kittel* VI, p. 387ss. • TAYLOR, J.V. *Der Heilige Geist*), nas camadas mais antigas da Bíblia não se nota a preocupação de distinguir os vários espíritos. Todas as forças, desde que sejam realmente forças, seja para a vida seja para a morte, são chamadas de *ruah.*

Para nosso espanto, esse espírito é chamado de *espírito de Javé.* Precisamos entender em que nível de discurso é articulada esta compreensão. Ela se situa no interior do discurso animista e mítico para o qual este mundo está cheio de energias de toda ordem. Não se faz um juízo moral. Faz-se uma constatação concreta que, de fato, entre essas energias, há também a força divina que, dependendo das circunstâncias, pode ser benéfica ou maléfica. Deus não é pensado ainda em sua transcendência, como a Energia fundante e criadora de todas as energias do bem que se contrapõem às energias do mal existentes na história. Israel fará lentamente a experiência de Deus-espírito como misericórdia e juízo, mas sempre soberano e transcendente, e não parte das idas e vindas deste mundo perturbado.

Como transparece, a categoria *ruah* abre uma janela e uma porta para entender a realidade divina. Nesse sentido, espírito é um adjetivo, uma qualidade das coisas. Esta qualidade se encontra na natureza, na história, no ser humano e também em Deus.

Dois renomados exegetas franceses, H. Caselles (*Saint Esprit*, 1990) e Jean Galot (*L'Esprit Saint*, 1991) foram em busca das raízes semânticas mais antigas da palavra *ruah* e descobriram que nas línguas semíticas, como no siríaco, púnico, acádico, samaritano, ugarítico e no hebreu, o sentido primitivo não era, como sempre se admitia, o vento, mas o "espaço atmosférico entre o céu e a terra, que pode ser calmo ou agitado" (CASELLES, H., p. 131). Depois esse espaço se amplia e se transforma na ambiência vital, onde todos os seres vivos, os animais e os humanos, vão haurir vida. A partir desse sentido mais originário derivaram-se todos os demais sentidos.

Seu significado primeiro, portanto, é cosmológico. Depois assume uma expressão física e designa o vento. Em seguida assume uma dimensão antropológica, que é a maneira como o ser humano se situa dentro da ambiência vital – suas disposições, seu espírito – no sentido moderno do termo. Num outro sentido, o espírito representa uma energia vital divina, como se afirma no Sl 104,4: "Se Deus retira o espírito, todos os vivos expiram e retornam ao pó"; se Deus o envia, é uma nova criação que surge (Sl 104,29-30). Continuando, Deus mesmo é espírito, pois esta é sua natureza; por fim, o espírito é a Terceira Pessoa da Santíssima Trindade.

Mais abaixo trataremos com mais detalhe a realidade do espírito no sentido teológico do termo, então como Espírito Santo.

3 *Pneuma* e *spiritus*: força elementar da natureza

Os gregos deram a sua versão a esta experiência fontal da energia cósmica. Chamaram-na de *pneuma*, espírito no sentido de força elementar de tudo o que existe e se move. Ele aparece na natureza como vento, nos seres vivos como respiração e nos seres humanos como *logos*, no sentido de compreensão ordenada e racional da realidade.

Pneuma, nesta acepção, está ligado diretamente à vida. Também está associado ao entusiasmo que se traduz pelo

Eros, que gera a vida, exalta o amor, inspira os poetas e imbui os filósofos com pensamentos iluminadores.

Particularmente, os estoicos elaboraram toda uma cosmovisão fundada no *pneuma*. Ele penetra todo o universo, semelhante à alma que vivifica todo o corpo. Ele possui as características da divindade, pois não pode ser controlado pelos seres humanos; ao contrário, eles estão à mercê de sua manifestação; é sempre presente e, ao mesmo tempo, é inefável. Fala-se então do *pneuma* como um *théion* ou *théon* (realidade portadora do divino). Ou diretamente se usa a expressão Espírito de Deus (*pneuma tou Theou*). Deus comparece como Espírito, produtor de vida, de inteligência, de paixão e de entusiasmo (KLEINKNECHT. *Kittel*, p. 7, 55). Entretanto, o *pneuma* é sempre entendido como contraposição à matéria. É imaterial.

Os latinos usam a expressão *spiritus* com os mesmos significados de *pneuma* dos gregos e do *ruah* bíblico: é o vento, a respiração, o movimento e a vida. Entretanto, como os gregos, o *spiritus* é entendido como algo não material.

4 O *axé* dos nagô e yorubá: a energia cósmica universal

Nagô é o nome dado no Brasil aos escravos africanos sudaneses da região Yorubá que se encontra hoje na Nigéria (de Lagos para o norte até o encontro com o Rio Níger) e no Daomei. Foram trazidos à força em grande número para a Bahia, onde se constituíram em um grupo hegemônico, a ponto de a língua deles dominar sobre as demais de outras nações africanas aqui presentes. Nagô eram todos os que falavam a língua yorubá. Mas, ao mesmo tempo, era uma religião que na Bahia se sincretizou com elementos do cristianismo colonial e da cultura indígena. Nesse sincretismo, a matriz não é cristã, mas nagô, tão vigorosa que incorporou em sua identidade as demais contribuições religiosas.

Trata-se de uma religião altamente elaborada com preocupações teológico-sistemáticas. A categoria central é o *axé*. Ele é o equivalente ao *pneuma* grego, ao *spiritus* latino e ao *ruah* bíblico.

O *axé* é aquela energia que torna possíveis todos os processos da natureza e o surgimento dos seres humanos. Pessoas e objetos podem ser portadores de *axé*. É ele que permite o acesso às entidades sobrenaturais, aos orixás, e mantém viva e atuante a comunidade. Mais que entidades subsistentes, os orixás são princípios e modelos simbólicos que regulam os fenômenos cósmicos, sociais e individuais. Esses orixás (energias poderosas) podem se incorporar nas pessoas que entram em transe e se tornam os "cavalos", isto é, os portadores privilegiados do *axé*.

O *axé* não se conquista. Ele é recebido e cresce na medida em que seus portadores mais e mais se abrem a ele, inserem-se no mundo dos antepassados, celebram as práticas rituais e se orientam pela ética e modos de ser de cada orixá.

A entidade suprema comparece como a máxima portadora do *axé*. Seu nome é *Olorum* ou *Alabá l'axé*, quer dizer, "aquele que possui o poder de criação e de realização". Em seguida, vêm os distintos orixás e os exus.

Particularmente, a figura do *exu* é injustamente mal compreendida pelos cristãos, e de modo particular pelos evangélicos, que veem nele a corporificação do diabólico. Pela densidade de *axé* que traz em si, o exu é o princípio da comunicação, da expansão e da difusão por todas as partes do *axé*. Os pais e mães de santo, os sacerdotes e sacerdotisas das comunidades, são imbuídos de grande força do *axé*, e o irradiam aos demais para produzir efeitos benfazejos.

O *axé* possui uma dimensão cósmica. Ele pervade todos os seres e penetra em todos os processos, comunica-se aos humanos e a cada um consoante a sua abertura e fidelidade. Os sacrifícios rituais de animais querem expressar a vida, simbolizada no sangue; vida que deve ser defendida, sanada, enriquecida e transfigura pelo *axé*. A densidade de *axé* nas pessoas faz com que elas cultivem um estilo espiritual de viver e conformem a vida segundo as virtudes e modos de ser de seu orixá pessoal (cf. ELBEIN, J. *Os nàgô e a morte*, 1976. • ELBEIN, J. "A percepção ideológica...", 1977, p. 543-554. • CACCIATORE. *Dicionário de Cultos Afro-brasileiros*, 1977).

5 Tudo é energia: a moderna Cosmologia

Por último, queremos, brevemente, apresentar a interpretação que nos vem da moderna cosmologia. Pois, para ela, matéria fundamentalmente não existe. Tudo é energia. E dizer energia significa situarmo-nos no coração daquilo que o espírito significa, como já foi largamente explanado.

Essa afirmação diz uma obviedade para quem entendeu minimamente a Teoria da Relatividade de Einstein, pela qual se sustenta que matéria e energia são equivalentes. Matéria é energia altamente condensada, que pode ser liberada como o mostrou, lamentavelmente, a bomba atômica e os vários desastres nucleares na Ucrânia, nos Estados Unidos e no Japão.

O caminho da ciência percorreu, mais ou menos, o seguinte percurso: da matéria chegou ao átomo, do átomo, às partículas subatômicas, das partículas subatômicas ao Campo de Higgs, que confere massa às partículas virtuais, como os bósons, os hádrions, deste aos "pacotes de onda" energética, dos pacotes de onda, às supercordas vibratórias, em 11 dimensões ou mais, representadas como música e cor.

Assim, um elétron vibra mais ou menos quinhentos trilhões de vezes por segundo. Toda vibração produz som e cor. O universo seria, pois, uma sinfonia de sons e de cores. Das supercordas chegou-se, por fim, à energia de fundo, ao vácuo quântico, aquele oceano sem limites de todas as virtualidades e possibilidades de ser.

Nesse contexto vale lembrar a frase dita por W. Heisenberg, um dos pais da Mecânica Quântica: "O universo não é feito por coisas, mas por redes de energia vibracional, emergindo de algo ainda mais profundo e sutil". Portanto, a matéria perdeu seu foco central em favor da energia, que se organiza em campos e redes. O espírito começa a ganhar centralidade.

Que é esse "algo mais profundo e sutil" de onde tudo emerge? Os físicos quânticos e os astrofísicos chamaram de "energia de fundo" ou "vácuo quântico", expressão inadequada porque diz exatamente o contrário do que a palavra "vazio" significa. O vácuo representa a plenitude de todas as possíveis energias e suas eventuais densificações nos seres. Daí se preferir hoje a expressão *pregnant void*, "o vácuo prenhe" ou a "fonte originária de todo o ser" (Brian Swimme). Não é algo que possa ser representado nas categorias convencionais de espaço-tempo, pois é anterior a tudo o que existe, anterior ao espaço-tempo e às quatro energias fundamentais: a gravitacional, a eletromagnética, a nuclear fraca e a forte.

Astrofísicos o representam como uma espécie de vasto oceano, sem margens, ilimitado, inefável, indescritível e misterioso, no qual, como num útero infinito, estão hospedadas todas as possibilidades e virtualidades de ser. De lá emergiu, sem que possamos saber por que e como, aquele pontozinho extremamente prenhe de energia, inimaginavelmente quente, que depois explodiu (*big-bang*), dando origem ao nosso universo. Nada impede que daquela energia de fundo tenham surgido outros pontos, gestando também outras singularidades e outros universos paralelos ou em outra dimensão.

Com o surgimento do universo, irrompeu simultaneamente o espaço-tempo. O tempo é o movimento da flutuação das energias e da expansão da matéria. O espaço não é o vazio estático dentro do qual tudo acontece, mas aquele processo continuamente aberto que permite as redes de energia e os seres se manifestarem.

A estabilidade da matéria pressupõe a presença de uma poderosíssima energia subjacente que a mantém nesse estado. Na verdade, nós percebemos a matéria como algo sólido porque as vibrações da energia são tão rápidas, que não podemos percebê-las com os sentidos corporais. Mas para isso nos ajuda a Física Quântica, exatamente porque se ocupa das partículas, dos *quantuns* e das redes de energia, que nos rasgam essa visão diferente da realidade.

A energia é e está em tudo, como os espíritos, o *mana* e o *axé* estão por todas as partes. Sem energia nada poderia subsistir. Como seres conscientes e espirituais, somos uma realização complexíssima, sutil e extremamente interativa de energia.

O que é essa energia de fundo, que se manifesta sob tantas formas? Não há nenhuma teoria científica que a defina. De mais a mais, precisamos da energia para definir a energia. Não há como escapar dessa redundância, já notada por Max Planck.

Como veremos mais adiante, e nos antecipando já agora, podemos dizer: esta Energia talvez constitua a melhor metáfora daquilo que significa o *Spiritus Creator*, Deus-Espírito como Originador de tudo, cujos nomes variam, mas que sinalizam sempre a mesma Energia subjacente. Já o *Tao Te Ching* (§ 4) dizia a mesma coisa com referência ao Tao: "o Tao é um vazio em turbilhão, sempre em ação e inexaurível. É um abismo insondável, origem de todas as coisas e unifica o mundo".

A singularidade do ser humano é poder entrar em contato consciente com esta Energia originária. Ele pode invocá-la, acolhê-la e percebê-la na forma de vida, de irradiação, de entusiasmo e de amor.

6 O espírito no cosmos, no ser humano e em Deus

Somos singularmente portadores de grande energia; portanto, de espírito. O espírito, na perspectiva da nova Cosmologia, é tão ancestral quanto o cosmos. Espírito é aquela capacidade que os seres, mesmo os mais originários, como os bósons de Higgs, os hádrions, os topquarks, os prótons e os átomos, de se relacionarem, trocarem informações e de criarem redes de inter-retro-conexões, responsáveis pela unidade complexa do todo. É próprio do espírito criar unidades e ordens cada vez mais altas e elegantes.

O espírito, primeiramente, está no mundo, somente depois está em nós. Entre o espírito de uma árvore e nós a diferença não é de *princípio*. Ambos são portadores de espírito. A diferença reside no *modo* de realização. Em nós, seres humanos, o espírito aparece como autoconsciência e liberdade.

O espírito humano é aquele momento da consciência em que ele se sente parte de um todo maior, capta a totalidade e a unidade e se dá conta de que um fio liga e re-liga todas as coisas, fazendo que sejam um cosmos e não um caos. Pelo fato de se relacionar com o Todo, o espírito em nós nos constitui como um projeto infinito, uma abertura total ao outro, ao mundo e a Deus.

A vida, a consciência e o espírito pertencem, portanto, ao quadro geral das coisas, ao universo, mais concretamente, à nossa galáxia, à Via Láctea, ao sistema solar e ao Planeta Terra. Para que tivessem surgido foi preciso uma calibragem refinadíssima de todos os elementos, especialmente das assim chamadas constantes da natureza (velocidade da luz, as quatro energias fundamentais, a carga dos elétrons, as radiações atômicas, a curvatura do espaço-tempo, entre outras). Se assim não fosse, não estaríamos aqui escrevendo sobre isso.

Refiro apenas um dado do clássico livro do astrofísico Stephen Hawing, *Uma nova história do tempo* (2005): "Se a carga elétrica do elétron tivesse sido ligeiramente diferente, teria rompido o equilíbrio da força eletromagnética e gravitacional nas estrelas e, ou elas teriam sido incapazes de queimar o hidrogênio e o hélio, ou então não teriam explodido. De uma maneira ou de outra, a vida não poderia existir" (p. 120). A vida é um momento especial do processo cosmogênico.

Para conferir alguma compreensão a esta refinada combinação de fatores, criou-se a expressão "princípio andrópico" (que tem a ver com o homem). Por ele se procura responder a esta pergunta que naturalmente colocamos: Por que as coisas são como são? A resposta só pode ser: Se fosse diferente nós não estaríamos aqui. Respondendo assim não cairíamos no famoso antropocentrismo que afirma: as coisas só têm sentido quando ordenadas ao ser humano, feito centro de tudo, rei e rainha do universo?

Há esse risco. Por isso, os cosmólogos distinguem o princípio andrópico *forte* e *fraco*. O *forte* diz: as condições iniciais e as constantes cosmológicas se organizaram de tal forma que, num dado momento da evolução, a vida e a inteligência *deveriam* necessariamente surgir. Esta compreensão favoreceria a centralidade do ser humano. O princípio andrópico *fraco* é mais cauteloso e afirma: as precondições iniciais e cosmológicas se articularam de tal forma, que a vida e a inteligência *poderiam* surgir. Essa formulação deixa aberto o caminho da evolução que, de mais a mais, é regida pelo princípio da indeterminação de Heisenberg e pela *autopoiesis* de Maturana e Varela.

Mas olhando para trás, para os bilhões de anos já percorridos, constatamos que *de fato* assim ocorreu: há 3,8 bilhões de anos surgiu a vida e há uns 7-9 milhões de anos, a inteligência. Nisso não vai uma defesa do "desenho inteligente" ou da mão da Providência Divina. Apenas que o universo não é absurdo. Ele vem carregado de propósito.

Há uma seta do tempo apontando para frente. Como afirmou o astrofísico e cosmólogo Feeman Dyson: "Parece que o universo, de alguma maneira, sabia que um dia nós iríamos chegar" e preparou tudo para que pudéssemos ser acolhidos e fazer o nosso caminho de ascensão no processo evolucionário (BREUER. *Das anthropologisches Prinzip*).

O grande matemático e físico quântico Amit Goswani sustenta a tese de que o universo é autoconsciente (*O universo autoconsciente*, 2002). No ser humano ele conhece uma emergência singular, pela qual o próprio universo, por meio de nós, vê a si mesmo, contempla sua majestática grandeza e chega a uma certa culminância.

Cabe ainda considerar que o cosmos está em gênese e se autoconstruindo. Cada ser mostra uma propensão inata a irromper, crescer e irradiar. O ser humano também. Apareceu no cenário quando 99,96% de tudo já estava pronto. Ele é a expressão do impulso cósmico para formas mais complexas e altas de existência.

Alguns aventam a seguinte ideia: Mas não seria tudo puro acaso? O acaso não pode ser excluído, como mostrou Jacques Monod em seu livro *O acaso e a necessidade*, o que lhe valeu o Prêmio Nobel em Biologia. Mas ele não explica tudo. Bioquímicos comprovaram que para os aminoácidos e as duas mil enzimas subjacentes à vida pudessem se aproximar, constituir uma cadeia ordenada e formar uma célula viva seriam necessários trilhões e trilhões de anos. Portanto, mais tempo do que o universo e a Terra possuem. Talvez o recurso ao acaso mostre apenas nossa incapacidade de entender ordens superiores e extremamente complexas, como a consciência, a inteligência, o afeto e o amor.

Nesse sentido, a visão de Pierre Teilhard de Chardin do universo – que mais e mais se complexifica e assim permite a emergência da consciência e da percepção de um ponto ômega da evolução na direção do qual estamos viajando – seja mais adequada para expressar a dinâmica mesma do universo.

Não seria aconselhável calarmos, reverentes e respeitosos, diante do mistério da existência e do sentido do universo?

Depois destas reflexões já estamos habilitados a abordar a dimensão teológica do espírito como Espírito Criador.

IV
A passagem do espírito ao espírito de santidade

Nos capítulos anteriores consideramos os vários significados que a palavra espírito (*ruah, pneuma, spiritus, mana,* axé e energia vital) possui. Sempre está ligado à vida e ao seu lado de emergência e de surpresa. Trata-se de uma expressão das mais altas que todas as culturas desenvolveram e a tributaram ao ser humano e à Divindade. São espírito ou portadores do Espírito.

1 O espírito atua na criação

Como não podia deixar de ser, Deus também é incluído na dimensão do espírito. E por excelência. Está presente na primeira página da Bíblia quando se narra a criação do céu e da terra. Diz-se que a respeito do *touwabohu* sobre o caos, melhor, sobre as águas primitivas, "soprava um *ruah* [um vento, uma energia impetuosa" (Gn 1,2). Ele tirou tudo do nada: os seres inanimados, os animados e o ser humano. A este, tirado do pó, como todos os demais, Deus "soprou-lhe nas narinas o *ruah* de vida, o espírito, e ele tornou-se um ser vivo" (Gn 2,7). É no capítulo 37 de Ezequiel que irrompe, de forma insuperavelmente plástica, a força vital do espírito. Quando este vem, os ossos ressequidos ganham carne e se transformam em vida.

Também as expressões mais nobres do ser humano são atribuídas à presença do espírito nele, como a poesia dos Salmos e do Cântico dos Cânticos, a sabedoria e a fortaleza (Is 11,2), a riqueza de ideias (Jo 32,28), o senso artístico (Ex 28,3), o desejo ardente de ver Deus e o sentimento de culpa e a consequente penitência (Ex 35,21; Jr 51,1; Esd 1,1; Sl 34,19; Ez 11,19; 18,31).

2 Deus tem espírito

Esta força criadora e vivificadora é eminentemente possuída por Deus. As Escrituras falam com frequência do espírito de Deus (*ruah Elohim*). Ele é dado a Sansão para ter força portentosa (Jz 14,6; 19,15); aos profetas, para terem coragem para denunciar em nome dos pobres da Terra as injustiças que padecem, para enfrentar o rei, os poderosos e anunciar-lhes o juízo de Deus.

Especialmente no judaísmo intertestamentário se esperava para o fim dos tempos a efusão do espírito sobre toda a criatura (Jl 2,28-32; At 2,17-21). O Messias será "forte no espírito" e virá dotado de todos os dons do espírito (Is 11,1ss.).

É neste contexto do judaísmo tardio que surge a tendência de personificar o espírito. Ele continua sendo uma qualidade da natureza, do ser humano e de Deus. Mas sua ação na história é tão densa que começa a ganhar autonomia. Assim se diz, por exemplo, que o espírito exorta, se aflige, grita, se alegra, consola, repousa sobre alguém, purifica, santifica e enche o universo. Jamais se pensa nele como criatura, mas algo da dimensão divina que, quando se manifesta na vida e na história, transforma-as.

3 Deus é espírito

A compreensão começou a mudar quando se cunhou uma expressão decisiva: "espírito de santidade" ou "espírito santo". Esta formulação guarda certa ambiguidade, pois pode-se dizer espírito santo para se evitar dizer o nome de Deus (o respeito que todo judaísmo guardou e guarda diante de Deus, evitando usar seu nome) como pode-se significar o próprio Deus. "Santo" para a mentalidade hebraica, é o nome por excelência de Deus, o que equivale dizer, na compreensão grega, Deus como transcendente, distinto de todo e qualquer ser da criação.

Em resumo, podemos asseverar: como espírito (*ruah*) aplicado a Deus (Deus tem espírito, Deus envia o seu espírito, o espírito de Deus) os judeus expressavam a seguinte experiência: Deus não está atado a nada; irrompe onde quer; confunde planos humanos; mostra uma força à qual ninguém pode resistir; revela uma sabedoria que torna estultice todo o nosso saber.

Assim, Deus se mostrou aos líderes políticos, aos profetas, aos sábios, ao povo, especialmente, em momentos de crise nacional (Jz 6,33; 11,29; 1Sm 11,6). Assim como é dado ao rei para que governe com sabedoria e prudência, no caso o Rei Davi (1Sm 16,13) e será dado também ao servo sofredor, destituído de toda pompa e grandiloquência (Is 42,1). Em Is 61,1 se diz explicitamente: "O espírito de Javé está sobre mim porque Javé me ungiu... para anunciar a libertação dos cativos e a boa-nova para os pobres", texto que Jesus aplicará a si na sua primeira aparição na sinagoga de Nazaré (Lc 4,17-21).

Por fim, o espírito de Deus não sinaliza apenas sua ação inovadora no mundo, mas aponta para o próprio ser de

Deus. O espírito é Deus. E Deus é Espírito. Como Deus é santo, o Espírito será o Espírito Santo.

O Espírito Santo penetra tudo, abarca tudo, está para além de qualquer limitação. "Para onde irei, para estar longe de teu Espírito? Aonde fugirei, para estar longe de tua face? Se eu escalar os céus, aí estás, se me colocar no abismo, também aí estás" (Sl 139,7). Até o mal não está fora de seu alcance. Tudo o que tem a ver com mutação, ruptura, vida e novidade tem a ver com o espírito. O Espírito Santo está tão unido à história, que ela, de profana, transforma-se em história sagrada (WESTERMANN, C. *Evangelische Theologie*, p. 229).

V
O salto do espírito de santidade para o Espírito Santo

O processo da revelação do Espírito continua na história e chega a sua culminância no Segundo Testamento (Novo Testamento). A revelação alcança um patamar nunca mais ultrapassado: Deus se revela assim como é e se dá a conhecer pessoalmente como comunhão de Divinas Pessoas.

A revelação, neste nível, é mais do que a comunicação de alguma compreensão e de alguma verdade. É a autocomunicação das Divinas Pessoas. Elas saem de si, entregam-se totalmente a outrem, e vêm a nós, assim como são, assumindo nossa realidade: o Pai se personifica em José de Nazaré; o Filho se encarna em Jesus e o Espírito Santo pneumatifica Maria.

Ou podemos dizer de outro modo, pensando na interiorização de Deus em sua criação: lentamente o Pai vai emergindo da evolução até encontrar um pai justo e temente a Deus que o pudesse acolher. Esse é José. O Filho vai atuando dentro das energias cósmicas até irromper plenamente no homem Jesus de Nazaré. O Espírito, que sempre move todas as coisas, elevando-as de ordem em ordem, encontrou uma mulher "bendita entre todas as mulheres" (Lc 1,43) que o pudesse receber: Maria.

Queremos rastrear os principais passos da autocomunicação e da externalização do Espírito Santo até seu pleno reconhecimento pela comunidade cristã como Deus-Espírito. Não analisaremos todas as passagens bíblicas, coisa que pode ser encontrado na literatura teológica específica (Congar, Schweizer, Moltmann, Kittel, Comblin e outros).

Notamos no Segundo Testamento os vários significados que já havíamos identificado anteriormente. Assim, por exemplo, ocorre o sentido antropológico de espírito (*pneuma*) ao significar a dimensão consciente e inteligente do ser humano: "Jesus, penetrando com o *espírito*, os seus pensamentos [dos escribas] lhes diz..." (Mc 2,8). Maria, em seu Magnificat, canta: "exulta *meu espírito* em Deus meu Salvador" (Lc 1,47).

Pneuma-espírito é equivalente também ao que na percepção bíblica significa o essencial da vida, que é o coração. Assim se diz: "Felizes os *pobres de espírito*, porque deles é o Reino dos Céus" (Mt 5,3). Quer dizer: felizes os que possuem um coração humilde, uma atitude despojada e uma disposição de abertura a Deus e aos demais, oposta àquela dos fariseus, que tinham um espírito tacanho, pois se mostravam fanfarrões e arrogantes.

O *pneuma*-espírito ainda pode significar o princípio vital, a vida humana. Jesus reanimou a filha de Jairo, que acabava de morrer: "voltou *seu espírito* e imediatamente estava de pé" (Lc 8,55), quer dizer, voltou à vida. Por ocasião da morte de Jesus, os evangelistas dizem: "Jesus [...] entregou seu *espírito*" (Mt 27,50; Mc 15,37; Jo 19,30), quer dizer, deixou de viver e morreu.

No rabinismo intertestamentário, fixou-se também um sentido popular de espírito como fantasma e alma penada.

Assim, por ocasião da ressurreição de Jesus, o Evangelista Lucas refere que os Apóstolos estavam com medo e "pensavam ver um *espírito*" (24,37). Ao que Jesus retruca, acalmando-os: "Sou eu mesmo; apalpai-me e vede; um *espírito* não tem carne nem ossos como eu tenho" (34,39). Espírito aqui é uma realidade imaginada, irreal e desencarnada. O "eu sou" exprime a totalidade concreta, a vida em carne e em espírito. "*Espírito* impuro ou mau" é sinônimo de demônio (Mc 1,23; 3,11; 8,27; Mt 12,15 e em muitos outros lugares), o grande opositor da vida e do Reino.

1 O que diz Jesus sobre o Espírito Santo?

Surpreendentemente, nos evangelhos sinóticos (Mt, Mc e Lc), o Jesus histórico falou pouco do Espírito Santo. Face ao Espírito assume a mesma atitude que mostrou para consigo mesmo e para com Deus-Pai. Não se anuncia como o Filho encarnado, o Messias e o Filho de Deus. Esta é a mensagem dos Apóstolos, conservada nos evangelhos, mas não é a do Jesus histórico. Ele não fala *sobre* o Filho, mas se comporta *como* Filho do Pai. Anuncia o Reino de Deus, não a si mesmo. Mas assume tal autoridade e apresenta atitudes que o mostram como Filho do Pai, cheio da força do Espírito e vinculado ao Reino que está se aproximando.

Algo semelhante ocorre em sua relação para com Deus. Não apresentou nenhuma doutrina sobre Ele. Mediante comportamentos e parábolas, revela uma experiência tão íntima com Deus, que o chama na linguagem infantil de *Abba*, "meu querido Paizinho". Este Deus é vivo e mostrou na história que tomou partido pelos escravizados e pelos que menos vida têm. Jesus, da mesma forma, está do lado dos condenados pela sociedade, dos pecadores, dos pobres e invisíveis, como as mulheres, e mostra amor e ilimitada misericórdia até "para com os ingratos e maus" (Lc 6,35). Quem chama a Deus de *Abba-Pai* é porque se sente seu Filho. Esta é a autoconsciência do Jesus histórico.

Jesus raramente usa a expressão Espírito, mas quando a usa é de forma a suscitar vida e libertação. Mesmo assim, se por Espírito entendermos – como evidenciamos anteriormente – a presença sempre concreta e libertadora de Deus e da vida, então Jesus não fez outra coisa senão viver na força do Espírito e cheio de sua energia. Fala pouco *sobre* o Espírito, mas vive, age, fala, relaciona-se e reza *no* Espírito. Ele é portador pleno do Espírito, como se esperava para os tempos messiânicos.

Em sua primeira aparição na sinagoga de Nazaré, onde apresenta seu programa libertador, faz um apelo direto ao Espírito, referido por Is 61,1: "O *Espírito do Senhor* está sobre mim, porque Ele me ungiu para evangelizar os pobres; enviou-me para anunciar aos aprisionados a libertação, aos cegos a recuperação da vista, para libertar os oprimidos, para anunciar um ano de graça do Senhor" (Lc 4,18-19).

Atente-se que este texto vem logo após o batismo de Jesus por João Batista no Jordão, onde Ele teve sua experiência fundacional: "O *Espírito Santo* desceu sobre Ele" (Lc 3,22 par.). João Batista confessa claramente: "Eu batizo em água, Ele batiza no *Espírito Santo*" (Mt 3,11). São Lucas comenta que "o *Espírito Santo* desceu sobre Jesus em forma corpórea, como uma pomba, ouvindo-se do céu uma voz: "Tu és meu filho amado" (3,22). Em seguida se diz: "Cheio do Espírito Santo voltou do Rio Jordão e foi levado pelo

Espírito Santo para o deserto, sendo tentado pelo diabo por quarenta dias" (Lc 4,1-2).

Por aqui se infere que o Espírito suscitou a experiência vocacional de Jesus, como se viu na passagem anterior na sinagoga de Nazaré. Aí irrompe com clareza sua consciência messiânica. Ao Messias pertence, segundo os profetas, a plenitude do Espírito. Ele é o Ungido, vale dizer, o designado para ser o Messias, o Cristo, não na forma do poder político, sacerdotal e profético, mas na forma do Profeta perseguido e do Servo sofredor. É o Espírito que lhe confere a força para realizar a obra messiânica, que é a libertação dos oprimidos, tão ansiada por todo o povo, mas desprovido de meios convencionais de poder e de dominação.

É de se ressaltar a inauguração do "ano de graça do Senhor", o ano santo que, consoante a tradição bíblica (Lv 25,8-54; Dt 15,1-11; Ex 2,2-11), deveria se realizar de sete em sete anos. Depois foi protelada para cinquenta em cinquenta anos. E finalmente, porque nunca foi realmente realizado, "o ano de graça" foi projetado para os tempos messiânicos.

Nesse "ano de graça", quem era escravizado recuperava a liberdade; quem tivesse contraído dívidas estava absolvido delas; e quem, por aperto econômico, fora obrigado a vender suas terras, podia voltar a elas. A própria terra nesse ano deveria descansar. A promessa de Jesus de inaugurar, na força do Espírito, o ano jubilar, significava grande alegria para o povo que, sabidamente, na Galileia, vivia endividado, seja pelos impostos do Império e do Templo, seja pela exploração de uns sobre outros. Ele, como carpinteiro e lavrador, deve ter sentido na própria pele essa dura realidade. O que Jesus anuncia representava uma verdadeira e corajosa revolução político-social.

Outro texto importante no qual Jesus se reporta ao Espírito acontece ao responder aos fariseus que colocavam em dúvida sua prática libertadora: "Se eu expulso demônios pelo *Espírito de Deus*, então é um sinal de que chegou até vós o Reino de Deus" (Lc 11,20; Mt 12,28). Aqui, Espírito de Deus significa a presença poderosa e a energia divina que vão implantando o Reino de Deus.

Num contexto semelhante de contestação de sua prática de expulsar demônios, acusam Jesus de expulsar espíritos maus "por força do príncipe dos demônios" (Mc 3,22; Mt 9,34; Lc 11,15). Uma obra que é atribuída ao Messias, aqui é deturpada como se fora obra do espírito da imundície e da perdição. Jesus lhes responde com uma das palavras mais duras e misteriosas de toda a sua prática retórica: "Tudo será perdoado aos filhos dos homens, os pecados e mesmo as blasfêmias que proferiram. Quem blasfemar, porém, contra o *Espírito Santo*, jamais terá perdão, mas é réu de eterno pecado" (Mc 3,28.29 par.).

Fala-se aqui de blasfêmia, isto é, de uma palavra diretamente contra Deus ou contra uma ação de Deus. Os ouvintes podem se escandalizar por causa da origem humilde de Jesus, pela reivindicação que fez de ser o portador do Reino ou pela liberdade que se tomou diante das leis da época, como comer com pecadores e tocar doentes; especialmente os hansenianos. Este pecado contra o Filho pode ser perdoado, pois os seres humanos podem errar e serem induzidos a falsos juízos.

A blasfêmia, no entanto, reside nisto: os fariseus, mesmo sabendo que as ações de Jesus provêm de Deus, recusam-lhe o reconhecimento. A gravidade não reside apenas nessa falta de reconhecimento, mas no fato de julgarem suas obras como se fossem feitas em nome do "príncipe dos demônios"; portanto, do anti-Espírito. E ainda se recusavam a aceitar que o Espírito podia agir mediante um homem fraco, sem aparato de poder e sem meios adequados, senão a palavra e a convocação para a conversão. Ora, Jesus aparece como um homem da periferia, de uma vila desconhecida, Nazaré. Como pode o Espírito atuar por meio desta pessoa depotenciada? Por isso, seus interlocutores pedem um sinal inequívoco (Mc 8,11; Mt 16,1).

Isso tem a ver com a perversidade da intenção, da má vontade, da dureza de coração e da arrogância de dominar os critérios que apontam onde o Espírito pode ou não pode atuar. Ora, o Espírito sopra onde quer, e atua, preferentemente, por meio dos mais vulneráveis e pequenos (cf. Lc 10,21-22). Enquanto perdurar essa atitude de total fechamento, não há lugar para o perdão. Não que Deus o negue, pois Ele, em sua misericórdia, oferece-o a todos, mas porque as pessoas terminantemente o recusam (CONGAR, Y. *A blasfêmia*, p. 45-58). Aqui só vale a conversão. Sem ela não poderá haver comunhão com Deus.

Outra palavra, muito provavelmente vinda do Jesus histórico, nos é transmitida numa diatribe com os fariseus. Jesus cita um tópico da Escritura, dizendo: "Pois o próprio Rei Davi diz no *Espírito Santo*: 'Disse o Senhor ao meu Senhor, senta-te à minha direita até que ponha teus inimigos debaixo de teus pés'" (Mc 12,36; Mt 22,43). Sabemos que no rabinismo sinagogal se havia imposto a convicção de que as Escrituras eram inspiradas pelo Espírito Santo para animar uma vida santa, para exortar, consolar e fortalecer a fé no Deus da Aliança. Jesus se insere neste caldo cultural e o assume pacificamente. O Espírito transforma a letra humana em letra divina para produzir os dons do Espírito. O Rei Davi fala a partir dessa força divina.

Outra palavra, seguramente oriunda da boca do Jesus histórico, diz: "Jesus se sentiu inundado da alegria do *Espírito* e disse: 'Graças te dou, Pai, Senhor do céu e da terra, porque escondeste estas coisas dos sábios e prudentes e as revelaste aos pequeninos. Sim, Pai, pois foi de teu agrado" (Lc 10,21-22). Um dos dons do Espírito Santo é a alegria pela ação de Deus, privilegiando os menores e sem-nome. Jesus experimentou essa alegria do Espírito.

Certamente provêm da boca do Jesus histórico estas frases num contexto de missão e de perseguição: "Não vos inquieteis com o que haveis de falar; dizei o que na hora vos for inspirado, pois não sois vós que falareis, e sim o Espírito Santo" (Mc 13,11; Lc 21,14-15). O Espírito inspira aos injustamente perseguidos e levados aos tribunais as palavras adequadas para a sua defesa.

Quando os Doze são enviados (Mt 10,19-20) ou quando se pede aos discípulos o destemor (*parrhesia*) de falar diante dos tribunais, Jesus diz: "O Espírito Santo vos ensinará naquela hora o que deveis dizer" (Lc 12,12). O Espírito inspira as Escrituras e inspira as pessoas para viverem com coragem o que elas ensinam.

Por fim, atribui-se a Jesus também esta última afirmação, por ocasião da tentação no Jardim do Getsêmani: "Vigiai e orai para não cairdes em tentação; o *espírito* é forte, mas a carne é fraca" (Mc 14,38; Mt 26,41). Aqui se faz presente a compreensão hebraica de *espírito* e de carne. Ao espírito cabe a fortaleza, aquela atitude do homem todo inteiro (corpo e alma), que se mostra fiel à Aliança em contraposição à carne (o homem todo inteiro) sujeito à fraqueza, à tentação e ao pecado.

2 O Espírito Santo vem e mora em Maria de Nazaré

O Espírito esteve presente na primeira criação, que depois decaiu. Somos filhos e filhas de Eva e do velho Adão. Este mesmo Espírito está agora presente na nova criação que se inaugura com Maria, a nova Eva (Ap 12,1) e com seu filho, Jesus, o novo Adão (1Cor 15,45). Por isso, os evangelistas ligam a origem de Jesus ao Espírito Santo: "O que nela foi gerado [dirigindo-se a José] é do Espírito Santo" (Mt 1,35). São Lucas dirá que o Espírito Santo veio morar definitivamente em Maria (1,35). Se o Espírito Santo está nela, logicamente o que nasce dela também é Santo (1,35). Como veremos mais adiante, Maria se tornou pneumatófora (portadora do Espírito), pois ela foi pneumatificada pelo Espírito Santo. Depois daremos a devida relevância a essa relação singular do Espírito Santo com Maria e, de modo geral, como o feminino (BOFF, L. *Ave-Maria: o feminino e o Espírito Santo*, 2003).

3 O Espírito Santo cria a comunidade dos discípulos

Com a execução judicial de Jesus na cruz, desfez-se a comunidade de seus seguidores. Cada um começou a voltar, decepcionado, para casa, como o revelam os jovens de Emaús (Lc 24,13ss.), provavelmente um casal. Exceto as mulheres que nunca traíram Jesus e ficaram fiéis a Ele até ao pé da cruz e na preparação de seu cadáver. Mas eis que exatamente as mulheres anunciaram sua ressurreição (Lc 24,9-10; Mt 28,10). Começou a se refazer a comunidade ao redor desse evento bem-aventurado, anunciado pelas mulheres.

Mas a força para constituírem uma comunidade foi obra do Espírito Santo. É São Lucas que nos Atos dos Apóstolos (cap. 2) narra o refazimento do grupo dos Doze que possuía, enquanto número doze, um valor simbólico: a reunificação das doze tribos de Israel, representando todos os povos da Terra.

Lucas, já em seu Evangelho, apresenta figuras animadas pelo Espírito (Lc 1,41.67; 2,25-27). É o caso de Isabel, que ao ouvir a saudação de Maria "ficou repleta do Espírito Santo" (1,41). O mesmo ocorre com Zacarias; por ocasião do nascimento e da circuncisão de João Batista, profetizou "cheio do Espírito Santo", cantando o *Benedictus*. Do próprio João Batista se dirá que "estará cheio do Espírito Santo desde o ventre de sua mãe" (1,17). Com isso, São Lucas insinua que a plenitude dos tempos está se aproximando, tempo em que o Espírito seria derramado sobre toda a carne. Para o evangelista acaba-se a esterilidade profética. O Espírito está novamente de volta e ativo. O próprio Jesus é apresentado como o Messias dotado de Espírito. É neste Espírito que Jesus exulta, porque o Pai está se revelando aos pequeninos (Lc 10,21).

No prólogo dos Atos dos Apóstolos, Lucas apresenta sua tese de fundo: o Espírito que começou a morar de forma permanente em Maria (Lc 1,35) e em seguida em Jesus, agora será dado aos discípulos. "João, na verdade, batizava com água, vós porém, dentro de poucos dias, sereis batizados no Espírito Santo" (At 1,15). Este Espírito que desceu sobre o Messias, descerá agora sobre a comunidade messiânica. Em seguida descerá sobre todos, "mesmo sobre os escravos e sobre as escravas" como profetizou Joel e foi dito em Nm 11,29 (At 1,5); cf. BOFF, Lina. *Espírito e missão na obra de Lucas e Atos*, 1996, p. 102-127).

Este aspecto comunitário da efusão do Espírito não anula sua ação em profetas individuais como Ágabo (At 11,27-28), Filipe (8,39-40) e suas filhas (At 21,9) e Paulo (13,9-11; 20,23). É o Espírito que leva Filipe (At 8,29) e Pedro (At 10,19-20) a evangelizarem os que creem, embora de origem pagã. O mesmo Espírito empurra Barnabé e Paulo para a missão (At 12,2.4) e encaminha Paulo para a Europa (Macedônia; At 15,6-20). Todos esses sinais evidenciam, para o evangelista, a inauguração dos tempos novos sob a égide do Espírito Santo.

Em função dessa sua compreensão, Lucas elabora o relato de Pentecostes, embora não saibamos sobre que materiais históricos esteja trabalhando (At 2,1-13). Pentecostes é para os judeus a conclusão da grande Festa da Páscoa. São sete semanas de celebração, nas quais se ofereciam as primícias das colheitas. No rabinismo havia se desenvolvido a ideia de que em Pentecostes se comemorava o dom da Aliança no Sinai e que renovaria esta Aliança com todos os judeus dispersos pelo vasto Império Romano.

Lucas trabalha sobre os vários símbolos presentes nessa festa. A presença dos vários povos, enumerados conforme o horóscopo judaico para expressar o universalismo da nova mensagem. Depois refere-se à confusão das línguas (Gn 11,1-9), que impedia que os povos se entendessem entre si. Agora, descendo o Espírito na forma de línguas de fogo, cada qual entende a mesma mensagem em sua própria língua.

Essa comunidade nascente, suscitada pelo Espírito, está ligada à história de Jesus. No final do relato de Pentecostes o povo pergunta a Pedro: "Agora, o que devemos fazer"? Pedro responde: "Convertei-vos, e cada um peça o batismo em nome de Jesus Cristo, para a remissão dos pecados e para receberdes o dom do Espírito Santo" (At 2,38).

Aqui aparecem vários elementos importantes: para entrar na comunidade precisa-se fazer uma ruptura, expressa pela conversão. A Igreja não prolonga simplesmente a sinagoga ou a comunidade humana assim como se encontra, babélica, confusa e dividida. Pela conversão, realiza-se uma nova retomada da história humana sobre outros moldes, em Jesus Ressuscitado e no Espírito Santo.

Por que o batismo para a remissão dos pecados? Isso já não fizera João? Não bastaria, simplesmente, o Espírito Santo? Aqui Lucas se mostra um fino teólogo. O cristão refaz em si o mesmo percurso realizado por Jesus, que se deixou batizar. Com isso Ele se incorporou à comunidade messiânica (o sentido originário do batismo de Jesus realizado por João). Mais do que se libertar do pecado, significa que este novo povo messiânico é santo, pela santidade do Espírito Santo. Por isso, recebe o dom do Espírito Santo. Mas, mesmo sem o prévio batismo, vem o Espírito, pois Ele é livre, como no caso do oficial romano Cornélio (At 10,44-48) ou dos samaritanos (8,17) e dos discípulos dispersos de João Batista em Éfeso (At 19,6). Mas, em seguida, são batizados, pois o batismo é o sinal da incorporação na comunidade.

Pentecostes é um começo que não termina nele mesmo. Ele se prolonga pela missão e a acompanha em cada novo passo (cf. BOFF, Lina. *Espírito e missão na obra de Lucas e Atos*). A visão de Lucas é ousada: "O Espírito descerá sobre vós e vos dará força, e sereis minhas testemunhas em Jerusalém, em toda a Judeia e Samaria até os confins da terra" (At 1,8). Ele dilata Pentecostes para todos os lados.

Nem distingue quem é judeu e quem é pagão. É dado em profusão a todos os que ouvem a mensagem e se abrem a ela, como ocorreu em Cesareia, na qual um oficial romano e toda sua família recebem o Espírito, mesmo antes de serem batizados. Perplexo, Pedro comenta com os demais Apóstolos em Jerusalém: "O Espírito desceu sobre eles, pagãos, como no princípio descera sobre nós" (At 11,16).

O Espírito está nos fundamentos da comunidade nascente. Ele introduz uma nova prática de convivência, chamada até de comunismo primitivo, pois se testemunha: "Todos os que tinham fé, viviam unidos, tendo todos os bens em comum. Vendiam suas propriedades e seus bens e dividiam o dinheiro entre todos, segundo a necessidade de cada um" (At 2,44-47). E como louvor se diz que "a multidão dos fiéis era um só coração e uma só alma, e não havia pobres entre eles" (At 4,32-34).

O Espírito é o gerador de um outro estilo de viver comunitariamente. É o Espírito quem institui a Igreja missionária, que rompe os apertados limites do judaísmo e se lança ao vasto mundo cultural romano e europeu. Os Apóstolos fazem um Concílio em Jerusalém para decidir os caminhos futuros da Igreja. Belamente dizem: "Pareceu bem ao Espírito Santo e a nós decidir [...]" (At 15,18). "É Ele que inspira as funções" (At 20,28) e "distribui as tarefas" (At 6,6; 13,2).

Quem é o Espírito Santo para o Evangelista Lucas? Seguramente ele não pensa nos termos do dogma do Concílio de Constantinopla (381), que o define como Terceira Pessoa da Santíssima Trindade. Para ele, o Espírito é sempre o Espírito de Cristo. Está ligado a Cristo, mas possui sua relativa autonomia, pois toma iniciativas, irrompe como uma força avassaladora que cria novas relações e inspira práticas econômicas alternativas (cf. BOFF, Lina. *Espírito e missão na obra de Lucas e Atos*, 1996, p. 61-68). Diverso do Filho e também enviado pelo Pai e pelo Filho, está sempre junto e em comunhão com Eles. É o suficiente para dizermos que para Lucas o Espírito Santo é Deus.

Ao afirmar que Pai, Filho e Espírito Santo são Deus não se quer multiplicar Deus (cada Pessoa é única e os Únicos não se somam nem multiplicam), mas mostrar a centralidade da comunhão e do amor que invadiram o mundo como uma única Torrente de vida, de santidade e de libertação. A teologia posterior irá formalizar essa percepção em termos da doutrina sobre um só Deus em Três Pessoas divinas, sempre entrelaçadas na comunhão e no amor infinitos (pericórese).

4 O Espírito Santo é Deus

É no Evangelho de São João que encontramos as afirmações mais contundentes da plena revelação do Espírito como Espírito Santo. Primeiramente João enfatiza o fato teológico de que o Espírito desce sobre Jesus (1,32) e permaneceu sobre Ele (1,32.33). Desta forma quer expressar que Jesus é portador permanente e não esporádico do Espírito. O evangelista assegura que Deus deu plenamente o Espírito a Jesus: "Deus não lhe deu o Espírito em parcimônia" (3,34). Porque está repleto do Espírito, pode também comunicá-lo aos demais. A Nicodemos afirma: "Quem não renascer da água e do Espírito Santo não pode entrar no Reino de Deus" (3,5). Algo semelhante ocorre com a samaritana: "Se alguém tiver sede venha a mim e beba; quem crê em mim, do seu interior correrão rios de água viva; referia-se ao Espírito que haviam de receber aqueles que cressem nele" (7,37-39). A água é o grande símbolo da vida. O Espírito é esta vida.

Depois da Páscoa, Jesus sopra sobre os Apóstolos e diz: "Recebei o Espírito Santo: a quem tiverdes perdoado os pecados, serão perdoados; a quem os retiverdes, serão retidos" (20,22-23). Aqui, novamente, o Espírito Santo está vinculado à vida nova, que substitui a vida na carne. Jesus dá o Espírito e promete a sua plenitude depois de sua glorificação. É neste contexto que fala do Espírito como "Paráclito". Na linguagem da época, "paráclito" era o defensor numa causa judicial ou o intercessor junto a Deus para a consecução de um objetivo e também o auxiliador em qualquer circunstância, especialmente na vulnerabilidade.

Ele também é chamado pelo evangelista de Espírito da verdade, que defende nas acusações e conforta os desamparados (14,16; 16,7-11). Numa palavra, o Espírito ampara os cristãos no testemunho face a um mundo hostil (15,26-27).

No discurso de despedida (Jo 14,15-31), Jesus promete (1) um outro Paráclito que já está com os discípulos (14,17); (2) Ele ensinará tudo e trará à memória tudo quanto Jesus disse (14,26); (3) Ele testemunhará por Jesus (15,26-27); (4) estabelecerá a culpabilidade do mundo (16,7-11); (5) conduzirá os discípulos à plenitude da verdade (16,13-15): "Ele vos ensinará toda a verdade [...] e as coisas futuras (16,13-14); tomará do que é meu e vo-lo dará a conhecer (16,14) (cf. CONGAR, Y.M.J. *El Espíritu Santo*, p. 82ss.).

São João, antecipando-se a uma reflexão trinitária que virá posteriormente, diz que o Espírito procede do Pai e o Pai o dará por petição do Filho (15,2; 14,16). O Filho enviará o Espírito em seu nome (14,26). Sua partida é condição para que Ele venha (16,7). Com referência aos discípulos: Ele ficará sempre com eles (14,16) e os conduzirá a toda a verdade (16,13). É o Espírito que nos faz aceitar Jesus: "Nisso conhecereis o Espírito de Deus: todo o espírito [pessoa] que confessa que Jesus Cristo veio na carne é de Deus" (1Jo 4,2). "Sabemos que estamos nele e Ele em nós por nos ter dado o Espírito" (1Jo 4,13).

Por fim, João afirma com todas as letras: "Deus é Espírito" (Jo 4,24). A afirmação é feita em contexto polêmico no relato do encontro de Jesus com a samaritana. A polêmica é: onde adorar a Deus: em Garizim, a cidade santa da Samaria; ou em Jerusalém, a cidade santa da Judeia? Opondo-se a esta localização, Jesus afirma: "Deus é Espírito e é adorado em Espírito e verdade" (Jo 4,23). Em outras palavras: Deus não está em nenhum lugar, porque como Espírito está em todos os lugares. O que decide não é o lugar geográfico, mas o estado de alma: o de adorar em comunhão com o Espírito, que enche todas as coisas e age na história.

5 Os dois braços do Pai: o Filho e o Espírito Santo

Vejamos agora a contribuição de São Paulo na reflexão sobre o Espírito Santo. Ele elabora uma reflexão teológica finamente articulada entre o Ressuscitado e o Espírito Santo. Para ele a salvação nos vem por Jesus, morto e ressuscitado, e pelo Espírito Santo. O ser humano é convocado a incorporar-se no Cristo e no Espírito. Ambos estão tão unidos, que nos impedem falar de duas economias, como se tentará mais tarde com Joaquim de Fiore e os espirituais franciscanos, uma do Filho e outra do Espírito Santo. Eles são os dois braços do Pai, que por meio deles nos alcança e realiza seu plano de salvação, metáfora usada por Santo Ireneu.

Antes de detalharmos um pouco mais a pneumatologia de São Paulo, convém referir à convicção comum de toda a comunidade dos primórdios: chegamos ao final dos tempos e a nova era de Deus está para irromper. Estamos, portanto, diante de uma iminência apocalíptica. Isso fica claro no primeiro texto escrito no Primeiro Testamento, que é a Epístola aos Tessalonicenses, de São Paulo, exarada por volta do ano 51/52 de nossa era. Para este tempo terminal – rezavam as antigas promessas – o Espírito será infundido em todos como força divina que vai revolucionar tudo, purificar o mundo de toda a imundície e transfigurar a vida e o cosmos.

A ressurreição de Jesus era o grande sinal de que o Espírito estava em ação, inaugurando o tempo novo, previsto pelos profetas, especialmente Joel. O Espírito fazia de um morto um vivo e de um vivo um transfigurado. A pregação dos Apóstolos pôde anunciar uma realização do Reino de Deus na pessoa de Jesus, o que provocava alegria e adesão de muitos. Pentecostes deve ter significado uma experiência coletiva extremamente forte, da presença do Espírito Santo no meio deles. Atribuem ao Espírito Santo uma compreensão mais profunda da gesta de Jesus e da descoberta de Deus como *Abba*-Pai (1Cor 12,3; Rm 8,15).

Cada cristão se sente templo do Espírito que ressuscitou Jesus dos mortos. Sente-se filho e filha no Filho: "Todos os que são conduzidos pelo Espírito de Deus são filhos e filhas de Deus" (Rm 8,14; 8,29).

Todo este arcabouço de convicções é pressuposto na reflexão paulina acerca do Espírito Santo. Ele não conhece a Igreja, nascida em Pentecostes, como no-la narra Lucas nos Atos dos Apóstolos. Nunca faz referência a ela. Sua experiência do Espírito se deriva de seu encontro-choque existencial com o Ressuscitado no caminho de Damasco.

Aí ele compreende que Jesus, o Crucificado, é o Ressuscitado feito Cristo e Senhor. "Se alguém não tem o Espírito de Cristo, não é de Cristo" (Rm 8,9). O que mais lhe impressiona é a nova forma como Jesus agora existe: não na forma de carne (*kata sárka*), mas na forma de Espírito (*kata pnéuma*). Quer dizer, Jesus ressuscitado assumiu as características de Deus, de ubiquidade cósmica e de plenitude de vida. Mais adiante veremos como para Paulo o Espírito com seus carismas e dons será o eixo estruturador da comunidade cristã, da Igreja.

a) Dois regimes e dois projetos: a carne e o espírito

Para entendermos melhor a reflexão paulina sobre o Espírito Santo é conveniente situar, em breves traços, um certo tipo de leitura que ele faz da condição humana concreta. Já o fizemos no capítulo segundo, mas convém retomá-la no horizonte em que São Paulo a situa. Utiliza, para isso, duas categorias da tradição bíblica: a *carne* e o *espírito*.

Segundo Paulo, vivemos dentro de dois campos de força que, na verdade, são dois modos existenciais de viver, com seus correspondentes projetos.

O primeiro campo de força é a *carne*, que representa a mundanidade do mundo, tomado em si mesmo, sem qualquer outra referência exterior ou a Deus. Ele também organiza a vida e a convivência, mas marcadas pelo individualismo e pela busca do próprio interesse.

O outro campo de força é o *espírito*, que também articula a vida e a comunidade, mas abertas aos outros e centradas no serviço e no amor. Na Epístola aos Gálatas, escrita provavelmente em Éfeso por volta de 56/57 de nossa era, Paulo enfatiza que "ambos são contrários um ao outro" (5,17). E admoesta: "andai *no espírito* e não satisfareis a concupiscência da carne, porque a carne tem tendências contrárias aos desejos do espírito e o espírito possui desejos contrários às tendências da carne [...]. As obras *da carne* são manifestas: prostituição, impureza, libertinagem, idolatria, feitiçaria, ódios, discórdias, ciúmes, iras, rixas, dissensões, divisões, invejas, bebedeiras, orgias e outras coisas como estas [...]; quem praticar tais coisas não herdará o Reino de Deus [...]; os frutos do *espírito* são: a caridade, a alegria, a paz, a paciência, a afabilidade, a bondade, a fidelidade, a mansidão e a continência" (Gl 5,19-23).

Na Carta aos Romanos diz com mais clareza: "A aspiração da *carne* é a morte, enquanto a aspiração do *espírito* é a vida e a paz [...]. Se alguém não tem o Espírito de Cristo, não é de Cristo [...]. Se o Espírito daquele que ressuscitou Jesus dos mortos habita em vós, quem ressuscitou Jesus Cristo dos mortos também dará vida a vossos corpos mortais, por força do Espírito que habita em vós" (Rm 8,6.11).

Segundo a carne, somos filhos deste mundo, com sua decadência. Segundo o Espírito, somos filhos de Deus, com sua glória.

Diz o eminente exegeta Rudolf Schnackenburg: "Com a expressão *segundo a carne* se designa nossa origem terrena e natural; com a *segundo o Espírito*, nosso *status* celestial, que é o modo de existência do Ressuscitado" (cf. *Cristologia do Novo Testamento,* p. 40). Dizer que o Ressuscitado é Espírito equivale a dizer que Ele pertence à esfera do Divino e que é Filho de Deus. Jesus viveu na carne quando peregrinava entre nós, vale dizer, participou de nossa condição humana, fraca e mortal. Em 1Tm 3,16 se diz que "o mistério da piedade apareceu na carne e foi conduzido à glória pelo Espírito". Para expressar a divindade de Jesus, Paulo usa a expressão Espírito. É só "pelo Espírito de Deus que podemos dizer Jesus é Senhor" (1Cor 12,3). E Senhor, desde a Septuaginta, é o nome preferido para designar Deus.

Na palavra *Senhor* há ressonâncias teológicas (Jesus é Deus), cosmológicas (ligado à criação) e políticas, porque os imperadores romanos se davam a si mesmos o título de Senhor e em nome deste título reivindicavam culto de adoração. Paulo se confronta com essa teologia pagã e entra em conflito direto com a ideologia imperial. Daí se entende também os riscos pelos quais passava.

Dizer que o Ressuscitado é "o novíssimo Adão, um ser espiritual que dá vida" (1Cor 15,45), é expressar a divindade de Jesus. E ao mesmo tempo é colocar Jesus na mesma altura do Espírito, pois é próprio do Espírito dar vida e ser gerador de vida, como se diz no credo cristão. O Espírito Santo é, pois, Deus.

Viver segundo o Espírito é situar-se dentro da nova realidade trazida pelo Ressuscitado e confirmada pela manifestação do Espírito em Pentecostes, aberta a todos os povos e línguas do mundo. Paulo faz uma equivalência entre viver repleto do Cristo (Cl 2,10) e viver repletos do Espírito (Ef 5,18); falar no Cristo (2Cor 2,17) e falar no Espírito (1Cor 12,3); amor de Deus no Cristo Jesus (1Cor 8,39) e vosso amor no Espírito (Rm 14,17).

b) O Espírito, a Igreja e os carismas

O estar no Cristo e no Espírito funda também a comunidade cristã, a Igreja. "Nós fomos batizados num só Espírito para sermos um só corpo" (1Cor 12,13). Portanto, a unidade é construída sobre o Espírito Santo, o que lhe confere dinamismo e superação de todo tipo de burocratização. A comunidade é representada como uma casa espiritual (Rm 13,1; Fl 3,3). Cada um deve sentir-se templo de Deus: "Não sabeis que sois templos de Deus e que o Espírito de Deus habita em vós?" (1Cor 2,16; 6,19; 2Cor 6,16). Isso significa que o ser humano tem algo da divindade dentro de si.

Deus não está longe, mas dentro da vida como "doce hóspede da alma" como se canta no Hino de Pentecostes. Assim como o Ressuscitado habita em nós, habita em nós também o Espírito, estabelecendo comunhão conosco (2Cor 13,13).

Essa habitação se manifesta pelos vários serviços e modos de operação do Espírito na comunidade cristã. "Todos bebemos do mesmo Espírito" (1Cor 12,13). O mesmo Espírito distribui seus dons conforme quer (1Cor 12,11): "a cada um é dada a manifestação do Espírito em vista do bem comum" (1Cor 12,7). Não há ninguém inútil na comunidade. Todos possuem algum dom e fazem algum serviço.

O carisma em Paulo não se opõe à instituição. A própria instituição, como realidade bem ordenada e animada por líderes que garantem sua coesão, é entendida como um carisma, pois significa um serviço permanente à comunidade. O que se opõe ao carisma não é a organização, mas o egoísmo, a prepotência, a dominação de alguns sobre a comunidade. Por isso, vale a admoestação: "Não afogueis o Espírito" (1Ts 5,19).

Por fim, cabe a pergunta: Em São Paulo o Espírito é uma força divina ou Deus em ação no mundo, nas comunidades e nas pessoas? Embora possamos dizer que Paulo não possuía ainda de forma consciente uma formulação trinitária, contudo refere-se a uma realidade trinitária. Em algumas formulações aparece a personalidade divina do Espírito Santo, que "escruta as profundezas de Deus" (1Cor 2,10), que é "enviado aos nossos corações" (Gl 4,6), que "testemunha ao nosso espírito que somos filhos e filhas de Deus e nos faz descobrir Deus como Pai-*Abba*" (Rm 8,15).

Dizendo-se que habita em nossos corações, significa que é algo pessoal, vivo, interior e divino (1Cor 3,16; 6,19). Ele é para nós o Dom (Rm 5,5), vale dizer, o Deus presente, entregando-se e dando-nos vida. As fórmulas finais de suas saudações, colocando o Espírito no mesmo nível que o Filho e o Pai, assinala que para ele o Espírito Santo é tido como Deus (1Cor 12,4-6; 2Cor 13,13).

c) Conclusão: dos sinais à plena revelação do Espírito

Nesta pequena recorrência aos textos do Segundo Testamento – os sinóticos, São João, os Atos dos Apóstolos e a teologia de São Paulo –, notamos que a categoria espírito foi usada nos vários sentidos abordados anteriormente, desde a energia vital, o sopro, a força transformadora divina no cosmos, na história, no povo e nas pessoas, até ser percebido em sua realidade propriamente divina, como Deus.

Evidentemente, tal afirmação obrigará os cristãos vindos do judaísmo, no qual vigorava um monoteísmo extremamente rigoroso a ponto de sequer pronunciarem o nome de Deus, a repensar sua forma de compreender Deus. Sem renunciar ao monoteísmo – pois Deus não se multiplica –, irão desenvolver um modo próprio de nomear Deus, não mais em categorias substancialistas e estáticas, mas em categorias de processo, da lógica da vida, sempre una e, ao mesmo tempo, diversa (biodiversidade), para poder dizer que Deus é comunhão de amor e não solidão de uma natureza. E esta comunhão no amor é tão íntima e radical, que os Divinos Três se uni-ficam (ficam um) num só Deus-comunhão-amor-doação-relação.

O Espírito é aquele sujeito escondido no coração de todos os eventos, no cosmos, na história, na vida de cada pessoa e nos pobres, que sustenta, anima, atrai para dimensões sempre mais vastas, para cima e para frente, rumo a uma convergência final do Reino da Trindade.

VI
Do Deus-Espírito Santo à Terceira Pessoa da Santíssima Trindade

Do estudo das fontes da fé se percebeu um crescente desenvolvimento na reflexão e nas formulações com referência ao Espírito Santo, apontando para a sua divindade. Ele é colocado no mesmo nível que o Pai e o Filho; particularmente, nas doxologias, no final das orações, nos ritos do batismo e na epíclese eucarística (invocação). Certamente não havia ainda uma reflexão consciente e tematizada sobre a divindade do Espírito Santo como a temos hoje. Os tempos eram outros.

A linguagem é bíblica, e por isso mais direcionada à obra do Espírito Santo do que à definição de sua natureza. É na prática da fé e na oração que se afirma ser o Espírito Santo Deus. Ressaltemos alguns momentos fortes desse caminho.

1 A fórmula do batismo

A versão de Mateus, um Evangelho escrito por volta do ano 90 de nossa era, contém a fórmula do batismo: "Ide, pois, fazei discípulos meus todos os povos da Terra, batizando-os em nome do Pai, do Filho e do Espírito Santo" (28,19). Ela, segundo os melhores intérpretes, é tardia e traduz já uma prática eclesial. Encontra-se também num texto, talvez anterior aos atuais evangelhos, a Didaqué (por volta dos anos 50: 7,1), em São Justino (*Apologia* I, 61), em Santo Ireneu (*Adv. Haer.* III, 17. *Epid.* 3, 6) e em Tertuliano (*De Bapt.*, 13). Essa fórmula trinitária era tão essencial para a fé cristã, que Santo Ireneu, grande defensor da ortodoxia contra as heresias da época, afirma que as doutrinas heterodoxas negavam sempre um ou outro artigo dessa fé batismal trinitária.

2 A epíclese eucarística

Por epíclese se entende a oração de invocação do Espírito Santo para que transforme o pão e o vinho no Corpo e no Sangue de Cristo. Nas anáforas antigas (rito de consagração), como aquela de Hipólito (o nosso segundo cânon), de São Basílio, de Serapião, nas catequeses de São Cirilo (V, 7), na liturgia de São João Crisóstomo, atesta-se a invocação do Espírito Santo sobre as espécies eucarísticas para que sejam transubstanciadas ou transignificadas. Só Deus pode transformar os elementos materiais como o pão e o vinho em Corpo e Sangue do Senhor; portanto, em algo divino. Esta é a obra do Espírito Santo, crido e professado como Deus.

3 Missão e martírio

No cristianismo pós-apostólico, em franca expansão pelas várias regiões do Império Romano e sofrendo discriminações, perseguições e martírios, era viva a referência ao Espírito Santo. Os fiéis invocavam-no para terem coragem ao enfrentar as autoridades policiais e civis, manterem-se firmes na perseguição, buscarem iluminação e palavras inspiradas nos interrogatórios diante dos tribunais, onde eram acusados de ímpios e ateus por negarem os deuses, especialmente os específicos das cidades, e por se recusarem a prestar adoração ao imperador. A vivência do Espírito pertencia ao estilo de vida daqueles cristãos.

Mas na medida em que o cristianismo deixava de ser perseguido, penetrava nos estratos mais altos da sociedade e até do exército, e tranquilamente lançava raízes nas culturas locais, mais crescia o esquecimento do Espírito. Geralmente é sempre assim: lá onde reina a ordem da instituição cristã, e com isso se inaugura o poder sagrado (*sacra potestas*), menos se sente a necessidade da invocação do Espírito para animar a comunidade. A rotina substitui a criatividade que vem o Espírito.

Isso foi notado por alguns cristãos como Montano da Frígia. No ano 156 ele se apresenta como "enviado do Paráclito" e procura suscitar em todas as comunidades o entusiasmo do Espírito. Via em si mesmo e no seu grupo a realização da promessa da efusão do Espírito Santo e dos dons espirituais. Por meio dele irromperia a era do Espírito Paráclito, o que implicava o fim da história e a realização dos tempos escatológicos.

Da Frígia, uma das últimas e mais longínquas províncias romanas, o montanismo chegou a Roma e de Roma, no século III, aportou na África. Encontrou em Tertuliano, o teólogo leigo mais criativo e arguto da cristandade norte-africana, um fervoroso seguidor. Os montanistas eram rigoristas; impunham-se penitências atrozes, longos jejuns, acompanhados de fenômenos extraordinários e convulsivos (CONGAR, Y.M.J. *El Espíritu Santo*, p. 94).

Tertuliano introduz uma distinção que fará fortuna na história posterior, entre uma *Igreja do Espírito* (*ecclesia Spiritus*), por um lado, e por outro uma *Igreja-número-de-bispos* (*ecclesia numerus episcoporum: De pud.*, 21,17). A Igreja-Espírito fazia-se conhecer pelo entusiasmo e pelos êxtases, enquanto a Igreja-número-de-bispos, pela organização hierarquizada e pelo poder. Hoje nós diríamos: uma Igreja-carisma e uma Igreja-poder.

Santo Ireneu foi até Roma em 177 para falar com o Papa Eleutério, a fim de se aconselhar com ele acerca da forma como enfrentar esse tipo de modelos de Igreja, que poderia levar a uma divisão. A solução consensuada e exposta por Ireneu foi de equilíbrio entre uma Igreja organizada em seus vários serviços e ministérios e uma Igreja rejuvenescida pelos dons do Espírito. Dizia que "o Espírito é como um licor precioso, conservado num vaso de boa qualidade; Ele rejuvenesce e faz rejuvenescer o vaso que o contém [a Igreja]". E continua: "Lá onde está a *ecclesia*, isto é, a comunidade, aí está também o Espírito de Deus; e lá onde está o Espírito de Deus, está também a Igreja e toda a graça" (*Adv. Haer.*, III, 24,1).

4 Os homens do Espírito: monges e religiosos

O monaquismo representou a vertente espiritual mais expressiva no tempo pós-constantiniano (325), no qual a Igreja assumiu responsabilidades políticas e inaugurou uma grande e tormentosa aventura cultural, ligada ao poder. Vivia tempos de paz, pois tinha sido declarada religião oficial do Império.

Não sem um velado protesto, cristãos fervorosos que se orientavam pelo Evangelho e pela figura de Jesus, servo sofredor e crucificado, deixaram seus afazeres e se dirigiram ao deserto, como Santo Antão, Pacômio e outros. Queriam viver o espírito do martírio, já que este não existia mais.

Escolheram o deserto, pois lá, segundo antiga tradição, começaria o novo paraíso terrenal.

Eram homens que viviam segundo o Espírito, cultivavam a experiência de Deus e de seu retiro orientavam os fiéis que vinham visitá-los. Até os estilitas da Síria, os que viviam em cima de uma coluna, faziam-se notórios por seus dons proféticos e pelo aconselhamento dos fiéis.

Desse movimento surgiu a vida religiosa, masculina e feminina, que no Ocidente ganhou sua organização com São Bento de Núrsia, chamado de patriarca do monaquismo (480-550). Depois adquiriu especial relevância com os grandes movimentos pauperistas medievais, com São Francisco de Assis, São Domingos e os sete santos florentinos, os servitas, no século XIII.

Chegamos aos tempos modernos com infindáveis congregações religiosas masculinas e femininas. É nestes homens e mulheres espirituais que o Evangelho é vivido mais como carisma do que como instituição e são criadas as condições para se viver a utopia das bem-aventuranças de Jesus.

5 Disputas teológicas: o Espírito Santo é Deus?

O Espírito Santo teve que "lutar" por longos anos e atravessar ríspidas discussões até ser *oficialmente* reconhecido como Deus e como Terceira Pessoa da Santíssima Trindade. Enquanto se rezava e se celebravam as Eucaristias não havia problema algum. Os problemas surgiram quando entrou a razão, que queria refletir e tirar a limpo as questões subjacentes às orações. E o fez, não raro, longe da piedade e da oração, ambiente adequado de se falar de Deus vivo e verdadeiro e do Espírito de vida.

A discussão sobre a divindade do Espírito Santo foi introduzida por causa das disputas cristológicas suscitadas, a partir do século IV, pelos seguidores de Ario (250-336), bispo de Alexandria, que tinha dificuldade em admitir a natureza divina de Jesus como aquela do Pai. A discussão se radicalizou quando Macedônio, bispo da principal sede daquele tempo, Constantinopla, entre os anos 342-360, colocou em questão a divindade do Espírito Santo. Chamavam-se de *pneumatômacos* (os que combatem contra o Espírito).

Eles se atinham a um certo fundamentalismo bíblico, tomando ao pé da letra algumas afirmações do Primeiro Testamento. Aí o Espírito, como já consideramos, era visto como um atributo de Deus, sua força e energia vital, mas não como Deus. O Espírito era então entendido por eles como um intermediário e um intercessor posto por Deus, com suprema dignidade e santidade, para nos ajudar no caminho de nossa salvação. Mas ele não seria Deus, tão somente sua mais excelsa criatura.

Os grandes teólogos capadócios, dos maiores da Igreja ortodoxa (São Basílio, seu irmão São Gregório de Nissa e seu colega de estudos, São Gregório Nazianzeno) reagiram vigorosamente contra essa compreensão do bispo mais importante do tempo. Elaboram verdadeiros tratados sobre o Espírito Santo que culminavam com esta afirmação: o Espírito Santo é verdadeiro Deus. São Basílio o Grande, narra os conflitos e até ameaças de morte que tais discussões provocaram (*Tratado sobre o Espírito Santo*. Paulus 1999, p. 182-183).

Na polêmica entrou um outro eminente teólogo, o bispo Santo Atanásio, que em sua carta a Serapião, entre os anos 356 e 362, fundamentava a divindade do Espírito Santo pela fórmula do batismo. Por ela se expressa o ato de entronização do cristão na comunidade, e por isso, dizia ela, não pode estar equivocada. E conclui: O Espírito Santo não é de outra substância (PG 26, 633). Ele é igualmente Deus com a mesma substância do Pai e do Filho. Basílio o Grande (330-379) aprofundou a perspectiva de Atanásio num tratado sobre o Espírito Santo, considerado até hoje como insuperável (*Basílio de Cesareia*. Paulus, 1999).

Em setembro de 374, numa festa litúrgica em Cesareia da Capadócia, Basílio criou uma doxologia que perdura até os dias de hoje: "Glória ao Pai, ao Filho e ao Espírito Santo". Numa outra formulação, já teológica, afirma: "Glória ao Pai, pelo Filho, no Espírito Santo".

São Basílio, pensando na compreensão dos fiéis e a fim de poupá-los da discussão interna da teologia acerca do *omoúsios* (da mesma substância do Pai e do Filho), ensinou que, dando ao Espírito Santo a mesma glória que damos ao Pai e ao Filho, equivalia afirmar a sua divindade e igualdade de natureza. Argumenta: se o Espírito Santo não é Deus, então nós não somos plenamente divinizados, pois este é projeto divino. Ao contrário, o Espírito Santo habita em nós, age em nós, ilumina-nos, consola e inspira no seguimento de Jesus Cristo. Portanto, Ele deve ser da mesma substância do Pai e do Filho. Ele é igualmente Deus.

6 O Espírito Santo é Deus: o Concílio de Constantinopla

Para dirimir a discussão teológica que ainda incendiava as comunidades e seus pastores, chegando a perturbar a ordem pública, os imperadores Graciano e Teodósio I convocaram, em 381, um Concílio na capital do Império, em Constantinopla. Os imperadores se atribuíam o título de papa, convocavam os bispos e impunham uma unidade de doutrina com o objetivo de conferir coesão política ao Império.

Reuniram-se 150 bispos da Igreja oriental. Depois de muitas discussões elaboraram um documento (*Tomos*), que acabou perdido. Conhecemo-lo indiretamente por uma carta que os bispos sinodais enviaram ao Papa Dâmaso em Roma. Este, por sua vez, reuniu também um sínodo ocidental, em 382, que reafirmou a doutrina de Constantinopla.

Os bispos elaboraram um credo, de tal forma, que completasse aquele aprovado em Niceia (325). Assumiram uma formulação de Santo Epifânio em seu livro *Anacoratus (GCS* 25, 147-149) e o completaram com a fé na divindade do Espírito Santo: "Cremos no Espírito Santo, Senhor e Fonte de vida que procede do Pai, que com o Pai e o Filho é igualmente adorado e glorificado e que falou pelos profetas" (DS 150).

Observe-se que não se emprega a expressão consagrada no Concílio de Niceia (325), que se referia ao Filho *omoúsios* (da mesma substância) do Pai. Mas usam-se termos que supõe esta afirmação. Assim se diz que o Espírito é *Senhor*, expressão usada pela Septuaginta para dizer Deus. A outra expressão é *Fonte de vida*, que enfatiza a ação do Espírito Santo. Ele não é apenas o dom da vida, mas aquele que dá a vida, o doador da vida, atributo que só cabe a Deus.

Ao se dizer que *procede do Pai* se quer combater a heresia que afirmava que o Espírito Santo era apenas uma criatura do Pai. Nada se diz ainda da relação do Espírito Santo com o Filho, pois isso não estava em discussão. Mais tarde, essa será a questão central e o ponto de cisão entre a Ortodoxia e a Igreja latina. Apenas se afirma que é *adorado e glorificado como o Pai e o Filho*. Possui a mesma honra e glória que eles porque está no mesmo nível das outras duas Divinas Pessoas.

Tudo começou com a doxologia num ambiente de oração, introduzida por São Basílio Magno. Essa doxologia provocou a teologia como esforço de compreensão daquilo que se celebra. Mas tudo deve reconduzir novamente à adoração e glorificação, vale dizer, à doxologia. Só assim o mistério do Deus Triuno deixa o campo da especulação abstrata e se transforma naquilo que deve ser: fornecer mais razões para amar, glorificar e adorar.

Por fim, se diz: o Espírito Santo *que falou pelos profetas*. Aqui se traz o Espírito Santo de volta à história. É o lugar privilegiado de sua ação, como já sublinhamos anteriormente. Fala-se nos profetas, porque neles se vê mais claramente a ação do Espírito. Mas sua ação vai além, estende-se aos corações, à história e à criação inteira. Mas isso não foi enfatizado pelos padres conciliares, o que levou a uma redução da ação do Espírito, mais voltada para o espaço religioso (profetas) do que para a história e para o cosmos.

Agora temos o modo cristão de dizer Deus, claramente delineado: na forma trinitária, de três Divinas Pessoas, Pai, Filho e Espírito Santo, constituindo um único Deus. Como se entenderá essa diversidade dentro da unidade é a grande questão da reflexão teológica, a mais desafiadora, aquela que nos obriga romper com o paradigma grego de pensar Deus e o mundo como substâncias subsistentes em si mesmas na direção de relações includentes e de processos sempre abertos, próprios da vida e do processo de evolução cósmica (cf. BOFF, L. *A Trindade e a sociedade*. Vozes, 1996; *Cristianismo: o mínimo do mínimo*. Vozes, 2012, p. 14-20).

VII
Os caminhos da reflexão sobre a Terceira Pessoa da Santíssima Trindade

Com o credo de Constantinopla (381) se alcançou um consenso entre as igrejas acerca da divindade do Espírito Santo junto com aquela do Pai e do Filho. Todas as igrejas históricas, no Ocidente e no Oriente, as antigas e as novas, acolheram essa doutrina, de sorte que ela constitui um ponto identitário da fé cristã, para além das diferenças teológicas e das maneiras de organizar as comunidades cristãs. Quem aceita o Deus-Trindade é cristão. Quem o nega não o é.

Entretanto, teologias e estilos de teologizar são diferentes, pois nessa diligência entram em jogo o substrato cultural e a sensibilidade própria de cada comunidade. Assim, há vários tipos de teologia sobre o Espírito Santo. Não pensamos apenas conceitualmente, mas revestimos os conceitos com imagens e símbolos culturais que orientam a reflexão teológica e alimentam a piedade. As diferentes liturgias demonstram esta realidade.

Acertadamente escreveu o grande pesquisador do mistério da Santíssima Trindade, Théodore de Régnon: "Habituemo-nos a considerar as igrejas grega e latina como duas irmãs que se amam e se visitam, mas que possuem casas distintas e formas de organizá-las diferentes" (*Études de théologie*. Vol. III, p. 412). Alexandre de Hales, o primeiro mestre franciscano medieval, escreveu em sua *Summa*: "Os gregos e os latinos creem na mesma coisa, mas não a dizem do mesmo modo (*idem credunt greci et latini, sed non eodem modo proferunt*)".

Em razão dessas singularidades, costuma-se codificar as diferenças dentro de certa esquematização, com os riscos de simplificações que elas comportam. Mas nos facilitam a compreensão, especialmente, nesta área extremamente exigente com referência à correção das palavras e do rigor dos pensamentos, que é a reflexão sobre a Santíssima Trindade.

1 Dois modelos de compreensão: o grego e o latino

Os teólogos gregos partem das Divinas Pessoas, especialmente da Pessoa do Pai, para chegar à natureza de Deus. Os teólogos latinos partem da natureza divina para chegar às Pessoas Divinas. Assim, dizem os gregos: "Três Pessoas em Deus". Dizem os latinos: "um Deus em Três Pessoas".

Em ambos os casos, diz-se a mesma verdade, mas sob uma perspectiva diferente. Ou também dizem os latinos: "uma natureza personalizada" enquanto os gregos afirmam: "Três Pessoas numa única natureza".

Por detrás desta formulação vigoram representações político-sociais específicas. Os gregos vêm marcados pela experiência da centralização do poder na figura do imperador, do sátrapa ou do tirano. Assim, para eles, Deus é fundamentalmente o Pai. O Pai tem tudo. Ele é a fonte e origem de toda a divindade (*fons et origo totius divinitatis*), que ele a comunica às outras Duas Pessoas. Filho e Espírito

Santo procedem do Pai, mas numa ordem tal que impede o Pai ter dois Filhos. Nesta compreensão sempre se corre o risco do subordinacionismo, vale dizer, o Filho e o Espírito estão subordinados ao Pai, coisa que os gregos negam, elaborando uma explicação que evita esse risco, como veremos.

Os latinos vêm da experiência política do senado romano, do poder que se divide e do Estado que se desdobra em várias instâncias.

Assim, tendem a pensar Deus como uma natureza única e originária que, internamente, desdobra-se nas Pessoas do Pai, do Filho e do Espírito Santo. Aqui corre-se o risco do modalismo. Há uma única natureza que se realiza em três modos diferentes. Ou até o risco do triteísmo, três "Deuses".

Os gregos, na abordagem dos mistérios, especialmente da Santíssima Trindade, preferem o caminho da meditação, da oração e da celebração litúrgica. Usa-se preferentemente a razão emocional, pois respeita o caráter inefável do mistério, sem a pretensão de racionalmente penetrá-lo. Usam também a razão, mas num sentido apologético, isto é, sua função é defender a fé contra as heresias. Mas a verdade divina mesma é captada por forma que supera a razão: pela unção e adoração.

Os latinos confiam mais na razão. Definem a teologia como a razão que procura entender (*fides quaerens intellectum* ou *fides quaerens quaere*). Ela elaborou uma teologia mais especulativa do que emotiva, como se nota em Santo Tomás de Aquino e na sua escola. Por isso, enreda-se em intermináveis discussões que acabam transformando o mistério da Santíssima Trindade mais num enigma, face ao qual é difícil a adoração e a meditação.

Grande parte das divergências entre estas duas igrejas, com suas respectivas teologias, derivam dessa forma diferente de sentir e de pensar.

2 A importância das imagens para as doutrinas

Todo pensamento abstrato só se torna realmente compreensível e objeto de comunicação quando vem revestido de imagens e de símbolos que facilitam a apreensão de seu conteúdo. Assim, latinos e gregos se servem de imagens para expressar as Divinas Pessoas e as relações entre elas.

Os latinos tomaram como referência a imagem do espírito e a imagem do amor. Pelo espírito nós captamos a realidade, formando uma imagem dela. Depuramos essa imagem e elaboramos os conceitos (*conceptum*) que resultam da concepção entre realidade e espírito, donde se deriva a compreensão verdadeira. E usamos a palavra e a voz para comunicar o que captamos e entendemos.

Os medievais aplicaram essa dinâmica ao mistério da Santíssima Trindade. O Pai é o Espírito absoluto que se conhece a si mesmo de forma absoluta. Ele projeta uma imagem de si mesmo, profere uma palavra que o expressa totalmente. Esta imagem e esta palavra é o Filho. Não apenas se reconhece no Filho como ama o Filho e, por isso, quer estar unido a Ele. Por sua vez, o Filho reconhece o Pai e também quer estar unido a Ele. O Espírito Santo é a união entre o Pai e o Filho, aquele laço que une o Pai com o Filho e o Filho com o Pai. Um teólogo do tempo de Santo Agostinho, Marius Victorinus, chega a afirmar que o Espírito Santo é "a cópula entre o Pai e o Filho" (CONGAR, Y.M.J. *El Espíritu Santo*, p. 115). Desta forma surge uma imagem circular das Divinas Pessoas. O Espírito Santo fecha o círculo de compreensão e de amor entre Pai e Filho. Ele é o criador de unidade por excelência, a doçura e a alegria da união de Pai e de Filho.

Outra imagem usada pelos teólogos latinos deriva do amor, inaugurada por Santo Agostinho e levada avante por São Boaventura e outros. Existe o amante, o amado e o amor. Deus é, na definição de São João, amor (1Jo 4,8). Todo amor é efusivo, se autoentrega e se expande. O Pai é o amor que se dá totalmente. O Filho é aquele que recebe o amor do Pai. O Filho ama o Pai totalmente. O que une o Pai e o Filho no amor é o Espírito Santo. Ele também é amado pelo Pai e pelo Filho e ama o Pai e o Filho. Ele é chamado de *condilectus*, aquele que é amado pelos dois, pelo Pai e pelo Filho, e juntos constituem o único Deus-amor-comunhão-entrega mútua e eterna.

Esta imagem mostra a dinâmica do amor que sai de si, descansa no outro e, por força do próprio amor, volta a si mesmo.

Os gregos, por sua parte, são mas simples e usam a imagem da comunicação humana. O Pai pronuncia a sua Palavra que o revela totalmente. Esta Palavra vem acompanhada pelo Sopro que a transmite e a faz audível, compreensível e aceitável. Não há palavra sem o hálito ou o sopro que a acompanha num e no mesmo ato. Assim, trinitariamente, o Filho é a Palavra que o Pai eternamente profere para se autocomunicar. Esta Palavra vem acompanhada pelo Sopro (*spiritus* em latim) que sempre a acompanha e é o Espírito Santo. Desta forma, Filho e Espírito procedem do mesmo Pai, mas de forma diferente, um como Palavra e o outro como Sopro.

Os gregos são mais lineares. O Pai é fonte e origem de toda a divindade, que Ele entrega totalmente, sob maneiras diferentes, ao Filho e ao Espírito Santo (Sopro). Como a autocomunicação ao outro é total, significa que cada uma das Pessoas é igualmente portadora da mesma natureza divina. Elas se distinguem unicamente pelo fato de uma não ser a outra. São diversas para poderem se relacionar no amor e de forma tão absoluta que se uni-ficam, ficam um só Deus.

3 As polêmicas sobre a procedência do Espírito Santo

Essas duas formas de entender a Santíssima Trindade e o lugar do Espírito Santo eram aceitas pelas duas igrejas, pela grega e pela latina, sem qualquer polêmica. A polêmica surgiu quando se perdeu a aura de piedade e de veneração e se começou a fazer uma teologia especulativa, rapidamente se enrijecendo numa doutrina engessada e irreformável. Aí as sensibilidades culturais subjacentes a cada formulação foram esquecidas e começou a luta pela interpretação das palavras, como se tudo se jogasse nas palavras e seu sentido fosse unívoco, igual para todos e em todos os tempos.

O pomo de discórdia foi a pessoa do Espírito Santo. O Filho e o Espírito procedem diretamente do Pai (gregos) ou o Espírito procede do Pai através do Filho ou com o Filho ou pelo Pai e pelo Filho juntos (latinos)? Os latinos o expressaram pela palavra *Filioque*, que significa: "e pelo Filho". O Espírito Santo procede do Pai e do Filho. O Filho, portanto, entra na expiração do Espírito Santo.

Os gregos se irritaram com esta formulação, pois pareceria que a causalidade, a fonte e a origem, não era mais única, a Pessoa do Pai. O Filho entrava também como causa e origem. Dai o *Filioque*. Santo Tomás, arguto teólogo, já se havia precavido desta dificuldade, dizendo: "O Espírito Santo procede principalmente (*principaliter*) do Pai através do Filho". Mas, de todas as formas, o Filho entra na origem do Espírito Santo, mantendo o ponto de discórdia com os gregos. Note-se que houve uma tal concentração na relação Filho-Espírito Santo, que se acabou esquecendo que o Espírito é também Espírito do Pai. E o Pai é sempre Pai do Filho. Enquanto é Pai do Filho, expira o Espírito Santo.

A discussão que até então corria pacificamente no nível da teologia transformou-se num conflito eclesial quando, no Natal de 808, monges franceses do Mosteiro do Jardim das Oliveiras em Jerusalém inseriram o *Filioque* (e do Filho) no Credo. Os gregos protestaram veementemente porque se havia violado um acordo entre todas as igrejas, feito no Concílio de Éfeso (431), consignado pelo cânon 7: "Nenhuma palavra do Credo comum devia ser tocada, ou introduzida ou tirada". Os latinos, pelo visto, não respeitaram esse acordo. O Papa Leão III foi interpelado. Ele proibiu a inclusão do *Filioque* no Credo, embora defendesse a legitimidade teológica dessa expressão, o que mantinha os termos da discussão.

A relativa paz conseguida foi, no entanto, rompida quando o Papa Bento VIII, ao coroar em 1014 o Imperador Henrique II, inseriu o *Filioque* no Credo, a pedido expresso deste imperador. Com isso, firmou-se a posição ocidental apoiada pela mais alta autoridade papal que, por sua vez, se curvou diante do poder político do imperador.

Mesmo assim, embora os muitos protestos, não se chegara a uma ruptura real entre as duas igrejas irmãs. Esta ocorreu em 1054, quando o cardeal latino Humberto, em Constantinopla, acusou os gregos de haverem suprimido o *Filioque* do Credo. Ora, esse cardeal, ignorante da história, havia esquecido que o *Filioque* fora incluído no Credo pela prepotência do Papa Bento VIII, para agradar o imperador. O patriarca Fócio, eminente teólogo, muito superior ao fraco Cardeal Humberto, denunciou a ruptura do acordo entre as igrejas, celebrado no Concílio de Éfeso (431) e cortou os laços de comunhão com a Igreja de Roma.

Os dois patriarcas, um do Ocidente e o outro do Oriente, excomungaram-se mutuamente. A partir de então, as duas igrejas-irmãs se inimizaram, fecharam as portas e as janelas de suas casas, até os tempos recentes, quando essa excomunhão foi reciprocamente anulada.

Os vários concílios ecumênicos, como o IV do Latrão (1215) e o II de Lyon (1274, onde estava presente São Boaventura, famoso por seu espírito conciliador), reafirmaram a posição ocidental do *Filioque*. O Espírito Santo procede do Pai e também do Filho. Na compreensão dos latinos, ao inserir o Filho na aspiração do Espírito Santo, não se quer afirmar que haja dois princípios causadores. Há um só, aquele do Pai. Mas o Pai comunica ao Filho a mesma força generante. Ele somente tem o que o Pai lhe deu.

A posição ocidental visa ressaltar a mesmidade de natureza. Enfatiza a igualdade entre as três Divinas Pessoas com respeito à mesma natureza. Evita-se assim qualquer sinal de subordinacionismo. O Espírito Santo aparece intratrinitariamente como o elo de união entre Pai e Filho.

Os gregos viam nessa compreensão a ruptura da unidade do princípio (Pai), o que poderia levar ao triteísmo (três Deuses) ou ao binarismo (Pai e Filho). Por isso, Fócio radicalizou a formulação grega, dizendo: "O Espírito Santo procede *só* do Pai". Estabeleceu-se fortemente a monarquia do Pai em detrimento do equilíbrio trinitário. Para Fócio, as Divinas Pessoas não se distinguem pela origem que é comum, do Pai, mas apenas pelas propriedades singulares de cada uma delas. Criou-se assim um monopatrismo rigoroso que dificultou o diálogo com os latinos durante séculos. Politicamente acabou por reforçar todos os regimes centralizadores e até tirânicos que são uma extensão da figura monopolizadora do Pai.

Ademais, criticavam os teólogos orientais, o fato de que o *Filioquismo* amarrava demasiadamente o Espírito Santo ao Filho, quando, como já acenamos, Ele é também o Espírito do Pai, e por sua natureza é sempre livre. Esta demasiada aproximação do Espírito Santo ao Filho gerou na teologia latina o *cristomonismo*, isto é, a centralização exclusiva no Cristo, deixando no esquecimento o Espírito Santo.

Tal interpretação favoreceu a centralização do poder na hierarquia da Igreja, particularmente no papa, que se sente representante de Cristo e até de Deus, chegando-se à reivindicação do primado de jurisdição sobre todas as igrejas, do Oriente e do Ocidente, e, por fim, à infalibilidade.

Essa interpretação foi e continua danosa para o diálogo ecumênico, pois o papa se atribui uma exclusividade única. Ele se entende dentro do colégio dos bispos, mas também acima dele, e pode atuar *ex sese*, quer dizer, por si mesmo, sem consultar ninguém. É a assim chamada *cefalização* da Igreja, vale dizer, todo o poder está na *cabeça* (*cefalé* = cabeça em grego). Esta cabeça soberana e onipotente se encarna na figura do papa.

Pondo de lado as discussões, podemos dizer: os latinos querem enfatizar a unidade da natureza divina igualmente presente no Pai, no Filho e no Espírito Santo. Os gregos querem salvaguardar a unidade do princípio e da origem que reside no Pai (*fonte e origem de toda divindade*) e valorizar as qualidades específicas de cada uma das Pessoas Divinas.

Cada interpretação possui suas vantagens e seus limites. Para os latinos, o Espírito é sempre o Espírito de Cristo; olvida-se que Ele é também Espírito do Pai do Filho e que, em sua liberdade e ação, pode ir além daquela de Cristo. Os gregos centralizam tudo no Pai com o risco do subordinacionismo, vale dizer, o Filho e o Espírito estariam sempre subordinados à única fonte e origem, que é o Pai.

Atualmente, na reflexão teológica, especialmente de viés ecumênico, o acréscimo de que o Espírito Santo procede do Pai e do Filho (*Filioque*) é considerado como algo supérfluo. O argumento básico é este: quando se diz que o Espírito procede do Pai deve-se sempre considerar que se trata do Pai do Filho, pois não há Pai sem Filho, nem Filho sem Pai. Pai e Filho estão sempre juntos e juntos configuram o Espírito Santo.

Como se depreende, o *Filioque* não acrescenta nada à compreensão do Espírito. Desta forma, seria melhor simplesmente suprimi-lo (cf. MOLTMANN. *O Espírito da vida*, p. 284). O círculo de amor e de autocomunicação das três Divinas Pessoas se fecha, e assim temos o Deus-comunhão--amor-entrega que são o Pai, o Filho e o Espírito Santo.

4 Moderna tentativa de repensar a Santíssima Trindade

A moderna teologia trinitária entende os termos da Tradição (o Pai como fonte, o Filho como geração e o Espírito Santo como expiração) como analogias e descrições, mais do que realidades objetivas. O fato de fé, incontestável, é este: Deus não é a solidão do Uno, mas a comunhão dos Três.

Diante de tão augusto mistério, nossas palavras são todas insuficientes. Santo Agostinho, o maior mestre nesse campo, reconhece: "Quando nos referimos aos Divinos Três, temos que reconhecer a extrema indigência de nossa linguagem; dizemos três Pessoas para não guardar silêncio, não como se pretendêssemos definir a Trindade" (*De Trinitate* V, 9, 10).

Entretanto, importa reconhecer que falar de Pai, Filho e Sopro (Espírito Santo) é assumir uma lógica relacional. O Pai somente existe porque há o Filho. O Filho remete ao Pai. E ambos se relacionam na comunhão e no amor. O Espírito é a relação entre ambos, o amor que une, o Sopro de um na direção do outro.

É conveniente partir do Segundo Testamento; nele se testemunha o Pai, o Filho e Espírito. Um não é o outro. São irredutíveis. Eles são únicos. De cada um se diz que são Deus, sem querer multiplicar Deus porque o único, não sendo número, não é multiplicável.

Serão então três Únicos? Três vezes Deus? Isso seria a heresia do triteísmo. O importante é afirmar: são três Únicos. E os Únicos nunca se somam, porque exatamente são Únicos. Mas os Únicos estão sempre em relação, um interpenetrando o outro na comunhão e no amor. É como se fora uma única fonte que jorra em três direções, sendo cada direção a própria fonte.

A teologia cunhou a expressão *pericórese*, que quer dizer: a inter-retro-relação das Divinas Pessoas entre si ou a completa reciprocidade das Divinas Pessoas (BOFF, L. *A Trindade, a sociedade e a libertação*, p. 170-172). Na bela formulação de Santo Agostinho, "Cada uma das Pessoas Divinas está em cada uma das outras; e todas em cada uma; e cada uma em todas; e todas estão em todas; e todas são somente um" (*De Trinitate* VI, 10.12).

Nelas não há hierarquia nem antecedências e procedências. Elas são simultaneamente eternas e infinitas. E emergem juntas, cada uma como única, mas sempre relacionada com as outras, de forma tão profunda e radical que se unificam (quer dizer, ficam um). São um só Deus-amor--relação-comunhão.

Elas são diversas para poderem se relacionar e estarem juntas. As relações entre elas é de revelação e de reconhecimento. Assim, o Pai se revela através do Filho no Espírito. O Filho revela o Pai na força do Espírito. O Espírito se revela ao Pai pelo Filho (*ex Patre Filioque*) como o Filho se reconhece no Pai pelo Espírito (*a Patre Spirituque*). O Espírito e o Filho se encontram no Pai (*ex Filio et ex Spirito Patreque*). As relações são, portanto, sempre ternárias e circulares. Onde está uma Pessoa estão também as outras duas (cf. EVDOKIMOV, P. *L'Esprit Saint dans la tradition ortodoxe*, 1969. • BOFF, L. *A Trindade, a sociedade e a libertação*, 1999, p. 182-184).

Outros teólogos como O. Clément, T.G. Weinany e R. Cantalamessa (ver *O Canto do Espírito*. Vozes, 1998, p. 389-

390), que não pensam em chave de pericórese e total reciprocidade e procuram prolongar a tradição, preferem usar a preposição tradicional quando se refere ao Espírito: não de "de", mas de "em": o Filho nasce do Pai *no* Espírito. É *no* Espírito que Cristo grita *Abba*. O Filho é sempre Filho *no* Espírito.

Mas há que se reconhecer que o recurso à *pericórese* mostra melhor a inter-relacionalidade das Divinas Pessoas e é mais conforme à compreensão da moderna cosmologia, que vê tudo relacionado com tudo, numa intrincadíssima rede de inclusões e de reciprocidades.

De todas as formas, procura-se uma fórmula inclusiva e ecumênica que mostre a circularidade da vida trinitária e o Espírito Santo junto ao Filho e ao Pai formam o Reino da Trindade.

VIII
Os pensadores do Espírito: homens e mulheres

A reflexão sobre o espírito e o Espírito Santo nunca esteve ausente da cultura, da história, da filosofia e da teologia. Os autores são multidão. Mas aqui queremos nos referir a apenas alguns nomes de homens e mulheres porque são seminais e continuam influenciando o pensamento contemporâneo.

1 Joaquim de Fiore e a era do Espírito Santo

Joaquim de Fiore (1135-1202) era um monge cisterciense da Calábria. Rude em teologia, segundo o testemunho de Tomás de Aquino, tinha, no entanto, grandes intuições teológicas e espirituais. Deu asas a uma busca permanente do espírito humano, que é a de ter uma visão geral do curso da história e encontrar um sentido transcendente dela. Entre as várias obras que escreveu se destaca uma: *A concórdia entre o Novo e o Velho Testamento* (*Concordia Novi ac Veteris Testamenti*), elaborada a partir de 1184 e na época muito pouco conhecida. Divulgou-se enormemente por causa de uma tendência radical dos franciscanos, chamados de *Espirituais*, ou *Fraticelli*, que a partir de 1240 assumiram as ideias de Joaquim de Fiore. Viam em São Francisco um representante máximo de sua tese: a irrupção da era do Espírito Santo.

143

Joaquim de Fiore busca em tudo simetrias e concordâncias, e assim projeta uma visão coerente da história. Sua tese de base é esta: "Pelo fato de existirem três Pessoas Divinas, existem também três estados do mundo". Chama estes estados de eras, e assim foi assumido pela posteridade.

Primeiramente existiu a *era do Pai*, que começou com Adão e se estendeu até os patriarcas. É a era dos leigos. Depois surgiu a *era do Filho*, que se iniciou com o Rei Osias e culminou com Jesus Cristo. É a era dos clérigos, da Igreja, das hierarquias e dos sacramentos. Por fim, irrompeu a *era do Espírito Santo*, que foi inaugurada com o Monge São Bento e que dentro de pouco vai alcançar sua plena realização. Então reinará o Evangelho eterno, dos seres puramente espirituais e da plena liberdade. É a era dos monges. A primeira foi a era da carne, a segunda, da carne e do espírito, e a terceira, do puro espírito.

Essa leitura foi assumida pelos radicais franciscanos que buscavam a estrita pobreza e se imaginavam os enviados do Espírito Santo para implantar o Evangelho Eterno. Consequentemente, sentiam-se descompromissados com a era do Filho, concretizada pela Igreja existente, com seus sacramentos, com suas hierarquias e com o papa. Tudo isso, para eles, era passado e perdera sua legitimidade. Agora vigora a era do Espírito, Espírito esse que liberta das amarras materiais e dos laços sociais e eclesiais para fundar o reino da plena liberdade dos filhos e filhas de Deus. O Evangelho Eterno é o presente e o futuro do mundo.

Obviamente, essa atitude atraiu a perseguição e a condenação por parte da Igreja dos papas, o que não impediu, por seus altos ideais, que surgissem outros grupos como "os irmãos do espírito livre", com seu ramo masculino e feminino, também chamados de *beghini*. Viviam totalmente à parte, num extremo quietismo, mas inflamados pela ideia da presença e atuação do Espírito Santo. Alguns chegaram a sustentar que "o Espírito se encarna cada dia em nós" (*Spiritus Sanctus quotidie in nobis incarnatur*).

Joaquim de Fiori suscitou a ideia da *renovatio mundi*, da renovação do mundo, das rupturas instauradoras de uma nova ordem. Essa proposta nunca mais desaparecerá dentro da Igreja e da história. Ela é hostilizada por aqueles que sustentam a ordem vigente. Mas é sempre evocada pelos grupos revolucionários, geralmente ligados aos oprimidos e aos excluídos.

2 G.W.F. Hegel: o Espírito na história

O grande filósofo alemão Hegel (1770-1831), em suas construções teóricas, remete-se explicitamente a Joaquim de Fiore. Persegue a mesma intenção de pensar e formular uma perspectiva de totalidade, oferecendo uma visão coerente da história, desde a história da natureza, do homem até a história do Espírito Absoluto. Jovem teólogo em Tübingen, fez uma primeira tentativa sistêmica com seu livro *O espírito do cristianismo e seu destino*, no qual já anunciava a intuição básica de seu famoso livro *A fenomenologia do Espírito*, de 1806: a reconciliação do homem com a natureza, do espírito objetivo com o espírito subjetivo e do universo com o Espírito absoluto.

Fundamental foi a intuição que lhe irrompeu na mente durante uma Semana Santa em Tübingen, que ele chamou de "Sexta-feira Santa teórica". Do mistério pascal derivou a ideia que mais o caracteriza: a dialética. Pois na Semana Santa se celebra a vida, a morte e a ressurreição de Jesus. Hegel viu aí a realização da dialética: a *tese* (vida de Cristo), a *antítese* (sua morte de cruz) e a *síntese* (sua ressurreição). A tese e a antítese não se opõem simplesmente. Elas são superadas (*Aufheben*) na medida em que são integradas num nível superior, que é a *síntese*. Esta, por sua vez, transforma-se em nova tese que provoca sua antítese, e ambas são integradas numa nova síntese, e assim indefinidamente. Eis o processo da história.

Como transparece, aqui vigora um permanente movimento, um dinamismo ininterrupto que a tudo envolve. Hegel filosofa a partir de um dado teológico: Deus como Espírito Absoluto. Mas insere o Espírito Absoluto na dialética que se realiza na natureza e na história. Afirma, com razão, que o sentido da vida não se realiza em abstrações, mas na concretude da natureza e da história.

A natureza e a história são o lugar da revelação e também da realização do Espírito Absoluto e do espírito humano. O Espírito Absoluto que está em si e para si se exterioriza na história que envolve toda a criação: a natureza, o ser humano e o universo. Ele mesmo se enriquece nessa sua ida ao exílio de si mesmo, pois se autorrevela e cria, uma espécie de espelho no qual contempla a si mesmo. É então que chega à absoluta Consciência de si. Por fim, retorna sobre si mesmo, carregando consigo toda a realidade que havia assumido. Essa totalidade é a verdade (*"Das Ganze ist die Wahrheit"*).

Formulando em termos da dialética: o Espírito Absoluto, tomado em si e em sua realidade para si, constitui a tese. Sua exteriorização na natureza e na história representa a antítese. E a volta para si mesmo, carregando consigo todos os sucessos e avatares da natureza e da história na qual Ele inteiramente mergulhou, significa a síntese que se transforma em nova tese que cria a antítese e que juntas forjam uma síntese. E assim indefinidamente.

Essa visão de Hegel introduz a ideia de evolução como perspectiva fundamental. Mas não é uma evolução mecânica, senão animada pelo Espírito, que a eleva de ordem em ordem a patamares cada vez mais altos, com mais sentido, até a suprema integração no Espírito Absoluto.

Quando fala de Espírito Absoluto, Hegel pouco se refere especificamente ao Espírito Santo, mas a Deus-Trindade, que internamente também realiza a dialética divina. O Pai é a tese, o Filho, a antítese, e o Espírito Santo, a síntese, que é a união das Divinas Pessoas no amor e na recíproca comunhão.

A influência de Hegel foi e continua imensa. Elabora uma síntese à qual nada escapa, nem o negativo da história (faz parte da antítese). Sua linguagem não é fácil, mas seu escopo é claro: projetar uma visão dinâmica e total da realidade que inclui Deus, a natureza, a história, o direito, a estética e a ética, conferindo ao ser humano a percepção de sua grandeza e dignidade. Numa famosa frase, proferida ao assumir a Cátedra de Filosofia em Berlim, diz: "A nós foi confiada a tarefa de preservar o mistério da Luz Santa, alimentá-la e cuidá-la, para que o mais sublime que existe no ser humano jamais se apague e desapareça".

Alguns teólogos críticos (CONGAR, Y.M.J. *El Espíritu Santo*, p. 163. • WELKER, M. *O Espírito de Deus...*, p. 279) veem uma apropriação excessiva de Hegel de dados cristãos sobre o Espírito, não deixando clara a atuação singular da Terceira Pessoa, que é simplesmente subsumida no Espírito Absoluto (Deus) e perdendo sua ligação estreita com a obra redentora e libertadora do Filho encarnado. Mesmo com estas limitações, a compreensão de Hegel convida a pneumatologia a pensar o Espírito em contato com o universo e também com sua vulnerabilidade, coisa praticamente ausente na teologia latina.

Sabemos da história que a filosofia de Hegel deu origem a duas interpretações: uma materialista, de Marx e Engels, e outra idealista, que fecundou a teologia, o estudo das religiões e fez entender melhor a história como o campo da manifestação e da realização não só do Espírito Absoluto, mas também do espírito humano e de sua liberdade, plasmadora da realidade.

3 Paul Tillich: o Espírito e a vida sem ambiguidade

Paul Tillich, teólogo e filósofo alemão (1886-1965), foi quem, na teologia evangélica (ele era luterano), mais conferiu centralidade ao Espírito Santo. Pertencia à escola filosófica e sociológica de Frankfurt. Sempre esteve comprometido com questões fundamentais da cultura e da política, além daquelas específicas da sociologia, da filosofia e da teologia. Quando militava no movimento "O Socialismo Religioso" atraiu as suspeitas do nazismo nascente que o forçou a emigrar em 1933 para os Estados Unidos. Lá foi professor em várias universidades, até terminar em 1955 em Harvard. Seu estilo de fazer teologia atraía muitos intelectuais norte-americanos vindos de várias áreas do saber, com quem organizava seminários e diálogos abertos.

Tillich era um autor prolífico. Duas obras são sempre citadas: *A coragem de ser* e *A dimensão do Profundo*. Mas sua obra mais conhecida é a *Teologia Sistemática* (em três volumes, mas publicada no Brasil num só, em 1984, pela Sinodal e Paulinas).

Três pontos, entre tantos outros, são fundamentais na teologia de Tillich: o método da correlação, o objeto da teologia e a ambiguidade de toda a realidade. Em toda a sua elaboração tentou transpor os conceitos teológicos para o campo do existencialismo, criando uma teologia em linguagem secular.

Para Tillich, sempre há uma correlação entre as perguntas existenciais do ser humano e as respostas dadas pela mensagem cristã. Pergunta e resposta se encontram sempre relacionadas. A mensagem cristã não é "a soma de verdades reveladas que caíram sobre a situação humana como corpos estranhos de um mundo estranho [...]. A Bíblia não é um livro de 'oráculos' sobrenaturais no qual a receptividade humana seja completamente ignorada" (*Teologia Sistemática*, 61).

Deve vigorar uma correlação entre a busca humana e a resposta divina. Daí ser decisivo partir da busca existencial humana para correspondentemente descobrir a força iluminadora e transformadora da resposta cristã. Por isso, na obra de Tillich, como já acenamos, há um existencialismo consciente no qual se valoriza as perguntas humanas, como condição para a teologia oferecer a sua resposta, a mais adequada possível. Esse método é fecundo e se avizinha ao método da Teologia da Libertação, que também arranca do "ver a realidade", analisa-a criticamente e ilumina-a com a palavra da revelação em função das transformações necessárias.

O segundo ponto é a definição do objeto da teologia. Ele está vinculado ao tema anterior da pergunta humana e da resposta divina. Tillich enfatiza, em toda sua vasta obra, que o ser humano é habitado por uma indagação que sempre o persegue: O que é o incondicionalmente importante em nossa vida? Qual é a nossa última preocupação? Tillich evita falar abstratamente do *último*, do *incondicional*, do *infinito*. Ele vê mais razão em se falar da preocupação última, de nosso interesse incondicional e de nossa busca infinita.

Daí define o objeto da teologia: "O objeto da teologia é aquilo que nos preocupa de forma última; só são teológicas aquelas proposições que tratam de seu objeto na medida em que ele pode se tornar a preocupação última para nós" (*Teologia Sistemática*, p. 20). Esta é "a questão de nosso ser ou não ser" (p. 22). Deus só tem sentido se Ele significar o que é mais importante e se for o sentido derradeiro de toda a nossa vida, da vida do mundo e do universo.

Essa compreensão faz com que mantenhamos sempre unidos Deus e o ser humano em sua realidade concreta, carregada de angústias, de encontros de sentido que o tornam feliz e de desencontros que dramatizam sua existência. Deus se esconde dentro desta questão pelo absolutamente importante em nossa vida. É nesse campo que a teologia deve pensar Deus e a mensagem cristã, e mostrar sua capacidade de geração de um Sentido dos sentidos e da percepção de uma Última Realidade.

O terceiro ponto é a ambiguidade de toda a realidade. Representa a dimensão mais filosófica de Tillich. Como filósofo, seguindo o rasto da grande tradição ocidental, afirma que tudo tem sua essência e sua existência. A essência significa o lado ideal e puro de cada realidade. Ela existe em nossa compreensão. Dito em outros termos, configura o conjunto das possibilidades de uma realidade. A essência de uma árvore (a arboridade) encerra um número quase infinito de realizações possíveis nas muitas formas diferentes de árvores. Aqui entra a existência. Ela realiza uma entre muitíssimas possibilidades da essência.

Entre essência e existência há, portanto, uma limitação e uma diferença interna. Por isso, toda a realidade concreta, na medida em que é concreta, é sempre ambígua. Ela não mostra a essência toda, apenas uma de suas realizações. Nem todas as potencialidades da essência se historizam, pois esta fica sempre latente e em aberto para uma eventual realização. É a situação de ambiguidade de toda a realidade: revela a essência nas várias formas de existência; é o Ser se concretizando nos entes. Mas tanto a essência quanto o Ser sempre se escondem.

A ambiguidade aparece também no campo específico da situação do ser humano diante de Deus. Ele se encontra numa situação decaída, contaminada pela queda e pela desobediência a Deus. Por outro lado, ele, em sua essência, é um ser de abertura e de contínua interlocução com Deus, porque nunca cessa de colocar a questão da Última Preocupação e do que é Incondicionalmente Importante. Somos seres divididos, dilacerados entre a existência decaída e a nossa essência habitada pela busca incessante por Deus.

Aplicada esta leitura à vida, assevera Tillich: "Em todos os processos da vida estão misturados um elemento essencial e um elemento existencial, bondade e alienação, de tal forma que nem um nem outro é exclusivamente triunfante; a vida sempre inclui elementos essenciais e existenciais; essa é a raiz de nossa ambiguidade" (*Teologia Sistemática*, p. 466).

Essa situação de ambiguidade suscita a pergunta: Como superar a ambiguidade? Podemos esperar uma vida sem ambiguidade? É então que, consoante o método de Tillich, de pergunta e resposta, soa alto a mensagem cristã: sim, podemos esperar uma vida sem ambiguidade. Afirma Tillich: "A mensagem cristã produziu três símbolos principais para expressar a vida sem ambiguidade: o Espírito de Deus, o Reino de Deus e a Vida eterna" (*Teologia Sistemática*, p. 467).

Toda a quarta parte de sua *Teologia Sistemática* é dedicada ao Espírito Santo (p. 393-600). O Espírito Santo é presença da Vida Divina na vida da criatura. Ele é o *Deus presente*. A categoria *presença* é chave para entender a ação no Espírito na história. *Presença* não significa um simples estar-aí. É a densidade do ser, o ser sempre sendo, fazendo-se e buscando sua plenitude e desfazendo a ambiguidade. O Espírito penetra na realidade concreta, o que ele denomina *Presença espiritual* (p. 470-505).

Essa *Presença espiritual* se realiza em primeiro lugar no espírito humano, que vive a dimensão de fé e de amor, e desta forma experimenta uma superação da ambiguidade. Em seguida ela se dá na humanidade histórica, já visitada pelo novo Ser, que é Jesus Cristo.

É neste contexto que desenvolve uma sugestiva cristologia do Espírito (p. 495-499). Ela se concretiza também na

Comunidade Espiritual, que é fundamentalmente a Igreja, penetrada pelo Ser novo de Jesus. Nestes espaços se dá a realidade da vida sem ambiguidade.

Depois aborda a Presença Espiritual em três grandes campos: na religião, na cultura e na moralidade, que são funções do espírito humano. Em todos estes âmbitos articula a ambiguidade inerente à vida e também o anseio de sua superação.

Não restringe a Presença Espiritual apenas a essas dimensões humanas, pessoais e coletivas. Mostra-a também no mundo inorgânico e no orgânico. Surge assim uma espécie de pneumatologia cósmica (p. 596). Entretanto, "o universo ainda não está transformado; ele 'aguarda' a transformação; mas o Espírito está transformando de fato na dimensão do espírito; os seres humanos são os 'primeiros frutos' do novo Ser; o universo o seguirá" (p. 596).

A doutrina do Espírito leva à doutrina do Reino de Deus, como a plenitude eterna. O Espírito, por sua Presença, vai antecipando este Reino que, lentamente, vai sendo construído pelo esforço ambíguo dos seres humanos, mas principalmente pelos dons do Espírito Santo. Emerge então na história uma realidade não ambígua, garantida pelo Ressuscitado e por seu Espírito.

A visão de Tillich é soberba. Pelo fato de dialogar com as constantes antropológicas que as ilumina a partir da fé, será sempre um interlocutor instigante, e não são poucos os que encontram em suas reflexões indicações para uma vida na sensatez e na sabedoria.

4 José Comblin: o Espírito como vida e ação libertadora

Na América Latina, com a irrupção dos pobres no cenário político, com o *aggiornamento* da Igreja a partir do Concílio Vaticano II, recepcionado de forma criativa pelos bispos em Medellín (1968) e Puebla (1979), bem como com o reavivamento da fé pelos movimentos carismáticos, criaram-se as condições de uma vigorosa reflexão sobre o Espírito Santo.

O teólogo mais destacado nessa área é o belga que viveu no Chile e no Brasil, José Comblin (1923-2011). Ele inovou na reflexão sobre o Espírito Santo, abordando temas que vão além dos manuais clássicos, que praticamente se concentram nas questões intratrinitárias do Espírito e em sua presença na Igreja. Durante mais de 25 anos Comblin trabalhou o tema do Espírito Santo, "tentando saber o que Ele está produzindo na Terra e por onde está agindo" (*A vida: em busca da liberdade*, 8).

Sete são os livros nos quais a centralidade é ocupada pelo Espírito Santo enquanto ação no cosmos, no mundo, nas culturas, nas religiões, nas pessoas e na Igreja: *O tempo da ação: ensaio sobre o Espírito e a história* (Vozes, 1982), *A força da Palavra* (Vozes, 1986), *O Espírito Santo e a libertação* (Vozes, 1987), *Vocação para a liberdade* (Paulus, 1999), *O povo de Deus* (Paulus, 2002), *A vida em busca da liberdade* (Paulus, 2002). O último é seu canto de cisne: *O Espírito Santo e a tradição de Jesus* (Nhanduti, 2012), obra incompleta e publicada *pos-mortem*. Aí confessa Comblin: "Quase todos os meus livros eram escritos por encomenda. A única coisa que partiu de mim mesmo foi o que desejava deixar como tratado sobre o Espírito Santo, ou seja, uma pequena contribuição minha à pneumatologia" (*O Espírito Santo*, p. 23). Efetivamente, podemos dizer que Comblin, considerando o conjunto de sua obra sobre o tema, revelou-se como um dos grandes pensadores do Espírito no século XX e nos inícios do século XXI.

Não cabe detalhar toda a sua pneumatologia prática. Concentro-me nos três volumes que mais se alinham ao pensamento que vamos desenvolver em nosso livro. Comblin elabora detalhadamente a grande tensão que atravessa séculos entre um cristianismo que transformou a Tradição de Jesus em uma religião, a Igreja Católica, hierarquicamente estruturada ao redor do poder sagrado, e a Tradição de Jesus, que é o legado evangélico de Jesus, legado de liberdade, de experiência de Deus como *Abba* e de amor incondicional. É mais *movimento* de Jesus do que *instituição* surgida historicamente dentro de muitas condicionalidades e logo articulada com o poder. Jesus não veio para fundar uma nova religião, pois já havia muitas em sua época. *Ele veio para ensinar a viver.* O seu legado é uma prática destinada a gerar o homem novo e a mulher nova, e não criar fiéis piedosos e frequeses de uma instituição religiosa.

Elabora dura crítica à "classe que se reservou todo o poder de decisão e que marginalizou o papel do Espírito Santo; na teologia oficial, o Espírito Santo dirige a Igreja por meio do clero. [...] O clero ocupou o lugar do Espírito Santo [...]; ocorre que, no Novo Testamento, o Espírito Santo foi dado a todos, e todos recebem inspiração, coragem, orientação do Espírito Santo, ainda que não lhe sejam sempre fiéis, mas o clero está na mesma condição; a história conhece erros fantásticos cometidos por papas, bispos ou sacerdotes, e a cada dia o povo cristão faz esta experiência" (*O Espírito Santo*, p. 161).

O desafio para os cristãos e para a Igreja como um todo é: como continuamente resgatar a Tradição de Jesus, que não é feita de doutrinas e preceitos; Tradição em grande parte perdida ou encoberta sob signos religiosos/cristãos que a desnaturam ou a desfibraram. Jesus deixou uma prática, um modo de ser diante de Deus (*Abba*), diante dos outros (todos são próximos), diante das leis (a liberdade), no arco de um grande sonho: a instauração do Reino que está chegando, Reino que vai libertar a criação de sua decadência, os seres humanos transviados de seu caminho e o mundo, reconciliando-o com Deus. Portanto, uma revolução absoluta que não apenas se anuncia, mas que vai se construindo mediante aqueles que tentam seguir a prática de Jesus.

Analisa as idas e vindas desta Tradição de Jesus e como foi diminuída e, em parte, traída, quando a instituição clerical se revestiu dos poderes imperiais, tornou-se uma força de dominação e não de serviço à vida, especialmente aos mais pobres. Por outro lado, sempre existiram aqueles que a mantiveram viva, desde os monges do deserto, os mártires, a vida religiosa e os cristãos engajados nas causas da justiça e da dignidade dos injustamente ofendidos, e o fizeram inspirados na Tradição de Jesus.

Já o título de seus dois estudos importantes apontam a direção de seu pensamento acima, rapidamente esboçado: *O tempo de ação: ensaio sobre o Espírito e a história* (Vozes, 1982), e *O Espírito Santo e a libertação* (Vozes, 1987).

A Teologia da Libertação elaborou uma detalhada cristologia, colocando Cristo como o Libertador dos pobres e oprimidos e a prática cristã como seguimento de Jesus: de sua vida, de sua causa e de seu destino. Faltava uma pneumatologia, uma reflexão mais detida sobre o Espírito Santo. Como vimos, é o que se propôs Comblin e também o realizou, em seus grandes traços.

Seu mérito consiste em ter mantido esta ótica, que é singular na autorrevelação do Espírito: a ação, criadora, libertária, revolucionária, seja na Igreja, na sociedade e no mundo. Por isso, toma como horizonte a Teologia da Liberta-ação, vale dizer, aquela teologia que visa levar à ação, ação que liberta a liberdade, antes cativa, e agora finalmente livre. Esta gesta é obra do Espírito.

Com efeito, há um fato primordial inegável que surgiu a partir dos anos 60 do século passado: uma irrupção do Espírito. Primeiro entre os irmãos evangélicos e quase sempre nos meios pobres. Em seguida na própria Igreja Católica, como o historiamos rapidamente no primeiro capítulo.

O movimento carismático representa, quer queiramos ou não, uma ruptura do formalismo religioso, do doutrinalismo e do monopólio da Palavra mantido pelo clero. Agora o povo começa a agir e a falar, a ter suas experiências e a ritualizá-las.

Comblin se detém na identificação dos sinais do Espírito nas várias ações levadas avante pelo povo, particularmente pelos historicamente humilhados e ofendidos (cf. *O Espírito Santo e a libertação*, p. 37-52). Durante séculos, ou foram escravizados ou marginalizados, e sempre feitos invisíveis, sendo apenas eco da voz dos donos do poder. De repente, de forma surpreendente, começaram a ter a sua própria voz e a proferir a sua palavra livre. Por todo o

Continente emergiram na sociedade movimentos contestatários e revolucionários que não aceitavam mais a submissão e o silenciamento. Entre eles estavam e ainda estão milhares de cristãos.

Na medida em que elaboram uma estratégia de resistência e principalmente projetos de libertação, vão organizando suas ações. Enfrentam corajosamente os regimes militares e de segurança nacional (na verdade, de segurança do capital). Não temem mais. Experimentam a liberdade e destemidamente sofrem perseguições, prisões, torturas, exílios e assassinatos. Esta experiência de liberdade não possui apenas uma dimensão política. É também religiosa: emancipam-se de muitas leis eclesiásticas, instrumento de enquadramento usado pelo clero, fundando Círculos Bíblicos, Comunidades Eclesiais de Base, nas quais são o sujeito de sua ação, e outros movimentos de ação e reflexão, como o Movimento de Direitos Humanos, de Fé e Política, de Mulheres, de Negros, de Indígenas, de Camponeses, de Mulheres Marginalizadas (prostitutas).

Grande sinal da presença do Espírito é a constituição das Comunidades Eclesiais de Base. Diz Comblin: "A comunidade é para todos os latino-americanos um descobrimento [...] um verdadeiro milagre [...]; os membros que as constituem estão conscientes da mudança radical no seu modo de viver; este cria novas personalidades e as enriquece em todos os pontos de vista" (*O Espírito Santo e a libertação*, p. 47). A experiência central que as comunidades fazem é da vida, vida nova, viver em função do bem de todos, das transformações necessárias em vista de uma vida mais justa, fraterna e melhor. Não se trata de ter mais, embora precisem por causa da pobreza generalizada, mas de ser mais.

Geralmente o povo não chama a essas mudanças de irrupção do Espírito Santo. O que a tradição oral e a eventual catequese lhe ensinou sobre o Espírito Santo não lhe permite fazer essa ilação. O importante não são as expressões, mas a experiência que faz de que é tomado por uma força nova, por um entusiasmo que antes não tinha e que o leva à ação. Ora, isso é, teologicamente, a presença do Espírito Santo. Tarefa da nova evangelização, e a contribuição dos teólogos consiste em levar essa consciência e essa interpretação para as comunidades. E elas estão aprendendo a lição. Invocam, acolhem, agradecem e louvam o Espírito presente nelas. Por isso, a frequência com que cantam "A nós descei, Divina Luz", que comentaremos no último capítulo.

Importa reconhecer que não sabemos avaliar suficientemente a ação dos pobres em função de sua vida e subsistência. Por séculos, nos diz Comblin, foram sempre dominados e feitos fregueses das igrejas e súditos dos poderosos. Nunca puderam imergir em suas experiências, exemplos e palavras. O novo nesta etapa da história é a irrupção dos pobres, sempre tão lembrada por Gustavo Gutiérrez e, em geral, pelos teólogos e teólogas da Libertação. Comblin dedica longos capítulos sobre esta realidade emergente que se manifesta pelas palavras geradoras como transformação, revolução e libertação (ver todo o capítulo 7 de *O tempo de ação*, p. 268-298).

Não se aceita mais a velha ordem que discriminava e oprimia. O cristianismo se fez aliado dos pobres pela opção pelos pobres contra sua pobreza. Tudo isso é a ação do Espírito na história. Cabe à teologia captar essa singularidade, criar um discurso adequado à natureza do espiritual, que não pode mais ser pensado nas categorias substancialista e estática, mas nas categorias de processos, de movimentos e de vida nova, como o estamos tentando em nossa reflexão. Este é o desafio deixado por Comblin aos teólogos e teólogas, não apenas da América Latina, mas de todas as igrejas.

5 Santa Hildegarda de Bingen: profetisa, teóloga e médica

Até agora citamos apenas homens como grandes pensadores do Espírito. A cultura teológica masculinista deu pouca atenção às mulheres que foram inspiradas pelo Espírito. Talvez não deixaram escritos como os teólogos, pois apenas nos últimos dois séculos as mulheres puderam se tornar visíveis, frequentar as escolas teológicas e produzir suas reflexões. Hoje há em toda a Igreja vasta literatura teológica feita por mulheres na perspectiva das mulheres, o que tem enriquecido enormemente nossa experiência de Deus e de sua graça.

Entre tantas no passado e no presente, queremos ressaltar a figura de Santa Hildegarda de Bingen (1098-1179), considerada talvez a primeira feminista dentro da Igreja. Era de uma família nobre do sul da Alemanha e viveu em tempos de grande efervescência política de lutas entre papas e imperadores. Em seu tempo começaram as primeiras cruzadas, que mobilizaram toda a Europa.

Foi uma mulher genial e extraordinária não apenas para o seu tempo, mas para todos os tempos. Foi monja beneditina e mestra (abadessa) de seu convento de Rupertsberg de Bingen, no Reno, profetisa (*profetessa germanica*), mística, teóloga, inflamada pregadora, compositora, poetisa, naturalista, médica informal, dramaturga e escritora alemã.

Constitui um mistério para seus biógrafos e estudiosos como esta mulher pôde ser tudo isso no estreito e machista mundo medieval. Em todos os campos em que atuou, revelou excelência e extrema criatividade. Citemos algumas obras dela:

As teológicas e místicas: *Saiba os caminhos do Senhor (Sci vias Domini)*; *Livro dos méritos da vida (Liber vitae meritorum)*; *Livro das obras divinas (Liber divinorum operum)*.

As de ciência natural: *Livro das sutilidades das diversas naturezas das criaturas (Liber subtilitatum diversarum naturarum creaturarum)*, dividido em *Physica* e *Causae et curae* (causas e curas).

As de música e poesia: *A sinfonia da harmonia das revelações celestes (Symphonia armonie celestium revelationum)* (77 peças); *A ordem das virtudes (Ordo virtutum)*; *Cartas ignotas (Litterae ignotae)*; *Lingua ignota (Lingua ignota)* (alfabeto inventado por ela).

E ainda uma miscelânia com comentários aos evangelhos, à regra de São Bento, à vida de São Ruperto e cerca de 400 cartas a papas, bispos, príncipes, monges e familiares.

Hildegarda foi, acima de tudo, uma mulher dotada de visões divinas. Num relato autobiográfico diz: "E sucedeu no 1.141º ano da encarnação de Jesus Cristo, Filho de Deus, quando eu tinha quarenta e dois anos e sete meses, que os céus se abriram e uma luz ofuscante de excepcional fulgor fluiu para dentro de meu cérebro. E então ela incendiou todo o meu coração e peito como uma chama, não queimando, mas aquecendo [...] e subitamente entendi o significado das exposições dos livros, ou seja, dos Salmos, dos Evangelhos e dos outros livros católicos do Velho e Novo Testamentos" (veja o texto na *Wikipedia*: Hildegarda de Bingen, com excelente texto e literatura).

Num outro relato diz: "Eu simultaneamente vejo, escuto e sei e rapidamente apreendo o que sei". Esclarece que as palavras não são como aquelas que saem de nossas bocas, mas elas assumem a forma de uma chama que entra espírito adentro (TERMOLEN, R. *Hildegard von Bingen*, p. 115).

É um mistério como tinha conhecimentos de cosmologia, de plantas medicinais, da física dos corpos e da história da humanidade. A teologia possui uma categoria pela qual se afirma que existe, como dom do Espírito, a "ciência infusa". Ela se aplica perfeitamente a Hildegarda.

Ela desenvolveu uma visão curiosamente holística, entrelaçando sempre o ser humano com a natureza e com o cosmos. É nesse contexto que fala do Espírito Santo como aquela energia que confere a *viridites* a todas as coisas. *Viridites* provém de verde; significa o verdor e o frescor que marca todas as coisas penetradas pelo Espírito Santo. Outras vezes fala da "incomensurável doçura do Espírito Santo que, com sua graça, envolve todas as criaturas" (TERMOLEM, R. *Hildegard von Bingen Biographie*, p. 122. • FLANAGAN, S. *Hildegard of Bingen*, 1998, p. 53). Há um desenho significativo do Espírito Santo pairando sobre uma harpa. Ao lado escreveu em latim: "Em ti: sinfonia do Espírito Santo". E abaixo, em alemão: "Tu és a cítara do Espírito Santo" (TERMOLEM, R. *Hildegard von Bingen Biographie*, p. 202).

Ela desenvolveu uma imagem humanizadora de Deus, pois Ele rege o universo "com poder e suavidade" (*mit Ma-*

cht und Milde), acompanhando todos os seres com sua mão cuidadosa e seu olhar amoroso (cf. FIERRO, N. *Hildegard of Bingen and her vision of feminine*, 1994, p. 187).

Há um texto que vale ser citado quando diretamente se refere ao Espírito Santo: "A suavidade do Espírito Santo é imensa e engloba totalmente todas as criaturas em sua graça, de modo que nenhuma corrupção na integridade da sua justiça a pode destruir; e, brilhando, indica o caminho e emana todos os rios de santidade na claridade de sua força, onde não se pode achar mácula alguma de insensatez. Portanto, o Espírito Santo é um fogo cuja ardente serenidade, acendendo as virtudes ígneas, jamais será destruída, e assim afugenta toda a escuridão" (*Ordem das virtudes*, IV visão).

Ela ficou especialmente conhecida pelos métodos medicinais que desenvolveu, seguidos na Áustria e na Alemanha por médicos até os dias de hoje. Revela um conhecimento surpreendente do corpo humano e quais princípios ativos das ervas medicinais são apropriados para os distintos distúrbios.

Logicamente, a atividade teológica e profética de Hildegarda chamou a atenção das autoridades eclesiásticas. O Papa Eugênio III leu o *Sci vias* e o aprovou. O bispo de Mogúncia atestou que "sua doutrina provém do Espírito e o dom de profecia é o mesmo que aquele dos antigos profetas" (TERMOLEN, R. *Hildegard von Bingen Biographie*, p. 118).

Ela não apenas era douta e sábia; sabia organizar o mosteiro nos mínimos detalhes; num certo tempo dirigia dois mosteiros, o próprio em Rupertsberg e o antigo, no qual havia entrado como jovem, o de Disibodenberg, nas proximidades de Bingen.

Sua fama perdura até hoje, e sua canonização foi ratificada por Bento XVI em 2012.

6 Santa Juliana de Norwich: Deus é Pai e Mãe

Outra notável mulher foi Juliana de Norwich da Inglaterra (1342-1416). Pouco se sabe sobre sua vida, se era religiosa ou uma leiga viúva. O certo é que viveu todo tempo reclusa, numa parte murada da Igreja de São Julião. Ao completer 30 anos teve uma grave enfermidade que quase a levou à morte. Num dado período, durante cinco horas, teve vinte visões de Jesus Cristo. Escreverei imediatamente um resumo de suas visões. Vinte anos após, tendo refletido longamente sobre o significado daquelas visões, escreveu uma versão longa e definitiva, sob o título *Revelations of Divine Love* (Revelações do amor divino. Londres, 1952). É o primeiro texto escrito por uma mulher em inglês.

Suas revelações são surpreendentes, pois vêm perpassadas de um inarredável otimismo, nascido do amor de Deus. Fala do amor com alegria e compaixão. Não entende, como era crença popular na época e ainda hoje em alguns grupos, as doenças como castigo de Deus. Para ela, as doenças e pestes são oportunidades para encontrar Deus.

O pecado é visto como uma espécie de pedagogia pela qual Deus nos obriga a nos conhecermos e a buscarmos a sua misericórdia. Diz mais: atrás daquilo que falamos de inferno existe uma realidade maior, sempre vitoriosa, que é o amor de Deus.

Pelo fato de Jesus ser misericordioso e compassivo, ela é nossa querida mãe. Deus mesmo é Pai misericordioso e Mãe de bondade. Afirma ela: "Deus, em sua onisciência, é a nossa meiga Mãe, com o amor e a bondade do Espírito Santo, que formam um só Deus e um só Senhor" (*Revelações*, p. 119).

Para ela, a Santíssima Trindade possui três propriedades: a paternidade, a maternidade e o senhorio. A maternidade é atribuída à Segunda Pessoa, que é nossa Mãe em natureza e graça; "ela é nossa Mãe em forma de nossa substância, na qual nós estamos fundados e enraizados; ela é nossa Mãe na misericórdia e em nossa sensibilidade. Assim ela é Mãe de muitas formas e somos envolvidos por ela totalmente" (*Revelações,* p. 120).

Transcrevemos um tópico de seu livro no qual se mostra a originalidade de sua teologia, base para uma teologia feminina.

"Sendo Deus nosso Pai, é também nossa Mãe. O nosso Pai quer, a nossa Mãe realiza e o Bom Senhor, o Espírito Santo, confirma [...]. Convém orar ardentemente à nossa Mãe para obter misericórdia e piedade, e orar ao nosso Senhor, o Espírito Santo, para obter a sua ajuda e a sua graça" (*Revelação,* p. 146).

Somente uma mulher poderia usar essa linguagem de amorosidade e compaixão e chamar a Deus de Mãe de infinita bondade. Assim vemos uma vez mais como a voz feminina é importante para termos uma concepção mais completa de Deus e do Espírito, que sempre nos envolve com suas moções e sua graça.

Muitas outras mulheres poderiam ser referidas aqui, como Santa Teresa de Ávila (1515-1582), Simone Weil (1909-1943), Madeleine Delbrêl (1904-1964), Madre Teresa de Calcutá, Zilda Arns, Irmã Dorothy e tantas outras, portadoras do Espírito e que agiram na força do Espírito.

Importa também nunca esquecer os portadores anônimos do Espírito, aqueles e aquelas que sabem consolar e enxugar lágrimas, aqueles e aquelas que têm palavras de conforto e de discernimento, aqueles e aquelas que se entusiasmam e arrastam outros para boas ações. Talvez nem saibam que aquela Energia que atua neles e nelas tem sua origem no Espírito. Mas é próprio do Espírito esconder-se, infundir-se nas coisas, penetrar secretamente nas mentes e nos corações das pessoas e das coletividades, alimentando aquela chama sagrada do amor, da justiça, da fraternidade e da compaixão, que são os dons do Espírito Santo.

Em síntese, podemos afirmar que todos estes homens pensadores e mulheres portadoras do Espírito, e tantos outros que poderiam ser citados especialmente da Igreja Ortodoxa, como Evdokimov, Lossky, Olivier, e da Igreja Latina, como Jürgen Moltmann, Paul Tillich e José Comblin ajudaram-nos a captar a *Dinamis*, a Energia secreta e misteriosa que penetra o universo em evolução, que o empurra cada vez mais rumo a uma derradeira culminância, não obstante os recuos e desvios, até irromper no espírito humano e, de forma antecipatória, plenamente em Jesus Cristo, em Maria e na humanidade em suas várias expressões religiosas, culturais e morais; enfim, na vida ferida por ambiguidades, mas já penetrada pela Força transformadora do Espírito. Este garante um desfecho feliz de toda a criação. Então será o Reino da plenitude, sem qualquer sombra de ambiguidade e em sua esplêndida glória.

IX

O Espírito, Maria de Nazaré e o feminino pneumatizado

O Deus-Trindade, ao revelar-se, se autocomunica. Isso significa que Ele se entrega totalmente ao receptor assim como é, sem resto. Assume o destinatário e se faz um com ele. Isso se pensarmos no modelo descendente que parte da Trindade e alcança o ser humano e o universo. Podemos pensar também essa mesma realidade a partir de baixo e de dentro.

Do coração do processo da evolução, sempre sustentada e habitada pela Trindade, irrompem as Divinas Pessoas naqueles portadores que foram preparados pelo próprio universo e pela atuação divina para acolherem em si uma das Divinas Pessoas.

1 O Espírito: o primeiro a chegar e a morar em Maria

A culminância da ação do Espírito Santo ocorreu quando Ele irrompeu na vida de uma simples e piedosa mulher do povo, de nome Míriam. Ou Ele deixou sua transcendência e assumiu tão radicalmente Míriam, que a espiritualizou (na versão latina de *Spiritus*), ou a pneumatificou (na versão grega de *Pneuma*). Ela começou a pertencer ao Espírito Santo e o Espírito Santo a constituir uma única realidade com ela, guardadas as diferenças de Criador e criatura. Temos um paralelo deste evento de insuperável significação na autocomunicação do Filho ao homem Jesus de Nazaré, o que resultou na encarnação do Filho ou na divinização do homem.

Esse acontecimento culminante da história do universo e da humanidade vem atestado explicitamente pelo Evangelista São Lucas, referindo-se a Maria: "O Espírito Santo virá sobre ti e armará sua tenda sobre ti; por isso, o Santo gerado será chamado Filho de Deus" (Lc 1,35). Consideremos o conteúdo deste testemunho.

Em primeiro lugar, importa reconhecer que a Primeira Pessoa Divina a vir a este mundo ou a irromper de dentro do processo de evolução não foi o Verbo ou o Filho. Foi o Espírito Santo. Aquele que é o terceiro no Reino da Trindade é o primeiro na ordem da criação. Não sou eu que o afirma; é o próprio Evangelista Lucas. Esta constatação nos obriga a superar o risco do *cristomonismo*, vigente praticamente em todas as igrejas e na teologia escolar. Quer dizer, a demasiada concentração da história da salvação no Cristo, que é a encarnação do Filho.

Primeiro irrompe o Espírito, que é acolhido por Maria. "Armar a tenda" sobre ela (*episkiásei*) significa que o Espírito vem ou emerge e mora nela de forma permanente. Não é à moda da irrupção profética na qual o Espírito toma o profeta para cumprir uma missão que, uma vez cumprida, Ele o deixa. Aqui não. O Espírito vem e fica definitivamente. Usa-se a figura da tenda (*skené* em grego, de onde se deriva *epi-skiásei*). Quer dizer: arma a tenda (*skené*) sobre (*epi*) Maria e permanece para sempre nela (cf. RICHARD, J. "Conçu du Saint-Esprit, né de la Vierge Marie", p. 291-327.

• LYONNET, S. "Le récit de l'Annonciation et la maternité divine de Sainte Vierge", p. 33-46).

Esta mesma expressão verbal é usada por São João quando se refere à encarnação do Verbo. Diz: "E o Verbo se fez carne e armou sua tenda [*skené*] entre nós [*eskénosen*]" (Jo 1,14). Aqui também o Filho vem ou irrompe na santa humanidade de Jesus (recebida de Maria), e nunca mais a deixou; por Jesus de Nazaré, o Filho fez-se um de nós e em tudo como nós, menos no pecado.

Em segundo lugar, cabe enfatizar que somente a partir do "sim" de Maria ou do "aconteça comigo segundo a tua palavra" (Lc 1,38) podemos falar da vinda do Filho, que assume a humanidade recebida de Maria. O Filho vem depois, condicionado pelo assentimento pleno de Maria à vinda do Espírito Santo.

Em terceiro lugar, importa sublinhar a nuança "por isso" (*dià óti*), "que o Santo gerado será chamado Filho de Deus" (Lc 1,35). Aqui funciona uma lógica perfeita: o Espírito Santo se personaliza nela; ela é alçada à altura de Deus-Espírito; somente Deus pode gerar o Filho de Deus. Maria, assumida pelo Deus-Espírito Santo e identificada com Ele, só pode gerar um Santo, alguém que é Filho de Deus.

2 A cegueira intelectual das igrejas e das teologias

Curiosamente, grandes teólogos atuais que elaboraram detalhadas teologias sobre o Espírito Santo sequer citam o texto de São Lucas sobre a morada do Espírito em Maria. Jürgen Moltmann, em seu excelente *O Espírito da vida: uma pneumatologia integral* (Vozes, 1999) e o conhecido teólogo de Heidelberg, Michael Welker, em seu instigante tratado

O Espírito de Deus: Teologia do Espírito Santo (Sinodal, 2010) não citam nenhuma vez esta importante passagem de São Lucas (1,35). O especialista em Espírito Santo, Heribert Mühlen, nas 760 páginas de seu livro *El Espíritu Santo en la Iglesia* (Salamanca, 1974), cita três vezes a passagem sem qualquer referência a Maria, somente à geração do Filho. Yves M.J. Congar, que elaborou o mais completo e volumoso tratado sobre o Espírito Santo (em três tomos em francês e um em espanhol, com 716 páginas), em *Je crois en l'Esprit Saint* (Paris, 1980), cita somente *en passant* a passagem lucana, mas nunca referida à vinda do Espírito sobre Maria, mas exclusivamente visando a geração do Filho de Deus.

Da mesma forma, o nosso eminente teólogo belga-brasileiro José Comblin, em seus provocativos livros *O tempo da ação: ensaio sobre o Espírito e a história* (Vozes, 1982) e o outro mais sistemático *O Espírito Santo e a libertação* (Vozes, 1987), e no seu grande póstumo *O Espírito Santo e a tradição de Jesus* (2012), refere-se, é verdade, à dimensão feminina e maternal do Espírito, mas nunca cita a passagem de São Lucas sobre a espiritualização/pneumatificação de Maria nem a apresenta como aquela que nos revela o rosto feminino e maternal de Deus.

Tal constatação demonstra simplesmente a cegueira intelectual de uma teologia masculinizante e patriarcal que se faz incapaz de ler estes textos que falam do feminino e de Maria. E ela atingiu os mais eminentes teólogos. Uma viseira masculina impede que vejam tais realidades, feitas pela cultura e pelas igrejas, invisíveis e insignificantes, pois tudo é centralizado no homem e no masculino. Deus é masculino, Jesus é homem e a Igreja romano-católica é dirigida exclusivamente por homens, geralmente provectos. As categorias antropológicas do feminino e do masculino (*animus/anima*) não foram descobertas como princípios estruturadores da existência, seja do homem seja da mulher, e sua relevância para a nossa compreensão de Deus.

Portanto, não basta a erudição invejável, como demonstram os teólogos europeus que escreveram sobre o Espírito Santo. Faz-se mister uma autocrítica acerca de seu lugar social e a sua condição de gênero masculino que condiciona toda a reflexão.

Mais grave ainda é a constatação de que a maioria das teólogas cristãs internalizou visão masculina do Divino, fizeram-se reféns da cristologia do Filho de Deus, feito homem, e não assumiu a porção Deus de sua realidade feminina. Ficaram dependentes da teologia dos homens. Não descobriram ou não souberam articular a relação do Espírito Santo com o feminino e a função de Maria no mistério da salvação, aquela que nos mostra o rosto do Deus-Mãe de infinita ternura e compaixão. Essa omissão das teólogas acaba reforçando o já excessivo patriarcalismo e masculinismo da Igreja hierárquica e retarda a luta pela plena libertação das mulheres na sociedade.

3 A morada do Espírito em Maria: sua espiritualização e pneumatificação

A base teológica mais direta para identificarmos a afinidade do Espírito com o feminino e especificamente com Maria se encontra já na primeira página da Bíblia. Em Gn 1,27 se diz explicitamente: "Deus criou o ser humano à sua imagem e semelhança; homem e mulher Ele os criou". Quer dizer, há algo em Deus que responde ao masculino e ao feminino. Em outras palavras, no masculino e no feminino há algo que reporta a Deus. O masculino e o feminino são lugares de revelação da natureza de Deus; são caminhos humanos que nos levam a Deus e caminhos divinos que nos levam ao ser humano, homem e mulher.

Sabidamente, masculino e feminino não devem ser entendidos em termos sexuais-genitais (Deus está para além dos sexos), mas como princípios construtores da existência humana, qualidades que estão presentes em cada homem e em cada mulher (*animus/anima*).

Em hebraico e siríaco o Espírito (*ruach*) é feminino. No Primeiro e no Segundo Testamentos se atribuem efetivamente ao Espírito ações que são atribuídas principalmente (mas não exclusivamente) ao feminino e à maternidade, como gerar, cuidar, ajudar, inspirar, proteger, acolher, perdoar e consolar. A própria *tenda-morada*, *shekinah* em hebraico e *skené* em grego, era considerada uma realidade feminina. É amada e buscada como a uma mulher (Eclo 14,22ss.); é uma esposa e mãe (Eclo 14,26ss.); é fonte geradora, algo íntimo e de gozo sereno. A Sabedoria no Primeiro Testamento é identificada com o Espírito Santo (Sb 9,17).

Com acerto escreveu o teólogo francês A. Lemonnyer: "O Espírito Santo é a Pessoa Divina que nos foi "dada" de uma maneira toda especial, pois é o Dom de Deus por excelência e é assim também chamado. Na Trindade é o amor um de seus nomes próprios. Estas qualidades convêm mais à mãe do que a qualquer outra pessoa e, de certa maneira, a definem. O Espírito Santo personifica o amor naquilo que tem de mais desinteressado, de mais generoso e de mais entregado, como aquele das mães" (apud CONGAR, Y.M.J. *El Espíritu Santo*, p. 597).

4 O Espírito gera a santa humanidade do Filho

A presença do Espírito em Maria foi tão íntima e densa, que Ele revelou aquilo que é e sempre mostrou na criação: é o *Spiritus Creator*, o Espírito Criador e Gerador, aquele que do caos originário tirou todas as ordens e penetrou todos os movimentos criativos da evolução ascendente. Como pôs em marcha a primeira criação, agora gestou a criação definitiva. Gerou o *novissimus Adam* (1Cor 15,45), o Filho de Deus em nossa condição humana. A santa humanidade de Jesus de Nazaré vem de Maria na força geradora do Espírito Santo.

Não queremos alimentar uma curiosidade indiscreta que se pergunta como aconteceu tal evento sagrado. Respeitamos reverentemente os testemunhos bíblicos, que não entram nesta particularidade.

Coisa maravilhosa e surpreendente: num momento da história, tudo se centraliza numa mulher. Ela é simples, ignota como todas as mulheres de seu tempo, mas atenta aos apelos de Deus e aberta a acolher o Espírito. De repente, o Espírito a assume e ela fica pneumatificada. É a portadora por excelência do Espírito, pois fez dela a sua morada permanente. Nela atua o Espírito. *Por isso* (*dià óti*), dentro dela cresce a humanidade daquele que foi assumido pelo Filho, Jesus de Nazaré. Maria é o templo onde o Espírito e o Filho se encontram sob a égide do Pai de infinita bondade que, por sua vez, se faz presente pelo esposo de Maria, José de Nazaré, no qual, na minha compreensão, o Pai se personalizou totalmente (cf. BOFF, L. *São José: a personificação do Pai*. Vozes, 2002). Naquela família humilde, trabalhadora e piedosa está a inteira Família Divina, o Pai, o Filho e o Espírito Santo.

5 A irradiação da espiritualização/pneumatificação de Maria sobre o feminino e toda a criação

A espiritualização/pneumatificação de Maria não comparece como uma realidade que diz respeito somente a ela. Maria é membro da comunidade humana, feminina e também masculina. Todos são atingidos por esse evento de infinita ternura e amor trinitário, mas especificamente revelado pela Pessoa do Espírito Santo. Algo em nós já está divinizado e, por Maria, foi introduzido no Reino da Trindade. Algo nosso, humano, quente e mortal, está definitivamente eternizado.

O feminino, em todas as suas expressões, desde os primeiros momentos de sua irrupção, há dois bilhões de anos, quando no processo da evolução emergiu a sexualidade, ordenava-se para essa culminância. De dentro do feminino se preparava o berço acolhedor da chegada plena do Espírito. Num momento da história tudo madurou, tudo se abriu. Foi então que o Espírito eterno armou sua tenda numa mulher do povo, em Maria.

O feminino no homem e na mulher foram tocados e também espiritualizados/pneumatificados. Chegamos à plenitude dos tempos. O termo da evolução se antecipou. Só falta a sua completa realização quando o inteiro universo e o feminino atingirem sua plenitude e convergência. Então implodirão e explodirão para dentro do Reino da Trindade, do Pai, do Filho e do Espírito Santo. Este Espírito, desde o início, fazia-se latentemente presente no processo da evolução, até levá-la a sua completa efetivação.

X
O universo: templo e campo de ação do Espírito Santo

Vamos abordar um tema relativamente novo na reflexão pneumatológica: a relação do Espírito Santo com o universo, como o entendemos hoje a partir da nova Cosmologia e das Ciências da Terra. Já Jürgen Moltmann, em seus dois livros: *O Espírito da Vida* (Vozes, 1999) e *A doutrina ecológica da criação* (Vozes, 1993), é muito mais generoso, assumindo elementos da nova Cosmologia.

Nos tratados sobre o Espírito Santo esta dimensão quase é inexistente ou abordada lateralmente. O volumoso livro de Y. Congar, *El Espíritu Santo* (1983), com mais de 700 páginas, dedica apenas 10 ao tema da criação. Cita tão somente testemunhos valiosos dos Padres da Igreja, mas não estabelece um diálogo com a hodierna visão do mundo e sua relevância para a reflexão pneumatológica.

Na verdade, são pouquíssimos os teólogos que inserem em sua reflexão esse diálogo necessário que nos faz entender melhor Deus, a Trindade e o Espírito Santo. Nós o tentamos numa detalhada investigação, em parceria com um norte-americano-canadense, perito na nova Cosmologia, Mark Hathaway. Demos-lhe o título *O Tao da Libertação: explorando a ecologia da transformação* (Vozes, 2012, 591 p.). O livro foi tão bem acolhido pela comunidade científica, que recebeu em 2010, quando saiu a edição original em inglês, a medalha de ouro da prestigiosa entidade *Nautilus* (que premia obras que fazem avançar o conhecimento) no campo da Ciência e da Cosmologia.

1 A nova Cosmologia: perspectiva fundamental

Vamos oferecer uma "visão pedestre" da nova Cosmologia, apenas suficiente para podermos identificar a presença e a atuação do Espírito Santo no processo da evolução e em nossas vidas (veja um resumo em BOFF, L. "A narrativa cósmica atual". *Ecologia: grito da Terra, grito dos pobres*. Sextante, 2004, p. 57-91).

Uma da maiores revoluções na nossa compreensão da realidade ocorreu há menos de um século, quando ficou claro para a comunidade científica que o estado natural do universo não é a estabilidade, mas a mudança. O astrônomo norte-americano Edwin P. Hubble (1889-1953) já em 1924 comprovou cientificamente que o universo está em expansão. Tudo começou a partir de uma incomensurável explosão silenciosa (ainda não havia espaço para se ouvir o estrondo) – o *big-bang* –, cujo eco pode ser percebido até os dias atuais mediante uma radiação de curtíssima vibração que nos vem de todos os lados do universo. Tomando como referência a luz das galáxias mais distantes, nota-se nelas um desvio para o vermelho (Efeito *Doppler*), o que significa que estão em rota de fuga. Calculando-se a velocidade da luz, chega-se à conclusão de que o surgimento do universo efetivamente ocorreu por volta de 13,7 bilhões de anos.

Tem a ver, portanto, com um universo que se expande, ao expandir-se se complexifica, ao complexificar-se se interioriza e ao interiorizar-se mais e mais adquire subjetividade e consciência. Portanto, um universo que começa, que muda e que evolui, possui consequentemente uma história. Essa história pode ser contada em suas várias fases de desenvolvimento. É o que fazem hoje a Cosmologia, a Astrofísica, a Física Quântica e a Biologia Evolutiva.

Nós seres humanos não estamos fora desse processo, mas temos nosso lugar dentro dele. A vida, a consciência, a inteligência, a criatividade e o amor são emergências desta história cósmica. Através de nós o universo se vê a si mesmo, pensa a si mesmo e se maravilha diante de sua majestática beleza. Nesse universo nenhuma coisa existe isolada, desconectada ou é simplesmente acidental. Tudo está ligado a tudo, formando uma intrincada rede de relações que faz com que todos sejam interdependentes.

A visão dos últimos quinhentos anos, com o surgimento do paradigma da ciência mecanicista e atomizada, cegou-nos para essas interconexões, vendo as coisas separadas, desligadas do Todo, produzindo uma erosão de nossa pertença real à comunidade cósmica, pertença que era evidente e sentida com profunda comoção por todos os povos e culturas do passado, especialmente entre os indígenas.

2 Os principais atos do teatro cósmico

Vejamos os atos principais deste imenso teatro cósmico.

Antes do "antes", quer dizer, antes que houvesse o espaço, o tempo (em grau zero) e qualquer ser existente, o que havia? Não havia o nada, porque do nada não se deriva nada. Havia o Incognoscível, o Inominável e o Mistério. Os cosmólogos usam uma expressão que diz o contrário do que suas palavras literalmente dizem: havia o *Vácuo Quântico*. Esse Vácuo é tudo menos vácuo. Representa a plenitude das possibilidades e virtualidades que podem irromper e "decair", quer dizer, que podem se concretizar em seres subsistentes. Outros preferem, com mais razão, chamar de *Fonte Originária de todo o Ser*, ou o *Abismo Alimentador de Tudo* o que existe e possa existir. Outros especificam melhor, afirmando que se trata da *Energia de Fundo*, que pré-existe a todas as formas de energia e a todos os seres. Ela os sustenta, penetra e os faz expandir-se e evoluir. Poderíamos representá-la como um oceano sem limites e sem bordas de energia em ebulição, pronta a se manifestar.

Desse *Abismo Gerador* irrompe um pontozinho, milhões de vezes menor do que a cabeça de um alfinete, carregado de energia em ebulição com bilhões e bilhões de graus de calor. Num determinado momento, fora do tempo, esse pontozinho se inflacionou ao tamanho de um átomo e depois de uma maçã. E sem saber por que e como, ele surpreendentemente explodiu.

Surgiu, a partir dessa singularidade, um ilimitado número de partículas elementares: hádrions, topquarks, léptons, neutrinos e outros, apenas virtuais. Quer dizer, partículas como pura energia, mas sem massa. Sem a massa é impossível que surja a matéria. O grande feito de 4 de julho de 2012 no Centro Europeu de Pesquisa Nuclear (Cern), através do Grande Colisor de Hádrions, foi a descoberta do Campo de Higgs, no qual se move o bóson de Higgs, chamado também de "a partícula de Deus". Aquelas partículas elementares e sem massa, ao tocarem o Campo de Higgs, ganham massa, e assim emerge a matéria. Esse Campo de Higgs é uma espécie de sutilíssimo fluido viscoso que enche todo o universo à moda do antigo éter de Aristóteles e da física clássica, com a função de continuamente estar conferindo massa às partículas energéticas, transformando-as em matéria e permanentemente criando o universo.

Essa "partícula de Deus", teologicamente falando, seria o meio pelo qual Deus cria tudo o que existe e continua criando. Não se trata da "partícula Deus", o que seria erro teológico, pois Deus não é partícula nem é parte do mundo, mas o Sustentador e Criador do mundo.

Aquelas partículas e a energia contida no *big-bang* foram extrojetadas, formando uma espécie de nuvem energética e de partículas subatômicas e de átmos. Agora sim, nasce o espaço e o tempo. Lentamente, aquela nuvem começa a se resfriar, embora ainda mantenha uma temperatura de um bilhão de graus. Ela se expande, alargando o espaço e o tempo. Dentro dela se formam os primeiros núcleos de hidrogênio e prótons livres. Meia hora após, grande parte da matéria original, da qual todos nós procedemos, já havia se formado, com núcleos de hidrogênio e hélio (os elementos mais simples e que enchem o universo).

Na medida em que a expansão avançava se alcançou tal nível de esfriamento, que permitiu um adensamento da nuvem e o surgimento dentro dela de átomos estáveis com núcleos e elétrons. Depois de um bilhão de anos aquela nuvem disforme de energia e matéria primordial se condensa ainda mais a ponto de dar origem às grandes estrelas vermelhas. Durante quatro bilhões de anos elas arderam, consumindo hidrogênio e hélio e funcionaram como incomensuráveis fornalhas, dentro das quais se forjaram os principais elementos físico-químicos que conhecemos.

Depois desse tempo elas explodiram. Transformaram-se em supernovas, com um esplendor estarrecedor. Lançaram aqueles elementos em todas as direções (sempre criando o espaço que surge dessa expansão). Estas supernovas se concentraram, dando origem às bilhões de galáxias, cada uma com bilhões e bilhões de estrelas. No interior dessas estrelas criaram-se as condições para completar o número dos elementos físico-químicos, mais pesados, como o carbono, o silício, o oxigênio, o nitrogênio e outros. Entre essas estrelas estava o primeiro Sol, pai do Sol atual.

Essas estrelas também explodiram. De seus elementos e do pó cósmico projetados em todas as direções, em milhões de anos, formaram-se as atuais galáxias, as estrelas e o nosso Sol. Com os elementos que se formaram em seu interior foi possível a vida orgânica e nós mesmos. Todos viemos de uma mesma fonte. Uma unidade fundamental liga e re-liga a todos.

Há duas forças que permitem a criatividade do universo e entretêm um equilíbrio dinâmico: a força de contração e a força de expansão. A força de contração é a gravidade que segura a velocidade da expansão. A expansão é a força originada pela grande explosão, que faz tudo se dilatar em todas as direções. Se a força da gravidade fosse, por exemplo, um pouco maior, o universo ter-se-ia contraído, esmagando-se e viraria um buraco negro. Se ela fosse ligeiramente mais fraca, não teriam surgido as grandes estrelas vermelhas, e a vida seria impossível.

As duas forças se autolimitam, e desta forma criam a possibilidade de uma expansão ordenada, que gera estruturas cada vez mais complexas e elevadas. Elas sugerem que a natureza do cosmos não é fruto do acaso. Ao contrário, essas duas forças, desde o primeiro momento, sustentam a evolução e a incessante criatividade.

3 A criação contínua: a cosmogênese

A criação não ocorreu uma única vez no início. Ela está continuamente acontecendo na medida em que novos tipos de relação entre as duas forças de atração e de expansão se concretizam. Por isso, a rigor, não deveríamos falar em cosmologia, mas em cosmogênese, a gênese permanente do universo.

Nesse processo de criação contínua há estágios que são únicos e que ocorrem uma única vez, e deles dependem todas as demais coisas. Assim, por exemplo, houve um único momento no qual as galáxias puderam se formar, nem antes nem depois. Se esse momento não tivesse ocorrido, nosso cosmos teria permanecido uma mistura amorfa de energia e matéria primordial sem estrutura. Num universo assim jamais haveria condições de surgir a vida e a consciência. Tal fato revela que um propósito latente subjaz a todos os processos, garantindo uma ascensão contínua.

O cosmos, portanto, a partir das condições iniciais, estava predisposto e orientado para produzir, em seu devido tempo e alcançando certo nível elevado de complexidade, a vida e a consciência. Se tudo não tivesse acontecido como aconteceu, nós não estaríamos aqui refletindo sobre essas coisas. De alguma forma, o universo "sabia" que lá na frente, há bilhões de anos, iria surgir vida e consciência.

O universo está sempre se expandindo, sempre criando, sempre se auto-organizando, sempre originando ordens cada vez mais complexas e altas, e ligando tudo com tudo.

4 O princípio cosmogênico

Todo o processo da evolução em aberto apresenta três características que expressam sua dinâmica interna. É também chamado de princípio cosmogênico (cf. *O Tao da libertação,* p. 387).

A primeira é a *complexificação*, também chamada de *diferenciação*, de forma cada vez mais crescente. Desde o primeiro momento em que dois hádrions, dois topquarks ou prótons se relacionaram, emergiu uma primeira complexidade, quer dizer, entraram em ação vários fatores para criar uma nova ordem. A complexidade vai aumentando até aparecerem átomos, matéria densa, células, corpos, organismos vivos e seres conscientes e inteligentes.

A segunda é a *interiorização* ou *subjetividade*. Na medida em que se complexificam, os seres como que se enrolam sobre si mesmos e criam a interiorização. Esta significa certa subjetividade que surge pelo fato de cada ser estabelecer o seu modo de relação com os outros, o jeito como se auto-organiza e se faz presente na cena histórica da evolução. Tal fenômeno nos permite afirmar que todos os seres têm história e participam, cada um a seu modo, de um nível de consciência cósmica, mineral, vegetal, animal e, por fim, humana, como consciência reflexa.

A terceira característica é a *inter-relacionalidade* ou *conectividade* de todos com todos, chamada de *Matriz Relacional (Relational Matrix)* ou também a *comunhão* entre todos. O universo não é feito da soma dos entes existentes, mas do conjunto das redes de relação que envolvem a todos, fazendo que todos sejam interdependentes. Assim desponta o universo uno e diverso, dinâmico e carregado de sentido.

Como observa o renomado cosmólogo Brian Swimme: "Se não houvesse a *complexidade* (diferenciação), o universo se fundiria numa massa homogênea; se não houvesse a *interiorização* (subjetividade) o universo se tornaria uma extensão inerte e morta; se não houvesse a *inter-relacionalidade* (comunhão), o universo se transformaria num número de singularidades isoladas" (*The Universe Story*, 1992, p. 73.
• *O Tao da libertação*, p. 387).

Tudo, portanto, está em movimento, relacionando-se e alcançando patamares mais complexos e altos. Tudo é de certa maneira vivo e carregado de mensagens. Os seres escutam a mensagem uns dos outros. Podem ouvir a história de cada um em seu processo bilionário de evolução. A montanha dialoga com o vento e com as energias solar e cósmica. As florestas escutam a voz da chuva, das nuvens e dos povos que nela habitam, como os micro-organismos (aos quintilhões), os insetos, as aves e os animais. O ser humano é aquele que pode ouvir a mensagem de todos os seres, do céu estrelado e do próprio coração.

A força motriz da evolução, portanto, não obedece a mutações acidentais, mas às forças primordiais que criam complexidades, ordens estruturadas e conexões ilimitadas. O universo se sustenta pela força do princípio cosmogênico, da cooperação entre todos, e não pela predominância do mais forte. A vida conseguiu penetrar todo o Planeta Terra não pela eliminação dos diferentes, mas pela consorciação com eles, trocando energias e matéria, e assim permitindo que o universo compareça assim como é hoje.

5 A Terra viva, Gaia, movida pelas energias do Espírito

Passemos por cima das várias etapas da evolução e nos detenhamos em nosso Planeta Terra. Ele surgiu há 4,44 bilhões de anos. Colocado numa distância favorável do sol, tudo nele concorreu para que surgisse a vida. Esta irrompeu há 3,8 bilhões de anos de algum oceano primevo ou pântano ancestral, sob a forma de uma bactéria, mãe de todos os demais seres vivos. Os micro-organismos formam 95% dos seres vivos (numa simples colherada de chão existem mais de dez bilhões deles). Começou então um diálogo intenso entre os seres vivos com as energias do universo, do Sol e da Terra.

A atmosfera e a biosfera são criações tanto da Terra quanto especialmente dos seres vivos que forjaram para si um habitat favorável a sua reprodução. Mais ainda, a pesquisa científica mostrou que a vida não se encontra apenas sobre a Terra. A própria Terra, como um todo, articula o físico, o químico e o ecológico de tal maneira que somente um organismo vivo pode fazer. Ela é viva e foi chamada de Gaia, nome que na mitologia grega se dava à Terra como viva. Esta constatação se combina com a convicção das culturas que, até o advento da idade moderna, sentiam e chamavam a Terra de Grande Mãe e Pacha Mama.

Num estágio avançado da complexificação da vida surgiu, há cerca de 7-9 milhões de anos, o australopiteco, um antropoide ancestral que apontava para a plena hominização. Esta ocorreu há cerca de 150 mil anos, quando irrompeu o *homo sapiens sapiens*, que somos nós hoje.

A partir dos anos 50 do século XX, quando se conseguiu decodificar o DNA das células vivas, viemos a saber algo surpreendente: todos os organismos vivos, desde as bactérias mais primitivas, passando pelas florestas, os dinossauros até chegar ao ser humano, somos formados com os mesmos elementos físico-químicos que maduraram no coração das grandes estrelas vermelhas e nas supernovas. Todos possuímos o mesmo alfabeto genético de base: 20 aminoácidos e as quatro bases nucleicas. Quer dizer, todos somos parentes, irmãos e irmãs uns dos outros, formando a grande comunidade de vida, porção da comunidade terrenal e cósmica.

A consciência e o espírito constituem momento culminante do processo cosmogênico. Como somos parte do universo, é por nós, seres inteligentes e conscientes, que o universo se pensa e toma consciência de si mesmo. Quando olhamos o céu estrelado e contemplamos a vastidão verdejante da Amazônia, entrecortada de rios imensos, é a própria Terra, é o próprio universo que através de nós olha a si mesmo e aprecia sua indescritível beleza. Se o espírito e a consciência estão em nós é sinal que estavam antes no universo. O universo é autoconsciente e está crescendo nesta consciência na medida em que nós vamos crescendo e alargando os horizontes de nossa mente e de nosso coração.

6 O propósito do processo cosmogênico

Notamos que o processo da evolução vem carregado de um sentido profundo e coerente, como se houvesse uma espécie de "atrator" que atrai todos os seres para uma certa direção. Efetivamente, das energias originárias passamos às partículas subatômicas, destas aos átomos, dos átomos, aos seres coesos, destes aos organismos, dos organismos à consciência difusa nos vertebrados mais complexos, e desta para a consciência reflexa nos seres humanos. Não há como não ver uma seta ascendente. E hoje, do local passamos ao nacional, do nacional ao global e do global ao universal, abertos à totalidade, sentindo-nos um capítulo importante da história do universo.

É próprio do ser humano perceber que as coisas não estão jogadas aí, justapostas e desordenadas. Nelas há um fio condutor que a todas liga e re-liga, formando um cosmos e não um caos. Intui que está aí em ação uma Energia poderosa e amorosa que tudo sustenta, preserva e faz coevoluir. Ele ousa nomear essa Realidade misteriosa e fascinante. Dá-lhe os nomes de sua veneração e respeito. Mais ainda, pode entreter um diálogo com ela, celebra-a com ritos, danças e festas. Sente-a dentro de si na forma de entusiasmo (em grego: ter um "Deus" dentro). Ela inspira sentimentos de reverência, de devoção e adoração.

Hoje sabemos que neurocientistas identificaram no cérebro o que eles denominaram *"o ponto Deus no cérebro"* (ZOHAR, D. *QS: a inteligência espiritual*. Record, 2000). Sempre que o ser humano, homem e mulher, confronta-se com sentidos derradeiros, com aquilo que lhe parece absolutamente importante, na linha de Paul Tillich, analisada anteriormente, ou com as percepções de conexão com o Todo, verifica-se uma aceleração significativa nos lobos frontais.

Significa uma vantagem evolutiva do ser humano, que percebe a presença do Mistério e do Inefável presente na realidade. Daí se elaboram atitudes de respeito e de silêncio reverente. Como somos dotados de órgãos exteriores e sensíveis que nos permitem ver, escutar e cheirar, assim também somos dotados de um órgão interior que nos capacita sentir Deus em todas as coisas. Deus não está no "ponto Deus"; Ele está em todos os lugares. Mas é pelo órgão interior que identificamos a sua presença e atuação em todas as coisas e no inteiro universo.

7 O universo como templo do Espírito

Com isso já levantamos os dados principais que nos concedem refletir sobre a relação do Espírito Santo com o universo. Mas antes convém enfatizar a conaturalidade existente entre a concepção do cosmos, como uma rede intrincadíssima de relações, com a compreensão cristã de Deus. O cristianismo, sem querer multiplicar Deus, pensa-o como Trindade de divinas Pessoas. As Pessoas são relações sempre se entrelaçando umas com as outras na comunhão e no amor, de forma tão íntima e completa, que se uni-ficam (ficam um) num só Deus-Trindade.

Se Deus é uma Realidade relacional, então fica evidente que sua criação, o universo inteiro, carrega em si esta característica relacional. Como afirmam os físicos quânticos: tudo está relacionado em tudo em todos os pontos e em todos os momentos. Tudo é criado à imagem e semelhança do Deus-Trindade-relação-comunhão.

A tradição judeu-cristã atribui ao Pai, mas particularmente ao Espírito do Pai, a criação e a ordenação do universo. Coloca-o no começo (Gn 1,1; 2,7) e no fim (Ap 22,17). Como se diz belamente no livro da Sabedoria, "o Espírito enche o universo" (1,7), e como "Sopro [*Spiritus* em latim] incorruptível está em todas as coisas" (12,1). O Espírito é vida e é *vivificans*, quer dizer, "gerador de vida" como se reza no Credo. Se assim é, então podemos dizer que aquela Energia poderosa e criadora que estava antes do "antes", a Energia de fundo e o Princípio alimentador de todo o Ser era uma manifestação do Espírito Santo.

O Espírito Santo mesmo, na medida em que é Deus (Terceira Pessoa da Trindade) está para além de toda a representação e de tudo o que é existente. Mas sua ação, "as energias do Espírito", como se diz em teologia, sai do círculo trinitário e se extrojeta para fora. A Energia de Fundo é uma de suas manifestações. A partir dela, Ele atuou no *big-bang*, criando aquele equilíbrio refinadíssimo que permitiu o surgimento da matéria, das grandes estrelas vermelhas, das galáxias e das estrelas de segunda e terceira geração, os planetas, a Terra, os seres que ela contém e nós mesmos.

Ele empurrava para frente e para cima o processo evolucionário, a cosmogênese, quer dizer, a gênese do universo que ainda está se realizando e que não acabou de nascer totalmente. Ele está atrás de tudo como o Propulsor e está à frente como o grande Atrator, fazendo que o universo, apesar dos muitos entrechoques de galáxias e exterminações em massa do capital biótico, sempre mantivesse uma seta apontando para formas mais complexas e ordenadas de seres.

Se Ele é vida e gerador de vida, então estava presente na vida das bactérias, nas plantas, nos animais e nos seres humanos nos quais "foi soprado o Espírito" (Gn 2,7).

Especialmente presente estava naquela mulher na qual "armou sua tenda", quer dizer, morou de forma permanente (Lc 1,35): Maria. Em consequência, foi gerado na força do Espírito (Mt 1,18; Lc 1,35) aquele que se revelou como "o Adão definitivo" (1Cor 15,45), a plenificação do humano, Jesus de Nazaré, sobre quem o "Espírito Santo veio na figura de uma pomba" (Lc 3,22; Jo 1,31) e que o guiou e inflamou em toda a sua trajetória (cf. Lc 4,1.18). É o Espírito que ressuscitou Jesus, fazendo uma revolução na evolução, pois inaugurou uma vida sem entropia e já levada, de forma antecipada, na culminância do processo cosmogênico (cf. Rm 1,4; 1Tm 3,16). É o Espírito que deu começo à Igreja em Pentecostes para conservar o legado de Jesus a todos os povos (At 2,32). É o Espírito que mora em nós como num templo (1Cor 6,19).

Como escreveu um eminente teólogo, dos poucos que trabalhou a relação do Espírito com o cosmos, Jürgen Moltmann: "O Deus criador do céu e da terra está presente em cada uma de suas criaturas e na comunhão da criação através de seu Espírito cósmico. A presença de Deus penetra todo o universo. Deus não é somente o criador do mundo, mas também o Espírito do universo. Através das forças e das possibilidades do Espírito, o Criador faz morada em suas criaturas, vivificando-as, mantém-nas na sua existência e as conduz para o futuro do seu Reino. Nesse sentido, a história do universo, da criação, é a história dos efeitos do Espírito Divino" (*Doutrina ecológica da criação*. Vozes, 1993, p. 33).

8 "O Espírito dorme na pedra, sonha na flor..."

Para os cristãos é uma evidência de fé que o Filho do Pai se encarnou em Jesus de Nazaré na força do Espírito. Mas nunca ou muito pouco se fala da morada que fez em sua criação. Um dito antigo de origem desconhecida rezava: "O Espírito dorme na pedra, sonha na flor, acorda nos animais e sabe que está acordado nos seres humanos". Como se depreende, o Espírito conhece vários níveis de presença. Manifesta-se como explosão de energia, movimento da matéria, como princípio de vida e suscitador de consciências. Dele vem os grandes sonhos, aqueles que levam à criatividade, pois Ele é a fantasia de Deus, alimenta a coragem, provoca a iracúndia sagrada contra as injustiças, incita o grito de libertação e comparece como força de comunhão e de comunicação.

Pelo fato de estar no universo, o Espírito participa das circunvoluções do universo, que vão desde as grandes explosões das supernovas, do entrechoque de galáxias, das devastações de vidas ocorridas na Terra. Ele se alegra com sua criação, sofre com ela, geme junto com as criaturas, suspirando pela completa libertação (cf. Rm 8,22-24). A tenda do templo (*shekina*) que representava a presença do Espírito no meio do povo, vai com Ele para o exílio e também volta de lá. Ele fica "entristecido" e "abatido pelo drama humano (cf. 1Ts 5,19; Ef 4,30).

Consideramos que uma das características do processo cosmogênico é o surgimento das complexidades e diversidades e a interdependência entre todos os seres. Ora, foram exatamente tais características que identificamos anteriormente em relação ao Espírito, criando a diversidade de dons (1Cor 12,7-11) e, ao mesmo tempo, a relação de serviço de todos em vista do bem de todos (1Cor 12,7). Ele é uma força de diferenciação (biodiversidade e diversidade de carismas) e, ao mesmo tempo, energia de comunhão/relação, formando uma unidade complexa (1Cor 12,13).

Para uma leitura pneumatológica do universo, todas estas afirmações se revelam naturais, pois tudo foi criado no Espírito e carrega nele os sinais da presença e da atuação do Espírito. Somos o templo do Espírito, e o universo, em cada um de seus seres, principalmente nos humanos, é seu campo de ação.

9 O Espírito e o novo céu e a nova terra

Tanto o universo quanto nós estamos ainda em processo de gênese. Ainda não completamos nosso percurso pelo tempo afora, rumo ao futuro, mostrando o que o Espírito escondeu em nós e por sua força vai, passo a passo, revelando-se. Por isso, o Espírito enche todos os tempos: está no início, inaugurando a criação, está no meio, acompanhando todas as etapas de ascensão e estará no fim, quando todos os seres alcançarão aquela plenitude intencionada pelo Mistério. Quando o Espírito é derramado sobre sua criação, tudo se renova e ganha vitalidade: "o deserto se tornará vergel, e o vergel, uma floresta; no deserto habitará o direito, e a justiça morará no vergel; o fruto da justiça será a paz e a obra da justiça será a tranquilidade e a segurança para sempre" (Is 32,15-17).

Biblicamente assim é representado o fim bom de todo o universo: o momento em que o Espírito ganhará a hegemonia sobre todas as forças divergentes e inimigas da vida e inaugurará o novo céu e a nova terra (Jl 2,28-32; Ap 21,1). Mergulharemos todos no viver dinâmico e amoroso da Trindade.

Então começa a verdadeira história sem entropia, um evoluir cada vez mais penetrante na inefável Fonte de todo

Ser, de toda Bondade e de todo Amor que liga e religa todos entre si e com a Fonte.

Neste nosso tempo, que é de entretempo até irromper o sem tempo, deixemos repercutir em nós as palavras consoladoras do Apocalipse: "O Espírito e a Esposa dizem: Vem! E quem escutar [como nós] que repita: Vem. E quem tiver sede [como todos nós], venha. E quem quiser receba gratuitamente a água da vida" (22,17). *Veni, Spiritus Creator, veni!*

XI
A Igreja: sacramento do Espírito Santo

A segunda grande obra do Espírito Santo foi a criação da comunidade dos seguidores de Jesus, a Igreja. Esta se apresenta como uma realidade complexa. Três elementos entram em sua constituição: o Jesus histórico, morto e ressuscitado, a vinda do Espírito Santo em Pentecostes e os condicionamentos socioculturais.

1 A morte e a ressurreição de Jesus: pré-condições do nascimento da Igreja

A Igreja não pode ser pensada sem Jesus Cristo. Mas ela não é, como se dizia em outras obras, nos quadros de uma visão eclesiocêntrica, o Cristo continuado na história. Ela continua e aprofunda, na verdade, a causa de Cristo, mas não é o Cristo, pois suas naturezas são diferentes. Jesus, sendo homem, é Deus. A Igreja, sendo humana, não é Deus, embora possua elementos divinos.

A relação entre Cristo e Igreja não é linear, pois entre ambos há uma ruptura que é a execução de Jesus na cruz e o abandono dos discípulos, com exceção das mulheres que sempre lhe foram fiéis.

Nos propósitos de Jesus não estava a Igreja, mas o anúncio e a inauguração do Reino de Deus (Mc 1,15; Mt 4,17). À exceção do Evangelho de São Mateus (Mt 16,18;

18,18), que se refere três vezes à Igreja, os demais evangelistas, Marcos, Lucas e João não conhecem esta palavra: "igreja". Tudo está centralizado na mensagem do Reino de Deus. Jesus "fracassou" porque não ocorreu a adesão do povo à boa-nova do Reino e deu-se a traição de Pedro e a fuga de seus seguidores.

Ele pregou o Reino, mas em seu lugar veio a Igreja, numa feliz e correta expressão de Alfred Loysi (1857-1940, *L'Evangile et l'Eglise*,1902, p. 111). A perspectiva de Jesus era apocalíptico-escatológica, pois dava por iminente a irrupção do Reino: "em verdade vos digo: há alguns dentre os que estão presentes que não hão de experimentar a morte enquanto não virem o Reino de Deus chegar em poder" (Mc 9,1); "em verdade, vos digo: não acabareis de percorrer as cidades de Israel antes que venha o Filho do Homem" (Mt 10,13); "em verdade vos digo: não passará esta geração sem que tudo isso aconteça" (Mc 13,30). Jesus, porém, assegura que a hora exata da irrupção do Reino só o Pai sabe (Mc 13,32; Mt 24,42-44), mas sua convicção e de toda a comunidade primitiva era de que o Reino estava próximo, e bem próximo.

Jesus também colocou ações que sinalizavam simbolicamente esta irrupção iminente. Assim, a constituição dos Doze significava um sinal do refazimento das doze tribos de Israel dispersas, um sinal escatológico que a exegese bem o mostrou (cf. RATZINGER. J. *O destino de Jesus e a Igreja*, 1969, p. 14) . O que importa aqui é o número doze, e não os doze *Apóstolos*. Isso fica claro no Evangelho de Marcos, que somente fala dos Doze (Mc 3,14-16; 4,10; 6,7-35; 9,35;10,32; 11,11; 14,10-17). Somente após a ressurreição e Pentecostes, quando decidem missionar o mundo, chamam-se de Doze *Apóstolos*, vale dizer, os Doze *Enviados*.

Outro sinal apocalíptico-escatológico é a Última Ceia. Jesus celebrou muitas ceias, especialmente com pecadores, para sinalizar que a graça e o perdão eram oferecidos gratuitamente por Deus a todos. Mas a Última Ceia possui um caráter especial e eminentemente escatológico, como uma antecipação da ceia celestial no Reino.

Ela não possui ainda qualquer relação orgânica com a Igreja, como aparece claramente na versão dada por São Lucas. Aí se diz: "Tendo desejado ardentemente comer convosco esta Páscoa, antes de sofrer, digo-vos: de agora em diante não tornarei a comê-la até que ela se cumpra no Reino de Deus; e recebendo o cálice, deu graças e disse: tomai e distribuí entre vós, pois vos digo: já não tornarei a beber o fruto da videira até que venha o Reino de Deus" (Lc 22,15-19).

Os textos falam por si e mostram quais eram as expectativas de Jesus. Somente depois da ressurreição e de Pentecostes, ao se estabelecerem as comunidades eclesiais, a ceia será reassumida, interpretada e celebrada como a presença do Ressuscitado, como a atualização de seu gesto sacrificial e como lugar de coesão comunitária. É, então, Eucaristia.

A existência da Igreja depende de duas pré-condições: o "fracasso" de Jesus, pois foi rejeitado e executado. Se o Reino tivesse sido aceito, não haveria lugar para a Igreja, só para o Reino. A Igreja, portanto, surgirá posteriormente como esforço de retomada da pregação de Jesus do Reino, levando seu sonho para o mundo afora. Mas isso só foi possível porque ocorreu a ressurreição. Ela mostrou que o "fracasso" não foi total. A ressurreição é a resposta de Deus à fidelidade de Jesus. Ela significa a realização do sonho do Reino na pessoa de Jesus. Nele se dá a completa renovação do mundo. Ele constitui uma miniatura do fim bom da criação querida por Deus. Portanto, a morte e a ressurreição criam o espaço para o surgimento da Igreja.

2 O nascimento histórico da Igreja em Pentecostes

Esta visão seria incompleta e a Igreja não teria se constituído concretamente se não tivesse ocorrido um fato misterioso e inusitado, que foi Pentecostes (At 2). O Espírito Santo, como o Espírito de Cristo, desce sobre a comunidade amedrontada em forma de línguas de fogo, fazendo com que cada um começasse a falar em línguas. Judeus e outras pessoas piedosas, vindas de várias partes do mundo, escutando aquele falatório, acorreram para ver o que estava acontecendo. Perplexos, ouvem que estão falando na língua deles: partos, medos, gente da Ásia, do Egito, da Líbia e outros (At 2,1-13). Todos entendiam a mesma mensagem em suas próprias línguas.

A confusão das línguas, produzida em Babel, que fazia com que ninguém mais entendesse ninguém, é superada. Mantida a diversidade das línguas, todos escutavam a mesma mensagem libertadora anunciada por Pedro: Jesus foi crucificado, mas agora está vivo e ressuscitado, constituído em Senhor e Cristo (At 1,36); Ele trouxe a reconciliação com Deus para todos os que crerem nele. Efetivamente, muitos "sentindo-se tocados no íntimo do coração" (At 2,37) se converteram, foram batizados e receberam eles também o Espírito Santo (At 2,38).

Assim nasceu a Igreja em Pentecostes pela irrupção do Espírito Santo. Inicialmente a comunidade apostólica ficou ainda em Jerusalém, frequentando o templo. Seguramente esperavam ainda o fim dos tempos, pois a profecia antiga dizia que um dos sinais deste fim era a efusão do Espírito sobre toda a carne, como foi anunciado pelo Profeta Joel e que Pedro em sua fala ao povo o refere explicitamente (At 2,17-21; Jl 3,1-5). Pentecostes se apresentava para eles como a concretização daquela profecia antiga.

Nessa convicção do fim próximo não fazia sentido possuir bens e acumular. Venderam tudo e colocaram tudo em comum, e viveram um comunismo originário de consumo (At 2,42-45). E como louvor se acrescenta que não havia pobres entre eles.

Lentamente, porém, deram-se conta de que o fim dos tempos não acontecia. Descobrem que ainda há tempo e história pela frente. Seria o tempo do Espírito e da difusão da mensagem de Jesus, tempo da Igreja. Havia ainda outros motivos: as dificuldades de converter os judeus, a perseguição e torturas aos membros da Igreja, o martírio de Tiago, morto a espada a mando de Herodes (no ano 42: At 12,1-6), a prisão de Pedro e especialmente a surpresa da conversão de helenistas e de um alto oficial romano, Cornélio (At 10). Chegou o momento de uma decisão: romper o pequeno mundo judaico e dirigir-se aos pagãos.

Mas uma questão espinhosa, entretanto, tinha de ser resolvida: Seria obrigatório manter a circuncisão (o batismo judaico) como forma de mostrar a continuidade entre o judaísmo e o cristianismo, ou se poderia prescindir dela e inaugurar um caminho novo, só cristão? (At 15,1-6). Houve longa polêmica entre os apóstolos na presença de

Paulo e de Barnabé. Decidiu-se realizar o famoso Concílio de Jerusalém (At 15,6-33), no qual as partes foram ouvidas, cada qual com seus argumentos. Por fim, chegaram à conclusão de que "não se deveria inquietar os convertidos pagãos" (At 15,18).

Foi então que se pronunciou a famosa palavra que será sempre repetida ao largo dos séculos, quando na Igreja se tomam decisões vinculantes para todos: "Pareceu bem ao Espírito Santo e a nós não vos impor nenhum outro encargo mais do que os necessários" (15,28). E então se tomou a decisão de que os neoconvertidos do paganismo não precisariam passar pela circuncisão judaica. Será a conversão e o batismo que os farão membros da comunidade cristã. Triunfou a liberdade cristã, tão propugnada por Paulo, o príncipe do evangelho da liberdade dos filhos e filhas de Deus.

Mais e mais cresce a convicção de que o Ressuscitado não é aquele que vem para julgar os vivos e os mortos, mas aquele que foi, que subiu aos céus, como o mostra São Lucas nos Atos dos Apóstolos, ao narrar a ascensão de Jesus (At 1,6-11). Com a protelação da vinda do Reino, agora a Igreja pode olhar para frente e organizar-se para a missão.

É nesse momento que ocorre um arrojado processo de releitura da vida e da obra de Jesus. A comunidade apostólica vai transformar os Doze que, como número, possuíam um valor simbólico, em doze *Apóstolos* (em grego: os enviados, os missionários) e vai organizar-se em comunidades, estabelecerá suas lideranças ("bispos", presbíteros, diáconos e outros serviços comunitários, muitos de natureza carismática). Compilará a mensagem de Jesus, esparça nas várias comunidades (provavelmente na forma de cadernos: caderno das palavras de Jesus, caderno dos milagres, caderno das parábolas, caderno do relato da paixão, morte e ressurreição e outros). Costuram esses materiais, dando-lhes certa ordem a partir de um fio teológico condutor. Assim, surgem os quatro evangelhos, cujos compiladores/redatores vêm sob os nomes de Mateus, Marcos, Lucas e João, que representam, por sua vez, as comunidades nas quais estavam inseridos. Irá celebrar a Eucaristia como forma de atualizar a presença do Ressuscitado e de sua entrega por amor, e organizará outras celebrações nas quais aparecem os primeiros rudimentos do Credo, documento de identidade da comunidade nascente.

Os avalistas desta nova realidade serão Pedro e Paulo. Pedro, pelo fato de ter sido o primeiro a professar a fé em Jesus como Cristo e Filho de Deus (Mt 16,16). Mas reparemos bem: a Igreja não se constrói sobre a pessoa de Pedro que, logo depois de ter feito sua profissão de fé, por causa de sua incompreensão do destino de Jesus como Servo sofredor, é chamado por Jesus de "pedra de escândalo" e de "satanás" (Mt 16,23). Sua profissão de fé fez com que Jesus mudasse seu nome de Simão para Pedro, e sobre esta pedra, quer dizer, sobre esta profissão de fé "construirei a minha Igreja" (Mt 16,18). Efetivamente, a melhor definição real e concreta de Igreja é esta: *communitas fidelium*: comunidade de fé, constituída por pessoas que professam a mesma fé que Pedro antes havia professado.

O segundo avalista é Paulo. Não conheceu o Jesus histórico (segundo a carne), mas teve sua experiência pessoal do Ressuscitado (segundo o Espírito) quando, a caminho de Damasco, escuta uma voz que lhe diz: "Saulo, Saulo, por que me persegues? Eu sou Jesus a quem tu persegues" (At 9,5-6). Por sua própria conta, sem pedir licença a ninguém, enceta uma vasta missão, especialmente entre os gregos, anunciando-lhes que Jesus é o Filho de Deus.

Este anúncio, além de possuir um conteúdo teológico específico, por colocar Jesus dentro da esfera da divindade e supor a existência do Pai (dizer Filho é supor um Pai), possuía também uma clara e perigosa conotação política. Pois os imperadores reivindicavam para si o título de filho de "Deus". Anunciar que somente Jesus é o único Filho de Deus implicava confrontar-se diretamente com a teologia imperial e correr o risco de crime lesa-majestade. E Paulo tem consciência disso.

Depois de ter feito grandes percursos pela Ásia Menor e pela Grécia, Paulo vai a Jerusalém para se encontrar com as colunas da Igreja originária, Pedro e Tiago (At 15,3: Gl 1,19). É reconhecido em sua missão específica. Dá-se então uma espécie de divisão religiosa do trabalho: Pedro prega aos judeus, Paulo aos gentios. Mas ambos convergem na mesma doutrina básica sobre o significado da morte e da ressurreição de Jesus, Filho de Deus e Salvador, e da ação do Espírito Santo que inflama as comunidades com seus dons e com seu entusiasmo.

O Evangelista Lucas coloca na boca do Ressuscitado um audacioso projeto missionário: "o Espírito Santo descerá sobre vós e vos dará força e sereis minhas testemunhas em Jerusalém, em toda a Judeia e Samaria, até os confins da Terra" (At 1,8).

São Lucas confere centralidade ao Espírito, que dá à Igreja uma dimensão universal. Ela foi enviada a falar todas as línguas. Por isso, ele, nos Atos, fez questão de enumerar 12 povos diversos que ouvem em suas próprias línguas a novidade do Cristo salvador. Segundo a compreensão oriental, suposta por Lucas e conhecida por seus ouvintes, cada povo estava consagrado a uma figura do zodíaco. Os povos citados por ele (At 2,9-11), partos, medos, elamitas etc. correspondem exatamente, até segundo a ordem, às figuras do zodíaco. Com isso, pretendia nos transmitir a convicção de que a Igreja possui uma dimensão universal (cf. BOFF, L. *Eclesiogênese*. Record, 2008).

Na verdade, ela possui as mesmas dimensões do Ressuscitado e de seu Espírito, que é sempre o Espírito de Cristo. Em razão desta perspectiva, Santo Ireneu podia dizer: "Onde está a Igreja aí está o Espírito de Deus, e onde está o Espírito de Deus aí está a Igreja e toda a graça" (*Adversus Haereses*, III, 38, 1).

A Igreja vive do Espírito, é o sacramento do Espírito Santo. Reparando-se bem, como vimos nos capítulos anteriores, o Espírito está na raiz de todas as grandes obras: da criação (Gn 1,1), da criação do povo de Israel, do surgimento de líderes políticos (Jz 13,25; 1Sm 11,6), da irrupção de profetas inflamados (Jl 3), da sua vinda definitiva sobre Maria, da concepção de Jesus, da sua experiência vocacional por ocasião do batismo por João Batista, da vinda estrepitosa sobre toda a comunidade reunida ao redor dos Apóstolos em Jerusalém na Festa de Pentecostes. É Ele que inspira a decisão de ir aos gentios ("pareceu bem ao Espírito Santo e a nós": At 15,28), dando, desta forma, concretude à Igreja nascente, de cunho universal e não como uma "seita dos nazarenos" (At 24,5; 28,22) e, por fim, está presente na epíclese eucarística, quando é invocado para transformar o pão e o vinho no Corpo e no Sangue do Senhor.

3 Os carismas: princípio de organização comunitária

A eclesiologia escolar tomava o corpo físico de Cristo como modelo comparativo para a Igreja, tida como o corpo místico de Cristo. Assim como o corpo possui vários membros com funções diversificadas, de forma semelhante na Igreja existem muitos membros com funções específicas. Desta forma argumentava a conhecida encíclica *Mystici Corporis Christi*, de Pio XII (1943), que deduzia a visibilidade, a pluralidade e a unidade da e na Igreja a partir do corpo físico de Jesus.

Importa notar que este tipo de eclesiologia não toma em conta as profundas transformações pelas quais passou o corpo de Cristo pelo fato da ressurreição. De corpo carnal, ele foi transformado em corpo espiritual (1Cor 15,44ss.). Corpo espiritual constitui a realidade nova de Jesus ressuscitado, agora assumindo as características do Espírito, não mais encapsulado ao espaço-tempo, mas livre e com uma dimensão cósmica, como é enfatizada por Paulo nas epístolas aos Efésios e Colossenses. Aí emerge o Cristo cósmico, feito Espírito (2Cor 3,17), quer dizer, ganhando as características e as dimensões do Espírito que enche a face da Terra e que "sopra onde quer" (Jo 3,7) e "onde reina o Espírito do Senhor, aí reina a liberdade" (2Cor 3,17).

A Igreja é o corpo de Cristo ressuscitado e espiritualizado. Se este corpo não conhece mais limitações, então a Igreja, que é seu corpo, também não pode encapsular-se dentro dos espaços estanques de sua doutrina, de seus ritos, de sua liturgia e ordenação jurídica. Importa captar as emergências do Espírito para além do espaço eclesial, na evolução e na história, e crescer com elas, tendo a coragem de aperfeiçoar-se e tornar-se mais funcional às mutações inevitáveis. Essas emergências não estão fora da ação do Espírito porque a história da salvação não é uma alternativa à história humana, mas se realiza dentro dela.

Ela deve aprender a ver a atuação do Espírito em todos os que vivem na verdade e no amor, nos movimentos sociais, nas lutas por justiça e por direitos, no meio dos pobres (chamado pela liturgia de Pentecostes de "pai dos pobres"), que participam da paixão de Cristo e que querem ressuscitar. Portanto, o Espírito atuando para além do espaço eclesial e chegando sempre antes do missionário, porque se faz presente em todos os lugares e pessoas que vivem o amor, o perdão, a compaixão, a solidariedade e o cuidado da criação.

Caso a Igreja se fechar ao Espírito, corre o risco de se enrijecer, tornar-se um reduto de conservadorismo e instrumento de opressão, e então fazer-se um contrassinal da vitalidade do Espírito.

O Espírito anima uma forma específica de organização eclesial, diversa daquela clássica estruturada ao redor da *sacra potestas* (poder sagrado), distribuída em poucas mãos: papa, bispos, presbíteros, diáconos. Esta vingou historicamente, mas trazendo permanentes tensões internas porque não se funda numa comunhão igualitária ("num mesmo Espírito somos todos batizados e a todos nos foi dado beber de um só Espírito": 1Cor 12,13), mas numa comunhão hierárquica que traduz uma contradição nos termos, pois a comunhão, como conceito, anula as hierarquias e apenas tolera diferenças de funções em benefício de todos, mas dentro de uma igualdade fundamental de todos os filhos e filhas de Deus e irmãos e irmãs uns dos outros.

Para Paulo a Igreja é uma comunidade habitada pela presença do Ressuscitado e animada pelo Espírito, comunidade de carismas e serviços. O carisma para ele não é algo extraordinário, mas algo cotidiano. Carisma significa simplesmente a função que cada um desempenha dentro da comunidade para o bem de todos (1Cor 12,7; Rm 12,4; Ef 4,7). Não existe nenhum membro não carismático, vale dizer, ocioso, sem ocupar um determinado lugar na comunidade (Rm 12,5).

Todos gozam de igual dignidade; não cabem privilégios que desestruturam a comunidade: "o olho não pode dizer à mão: não preciso de ti; nem tampouco a cabeça aos pés: não necessito de vós" (1Cor 12,21). A regra de ouro é esta: "Todos os membros tenham igual cuidado uns para com os outros" (1Cor 12,25).

Quão diferente é este estilo de organização daquela hierarquizada na qual alguns acumulam todo o poder, da palavra e da decisão, e ditam ao leigo: "Tu, escuta, obedece, não perguntes e faze". É a completa dominação da cabeça sobre os pés, das mãos sobre o coração. Aqui se esquece, lamentavelmente, que a Igreja não está construída apenas sobre os Apóstolos, testemunhas privilegiadas da convivência com Jesus, daí sua autoridade, mas também sobre os profetas (Ef 2,20) e os doutores (Ef 4,1; 1Cor 12,28). A hierarquia é um estado carismático, de direção e criação de união, mas não pode recalcar outros carismas, como frequentemente ocorre. Por isso, é severa a admoestação de Paulo: "Não afogueis o Espírito" (1Ts 5,19).

A atuação do Espírito na comunidade se mostra por uma vasta "pluralidade de dons" ou "carismas" (1Cor 12,5). Tem a ver com serviços, elencados pelo Apóstolo (1Cor

12,8-10; Rm 12,6-7; Ef 4,11-12): alguns atendem a necessidades conjunturais, como o serviço da misericórdia (Rm 12,8) ou da exortação (Rm 12,8), das curas e dos milagres (1Cor 12,9); outros atendem às necessidades estruturais permanentes, como a de ensinar, de dirigir, de discernir os espíritos (1Cor 12,10; Ef 4,11; Rm 12,8), necessidades mais permanentes que devem sempre ser atendidas. Disso resulta uma Igreja como comunidade fraternal, perseguindo os mesmos propósitos de santidade e de testemunho, dentro de um mundo decadente e até hostil.

Podemos dizer que esta forma de organizar a Igreja não ficou só nos primórdios. Ela é hoje atualizada nas Comunidades Eclesiais de Base, nas quais todos participam e distribuem entre si os diferentes serviços, ou mesmo nos grupos carismáticos e na vida religiosa onde predomina a comunhão, a fraternidade, a convivência das diferenças vistas como riqueza, e não como desigualdade.

4 O carisma da unidade: um entre outros carismas

Na comunidade cristã coexiste todo tipo de carisma-serviço: "cada um tem de Deus o seu próprio carisma, um de um modo, outro de outro" (1Cor 7,7), pois "a cada um é dada a manifestação do Espírito para a utilidade comum" (1Cor 12,7). Todos os carismas são constitutivos da Igreja. Mas deve reinar certa ordem entre eles, senão ocorrem sobreposições, concorrências e confusões, como Paulo denuncia na Carta aos Coríntios (1Cor 12,12-31).

Há alguns que falam em línguas de forma excessiva, a ponto de ninguém entender nada. Daí Paulo recomenda: "prefiro falar cinco palavras que compreendo, para instruir também os outros, do que falar dez mil palavras em línguas" (1Cor 14,19), que ninguém entende. E deve haver alguém que interprete: "se não houver intérprete, fique calado e fale consigo mesmo e com Deus" (1Cor 14,28).

Para equacionar eventuais conflitos, Paulo propõe o melhor dos caminhos (1Cor 12,31), que é o amor, cujo elogio se transformou numa das peças mais realistas e profundas da literatura bíblica e universal (1Cor 13,1-13), porque o amor "é paciente, benigno, não é invejoso, nem orgulhoso, nem se ensoberbece, não é descortês, nem interesseiro, nem se irrita e guarda rancor, não se alegra com a injustiça, mas se compraz com a verdade; tudo desculpa, tudo crê, tudo espera e tudo tolera; o amor nunca acabará [...] e é a mais excelente das realidades" (1Cor 12,4-8.13).

O amor é uma atmosfera que deve pervadir todas as relações. Entretanto, o amor sozinho não pode tudo, como insinua o texto de Paulo referido acima. Junto com ele deve vir toda a corte de tantas outras virtudes, referidas, senão o amor fica apenas um sentimento e não um projeto de vida de abertura e acolhida a todos.

Há uma questão que deve ser permanentemente equacionada em toda e qualquer comunidade: Quem confere coesão interna e coordena todos os carismas para que eles sirvam a todos? Aqui se faz necessário um carisma, que é um entre outros, mas com uma singularidade: trata-se de um carisma de integração, de coordenação e de animação. Não comparece como um carisma de acumulação, subordinando e até anulando os outros carismas. Mas tem a ver com um carisma com capacidade de sintetizar, re-unir, articular, reforçar uns e desestimular outros que estão se excedendo, para não prejudicar o fluxo de vida da comunidade. É a função do carisma de "direção, presidência, assistência e governo" (1Cor 12,18; 16,16; 1Ts 5,12; Rm 12,8).

De modo geral, podemos dizer que no Segundo Testamento não existem ministérios propriamente ditos, mas simplesmente ministros. Assim, em vários outros lugares se fala dos *episkopoi* (bispos), de *presbiteroi* (presbíteros) e de *diakonoi* (diáconos). Tanto o bispo, o presbítero e o diácono, fundamentalmente, não estão ligados aos sacramentos e ao culto. A função do bispo, em sua acepção original, é vigiar e ordenar para que tudo na comunidade corra a contento. O diácono é um assistente ou coadjuvante na direção da comunidade. O presbítero está ligado à tradição judaica: era alguém do grupo dos veneráveis e mais idosos, supostamente com mais sabedoria e prudência e que, por isso, coordenava a vida comunitária. Portanto, para escândalo de nossos ouvidos habituados a titulaturas bizantinas, cortesãs e palacianas (Monsenhor, Sua Reverendíssima, Sua Excelência, Sua Eminência, Sua Santidade), o Segundo Testamento utiliza termos profanos que significam meras funções de serviço, de animação e de direção.

Carisma específico dos que ocupam funções de direção na comunidade não pode ser, portanto, a de *acumular, mas a de integrar*. Visa criar a harmonia necessária entre todos os carisma e assim gerar a unidade complexa e rica da comunidade eclesial.

Como pode se supor, esse carisma tão essencial inclui outros carismas, como o do diálogo, o da paciência, o da escuta atenta, o da serenidade, o do bom-senso e o do discernimento, para perceber onde há em alguns a vaidade de aparecer, de se autopromover ou de tirar vantagens de seu carisma. Importa saber admoestar, ter a coragem de coibir excessos para não afogar outros carismas mais simples e até pouco visíveis.

Atualmente, esta função é exercida nas comunidades de base pelo coordenador ou coordenadora, ou melhor, pelo grupo de animação e coordenação; na paróquia, pelo pároco; na diocese, pelo bispo; e na Igreja universal, pelo papa. Por causa do carisma da unidade, geralmente são eles que presidem as celebrações, são os primeiros responsáveis pela correta transmissão da fé e pela coordenação da caridade. Mas sempre em relação orgânica com a comunidade e seus carismas, para que sua função não se substantive, não se autonomize, nem degenere (é a tentação permanente do poder) em autoafirmação excessiva, prepotência e mandonismo.

5 A convivência necessária entre os modelos de Igreja

Lamentavelmente, esse modelo carismático de Igreja não vingou na história. Ficou como que um espírito e uma atmosfera, que é a de entender a Igreja como comunidade e comunhão, à luz da comunhão da Trindade. Apesar da estrutura hierárquica, esse espírito era forte durante todo o primeiro milênio da história da Igreja. Mesmo assim, nunca chegou a ser hegemônico. Por razões que não cabe aqui detalhar, predominou a concepção da Igreja como sociedade perfeita, hierarquizada, dividida em dois corpos: o corpo sacerdotal e o corpo laical, ou os clérigos de um lado e os leigos do outro.

São dois mundos rigorosamente distintos e separados, como se vê na declaração do Papa Gregório XVI (1831-

1846): "Ninguém pode desconhecer que a Igreja é uma sociedade desigual, na qual Deus destinou a uns como governantes, a outros como servidores. Estes são os leigos, aqueles os clérigos". Pio X (1835-1914) radicalizou ainda mais o muro que os separa: "Somente o colégio dos pastores tem o direito e a autoridade de dirigir e governar; a massa não tem direito algum a não ser o de deixar-se governar qual rebanho obediente que segue seu Pastor" (BOFF, L. *Igreja: carisma e poder*, 1982, p. 218). Aqui se identifica função com fração. Não se trata, numa sã eclesiologia, de duas frações na Igreja, mas de duas funções distintas, todas como expressões da comunidade e serviço da comunidade.

O Concílio Vaticano II (1962-1965) quis equilibrar essa equação, considerando primeiramente a Igreja como povo de Deus (cap. II da *Lumen Gentium*) e somente em seguida a constituição hierárquica da Igreja (cap. III). Mas essa inversão foi anulada pela eclesiologia curial do Vaticano, apoiada pelos papas João Paulo II e Bento XVI, que conferiram centralidade às estruturas de poder sagrado sobre aquelas da comunhão entre todos, impedindo a esperada renovação institucional da Igreja. O sínodo dos bispos, a colegialidade episcopal, o dicastério dos leigos foram esvaziados. Foram feitos apenas órgãos consultivos sem qualquer poder decisório sobre os caminhos da Igreja. Tudo ficou concentrado na figura do papa. Representa uma tarefa tão imensa e sobre-humana que o Papa Bento XVI sentiu sua impotência e que não tinha o vigor necessário, nem corporal, nem psíquico e também espiritual para dirigir a Igreja. Coerentemente, fez um gesto inusitado de humildade, e no dia 28 de fevereiro de 2013 renunciou ao papado. Na eleição do Papa Francisco novos ares primaveris entraram na Igreja. Entende-se mais como bispo de Roma, que preside na caridade, do que papa com poder monárquico. Fez uma revolução no papado, desfazendo-se de todos os símbolos de poder.

A concepção dos papas Gregório XVI e de Pio X, referidas acima, está a anos luz da mensagem de Jesus, que com todas as letras ensinou: "Não vos deixeis chamar de mestres, porque um só é vosso mestre e todos vós sois irmãos e irmãs" (Mt 23,8). Ou a sentença libertadora de Paulo: "Todos vós que fostes batizados em Cristo, vos revestistes de Cristo. Já não há judeu nem grego, nem escravo nem livre, nem homem nem mulher [e nós acrescentaríamos: 'Nem clérigo nem leigo'], pois todos vós sois um em Cristo Jesus" (Gl 3,26-28).

Essa concepção clericalista e exclusivista começou a penetrar na Igreja a partir do ano 325, quando o imperador romano Constantino atribuiu uma função política de direção ao corpo clerical, ganhando caráter oficial a partir de 392, quando o Imperador Teodósio († 395) fez do cristianismo a única religião oficial do Estado. A partir de então a categoria *sacra potestas* (sagrado poder) serviu de eixo estruturador de toda a Igreja. Leão Magno, assistindo a derrocada do Império, assumiu o título próprio dos imperadores, o de papa, deu uma interpretação estritamente jurídica às palavras de Jesus a Pedro, e assim marcou o rumo futuro da Igreja como um poder político, com aquilo que acompanha todo o poder: a magnificência, os palácios e os hábitos corteses. A vestimenta, antes própria dos imperadores, como a púrpura, o báculo de ouro, a cobertura dos ombros (mozeta), a estola com os símbolos do poder, foram assumidos pelos papas, que passaram a ser senhores do mundo, à revelia de tudo o que Cristo queria.

Agora tudo vai girar ao redor do poder sagrado que, por sua vez, para se fortalecer, alia-se a outros poderes. A grande virada mesmo ocorreu em 1075, quando o Papa Gregório VII († 1085) com seu decreto *Dictatus Papae* (a ditadura do papa) se proclamou portador dos dois poderes: do político e do religioso. Tal golpe foi tão excessivo, mas assumido também por outros papas como Eugênio III († 1152), a ponto de São Bernardo († 1153) chegar a fazer--lhe uma admoestação dizendo que "esse papa era mais sucessor de Constantino do que de Pedro".

Efetivamente, os papas não se entenderam mais como sucessores do humilde pescador, Pedro. Fizeram-se sucessores do Cristo glorioso, esquecendo-se totalmente do Cristo pobre do presépio e desnudo na cruz. Mais ainda, anunciaram-se como representantes de Deus, como o declarou Inocêncio IV († 1254). Coerentemente, o Papa Nicolau V († 1455), pelo Tratado de Tordesilhas, decidiu, como se fosse "Deus" mesmo, entregar a posse do mundo descoberto e a descobrir a Portugal e à Espanha, com o direito de se apoderarem das terras e das riquezas dos povos, de submeterem e escravizarem a todos os que resistissem à conversão à fé cristã e ao reconhecimento da soberania dos respectivos reis.

O círculo do poder se fechou quando, sob Pio IX, em 1870, o Concílio Vaticano I declarou o papa infalível, sempre que oficialmente ensina e se pronuncia em matéria de moral e de costumes, com um poder que o coloca à altura de Deus, "poder supremo, ordinário, pleno, imediato e universal" (cânon 331).

Esta escalada da Igreja hierárquica na direção do poder e mais poder fez com que ela se distanciasse do povo de Deus e dos pobres. Onde o poder predomina fecham-se as portas ao amor e à misericórdia. A instituição, fundada no poder, torna-se facilmente rígida e inflexível, conservadora e hostil a toda a inovação. Os carismas são colocados sob suspeita e os místicos vigiados, quando não perseguidos. Ela acaba obedecendo à lógica de todo o poder, bem descrita por Hobbes em seu *Leviatan*: "O poder quer sempre mais poder, porque não se pode garantir o poder senão buscando mais e mais poder".

O grave nesse percurso é que ele nunca foi desmentido, corrigido e colocado sob a crítica purificadora do Evangelho e da prática de Jesus: humilde, pobre, profeta perseguido e servo sofredor. Assim, temos hoje uma hierarquia que conserva e ostenta hábitos palacianos e corteses. Está mais próxima do palácio de Herodes do que do presépio de Belém.

Nas grandes celebrações transmitidas pela televisão vê-se a pompa principesca, fora de moda e bizarra, dos cardeais e dos bispos, que com garbo desfilam sua indumentária rica e colorida. Constitui verdadeiro escândalo, percebido pelos simples fiéis, ver a suntuosidade de uma missa de Natal na Basílica de São Pedro em Roma, quando a comparamos com o que se lê no Evangelho da festa que fala da rudeza e da pobreza da gruta de Belém, lugar de animais e onde se deu o nascimento do Filho de Deus.

Esta contradição parece não ser percebida por aqueles que se julgam os sucessores dos Apóstolos, não mais meros pescadores, mas feitos príncipes com as parafernálias e palácios próprios dos príncipes deste mundo. Sobre as pedras do Vaticano Jesus jamais construiria sua Igreja. Mas seguramente sobre os tijolos dos centros comunitários, onde os pobres se reúnem para ouvir e meditar o Evangelho de Jesus.

Atualmente confrontam-se, de forma desigual, dois modelos de Igreja: um societário, piramidal, hierárquico, centralizador e desigual, e outro comunitário, horizontal, descentralizado e igualitário. O primeiro apela para o Cristo glorioso, o segundo para o Espírito, "pai dos pobres, luz dos corações e grande consolador". Este modelo está mais próximo da Igreja dos primórdios, comunidade de irmãos e irmãs, seguidora do Jesus humilde e pobre, mas animada pelo Espírito que se manifesta pelos vários serviços comunitários (carismas). Ela se inspira no sonho de Jesus, que é seu Reino de amor, de justiça, de perdão e de misericórdia, na consciência de que todos são filhos e filhas de Deus no Filho Jesus.

A outra, a hierárquica piramidal, é devedora das injunções históricas pelas quais passou a hierarquia, sempre às voltas com tensões e conflitos religiosos (heresias, enfrentamento da Igreja do Oriente com a do Ocidente) e políticos (disputa de poder com reis e príncipes, pondo-os e depondo-os, sendo perseguida e perseguindo). Esse modelo de Igreja não passou pela prova evangélica do poder como serviço. O que predominou foi a hierarquia (sagrado poder), e não a hierodulia (sagrado serviço), ideal proposto por Jesus e os Apóstolos (Mc 10,42-45; Mt 23,11), mas traído pelo atual modelo de instituição, vastamente degenerescente e, em alguns estratos, corrupta.

Nem por isso, esse modelo de Igreja deixou de ter dentro dele grandes santos e santas, homens e mulheres, padres, religiosos, religiosas, bispos, cardeais e até papas proféticos, com virtudes eminentes que, apesar dessas contradições e com elas, viveram o sonho de Jesus do Reino de Deus e testemunharam o espírito das bem-aventuranças. Mesmo em vasos frágeis e, por vezes, maculados, conservou o conteúdo evangélico e a herança de Jesus. Por isso, devemos assumir essas sombras como sombras de nossa própria Igreja, santa e pecadora que, não obstante, nunca deixa de irradiar a luz do Cristo e a animação do Espírito.

O modelo de Igreja comunhão e rede de comunidades significa um espírito que desafia sempre a Igreja sociedade e Igreja hierarquia de poder a medir-se com a prática de Jesus e realizar dentro de si, não obstante os estreitos limites que possui, o valor da comunhão, que é o dado supremo da fé, pois constitui a essência mesma do Deus-Trindade, que é eternamente a comunhão do Pai, do Filho e do Espírito Santo. Estes modelos convivem, não sem tensões, sem que até hoje houvesse uma ruptura cismática.

O futuro da Igreja, na fase planetária da humanidade, possivelmente caminhará na direção da visão paulina, de pequenas comunidades que se inserem nas diferentes culturas, ganham rostos próprios, acolhem as diferenças e se articulam com outras igrejas cristãs e religiões para salvaguardar a chama sagrada do Espírito que arde dentro de cada pessoa, na história dos povos e da humanidade inteira e, por que não dizer, no coração do próprio universo em evolução. É a presença do Reino de Deus, do qual a Igreja, num modelo ou noutro, é o sacramento do Cristo e de seu Espírito, a Igreja de Deus.

XII
Espiritualidade: vida segundo o Espírito

Os cristãos na Igreja renovada, especialmente na América Latina, desenvolveram toda uma espiritualidade do seguimento de Jesus vivo, morto e ressuscitado. Seguir Jesus é participar de sua vida, assumir seu projeto de Reino, orientar-se por sua prática de amor incondicional, especialmente para com os pobres e eventualmente sofrer o mesmo destino que Ele sofreu. O que ocorreu com muitos martirizados por causa de seu compromisso com a justiça dos pobres e por sua libertação: leigos, homens, mulheres, religiosos e religiosas, padres e até bispos.

Agora importa completar a espiritualidade do seguimento de Jesus com a espiritualidade inspirada pela Teologia do Espírito Santo. Cunhou-se a expressão, tirada de São Paulo, de "uma vida segundo o Espírito" (Gl 5,16.25). O próprio do Espírito é ação e presença em tudo e em todos, mas de modo mais denso lá onde a realidade se encontra vulnerada e a vida mais ameaçada. Vamos identificar algumas linhas de ação do Espírito. Primeiro aprendamos a lição que o universo nos dá.

1 O Espírito: a energia que tudo penetra e anima

Muitos cosmólogos, como por exemplo um dos maiores deles, Brian Swimme, sustentam que todo o universo e cada um dos seres, como vimos anteriormente, é continuamente criado, penetrado e sustentado pela misteriosa e inominável Energia de Fundo. Ela se cristaliza mediante quatro grandes expressões: a força gravitacional, a eletromagnética, a nuclear fraca e a forte. Swimme a denomina o "Abismo gerador de todos os seres". Essa Energia está além do "Muro de Planck", aquele ponto mais recuado que podemos ir, intransponível, no tempo e espaço zero, imediatamente anterior ao *big-bang*. Nós somente captamos o que vem após essa primeira e inauguradora singularidade. Esse "Antes" do antes é o que a teologia costuma chamar de *Spiritus Creator*, o Espírito Criador.

Em termos de espiritualidade significa: em cada contato que fizermos com qualquer um dos seres inanimados e animados, estamos entrando em comunhão com essa Energia originária, sem a qual nada existe e se sustenta. Não basta saber sobre esta Última Realidade. Importa senti-la, celebrá-la, reverenciá-la e deixar que Ela nos penetre e nos anime o corpo e a mente. Assim viveremos, desde o início, uma espiritualidade cósmica, no estilo de São Francisco. Ele sentia que as coisas que o cercavam, as flores do campo, o pássaro na rama e a pessoa que encontrava, estavam sendo criadas e sustentadas permanentemente pelo Espírito. Vivia esta experiência em termos de uma irmandade universal: o irmão sol, a irmã lua, o irmão lobo e até os irmãos ladrões.

Há três características do processo da cosmogênese nas quais podemos, com fé e ciência, perceber a ação do Espírito.

A primeira consiste na *complexidade* do único e imenso processo evolucionário. São inúmeras energias e partículas originárias que dão origem a um sem-número de seres. O

Espírito se derrama em todas as direções. A realidade não é simples, mas extremamente complexa, vale dizer, composta de incontáveis fatores, energias e elementos que se relacionam e se compõem para permitir a eclosão do ser. Só no nosso planeta azul, a Mãe Terra, existem trilhões e quatrilhões de microorganismos, bilhões e bilhões de seres vivos; numa palavra, uma riquíssima biodiversidade.

Em termos de espiritualidade significa: quando abrimos todos os nossos sentidos para nos deixar afetar por essa complexidade, estamos fazendo uma experiência da diversidade dos dons do Espírito, dos infinitos canais que se derivam desta Fonte criadora de seres e de vida. Extasiamo-nos, enchemo-nos de encantamento e podemos chegar ao êxtase da contemplação, que nos deixa silenciosos e reverentes.

A segunda característica é a *interconexão*. As energias todas, mesmo aquelas virtuais perambulando dentro do Campo de Higgs, os seres existentes, não estão justapostos ou jogados aleatoriamente pelo espaço e pelo tempo. Todos eles se conectam uns com os outros. Na verdade, não existem energias ou seres isolados. Tudo está em relação com tudo. Formam-se redes de interconexões pelas quais todos se fazem interdependentes e com isso se entreajudam para coexistir e continuar a coevoluir.

As partículas elementares (hádrions, topquarks, prótons, nêutrons e outras) formam átomos; os átomos formam seres; seres formam órgãos; órgãos formam organismos; organismos formam corpos e vidas, vidas formam reinos, espécies etc. Em outras palavras, todos formam a grande comunidade cósmica, dinâmica e aberta a novas emergências.

Em termos espirituais podemos inferir: quando contemplamos as miríades de estrelas nas noites escuras, quando nos deixamos fascinar pela harmonia existente entre os seres, uns se compondo com os outros, vivendo dos outros e para os outros, mantendo um equilíbrio misterioso, quando observamos a multiplicidade das culturas, das etnias e das pessoas individuais, não há como subtrair-se à admiração e ao encantamento a que somos tomados, enchendo-nos de contentamento e de indomável assombro. É o Espírito que atua no mundo e dentro de nós.

Por fim, há uma terceira característica do universo, que é a *autopoiesis*, vale dizer, a capacidade que o universo demonstra de expandir-se, complexificar-se, autocriar-se, constituindo um jogo de relações. Essas relações se organizaram já no primeiro momento após o *big-bang*, no interior do Campo Higgs foram se entrelaçando mais e mais, de modo a constituir ordens complexas e cada vez mais estruturadas. Elas revelam altíssima inteligência e um propósito que não pode ser negado.

Olhando para trás, para os já 13,7 bilhões de anos percorridos pelas energias e pela matéria, percebe-se que há uma seta do tempo que aponta sempre para frente e para cima. Da energia o universo passou para a matéria. Da matéria, para a vida. Da vida, para a consciência pessoal. Da consciência pessoal para a consciência coletiva e planetária; da consciência planetária está passando para a consciência transcendente e universal. Por esta razão há cientistas e físicos quânticos que afirmam ser o universo autoconsciente. A consciência está em nós porque primeiro está no universo. Nós, na verdade, somos aquela porção da Terra que sente, pensa, ama, cuida e venera.

Em termos de espiritualidade significa: sempre que descobrimos ordens, complexos organizados, sentidos e significados dados pela natureza ou criados pelos seres humanos no seu afã de plasmarem suas vidas e organizarem o seu habitat, estamos entrando em contacto com o Espírito criador e ordenador, como o acena o Gênesis na sua primeira linha (Gn 1,1). Alarga-se nosso coração, abre-se nossa inteligência e descobrimos que por detrás das ordens explícitas se oculta uma Ordem Implícita, responsável por todas as ordens, como propunha o grande físico, Prêmio Nobel David Bohm. Esse criador e sustentador das ordens explícitas e da implícita não é outro senão o Espírito Santo.

2 O Espírito de vida

"O Espírito é vida" (Rm 8,10). Nada expressa melhor a vida que vem do Espírito do que a dramática descrição que o Profeta Ezequiel faz da reanimação dos ossos ressequidos: "Eu mesmo vou infundir-vos um *espírito* para que revivais; dar-vos-ei nervos, farei crescer carne e estenderei por cima a pele; incutirei um *espírito* para que vivais" (Ez 37,5-6). Jesus, "ungido pelo Espírito Santo, andou fazendo o bem" (At 10,38). Foi o Espírito que ressuscitou Jesus dos mortos.

Afirmar que "o Espírito é vida" equivale dizer que o Espírito está continuamente criando e dando suporte à vida, colocando-se ao lado e dentro daqueles que menos vida têm. Grande parte da humanidade, especialmente na África, na Ásia e na América Latina, vive num mundo estranho e hostil à vida. Há séculos é dominada por outras nações e os bens de suas terras lhes são roubados para garantir a opulência das potências colonizadoras de outrora e que continuam neocolonizando nos dias de hoje. Fez-se uma divisão mundial do trabalho: os países periféricos, economicamente pobres, mas ecologicamente ricos, são condenados a exportar *commodities* (bens naturais, grãos, minérios, água etc.), geralmente sem valor agregado por inovações tecnológicas, e os países ricos exportam-lhes bens tecnológicos a preços altos, sem repassar tecnologia que lhes daria vantagens e autonomia. Trata-se de um processo de neocolonização

A consequência é que todos esses explorados precisam fazer um esforço gigantesco para sobreviver com um mínimo de recursos que lhes garantam uma vida minimamente decente. Eles vivem de resistência sem conhecer avanços libertadores.

Essa pobreza não é inocente. É produzida por um conjunto de relações sociais e econômicas profundamente desiguais que, ao criar riqueza para os já ricos, geram grande pobreza e injustiça para as grandes maiorias empobrecidas.

Viver segundo o Espírito significa, nessa situação, empenhar-se pelo direito do pobre à vida. Uma vida espiritual que se torna insensível à paixão dos pobres é falsa e se faz surda aos apelos do Espírito. Por mais que os fiéis rezem, cantem, dancem e celebrem, sem uma atenção ao Espírito como *Pater pauperum* (pai dos pobres), sua oração só produz autossatisfação, mas não chega a Deus. Nela não está o Espírito com seus dons.

Bem o dizia um teólogo batista, vivendo na Nicarágua, Jorge V. Pixley: "Se o Espírito Santo não dá vida a quem não tem vida, então seu poder vivificador é uma mentira; num mundo que forjou um Terceiro e Quartos mundo sub-humanos, a vida espiritual tem sua meta na vida do pobre, mais do que no atletismo moral dos crentes" (*Vida no Espírito*. Vozes, 1997, p. 235, 237).

A opção pelos pobres contra sua pobreza tem aqui sua fundamentação teológica. O Espírito está infalivelmente do lado dos pobres, independente de sua situação moral, porque são privados de vida e o Espírito quer lhes dar vida. Mas Ele não tem braços a não ser os nossos. Por isso nos impele a criar as condições de vida para esses empobrecidos e para os condenados a assistir à morte de seus filhos e filhas inocentes, por fome e em consequência de doenças da fome.

Viver segundo o Espírito implica lutar pelos meios da vida, pela saúde, pela terra para a produção, pela moradia, pelo saneamento básico, pela segurança, pela educação mínima. Não se pode ter verdadeiro amor à vida nem ser fiel aos sussurros do Espírito sem defender essa causa e saber sofrer por ela, no espírito das bem-aventuranças. Essa urgência não pode simplesmente ser relegada ao Estado e às suas políticas sociais. É um desafio a todos os humanos e muito mais aos que creem no Espírito de vida.

Esses que se comprometem em gerar vida são também aqueles que têm mil razões para celebrá-la, cantá-la e sentir-se alegres, seja nas ritualizações que fazem das lutas (as assim chamadas "místicas" do Movimento dos Sem Terra), seja nas celebrações religiosas nas comunidades e nos grandes encontros.

Nesse contexto precisamos nos referir ao que já abordamos anteriormente: a oposição que existe entre o Espírito e a carne ou entre o Espírito e o mundo. Isso tem a ver com a vida segundo o Espírito e com a espiritualidade concreta e historicamente enraizada.

Na compreensão bíblica, "carne" não é sinônimo de corpo, pois o corpo não se opõe ao Espírito. Antes, é o lugar de sua ação, é o seu templo. "Carne", biblicamente falando, é a situação humana decadente, é o projeto humano voltado somente para os interesses egoístas de acumulação e de desfrute, é a falta de solidariedade e de com-paixão pela sorte dos sofredores deste mundo (com-paixão como a capacidade de se colocar no lugar do outro), é a injustiça generalizada. Numa palavra, "carne" é a vida humana humilhada e destruída por explorações, humilhações, escravizações (os milhares de mulheres enganadas por belas promessas de trabalho, mas que são feitas prostitutas, a venda e a compra de crianças, o mercado de órgãos humanos, o trabalho infantil similar ao trabalho escravo). A "carne" produz conflitos, violências e morte. Bem diz São Paulo: "O desejo da carne é morte, ao passo que o desejo do Espírito é vida e paz" (Rm 8,6).

"Carne" também representa o pecado. Pecado é organizar o projeto de vida ao redor dos poderes da "carne", que se expressam pelo enriquecimento iníquo, pelo prestígio, pela vaidade, pela vontade irrefreada de aparecer, pela superioridade por razões de *status*, de beleza e de função profissional. A raiz do pecado está nessa confiança em si mesmo, como se por ela alguém pudesse escapar das tribulações da existência humana e da morte. "Se viverdes segundo a 'carne' haveis de morrer, mas, segundo o Espírito, vivereis" (Rm 8,13).

Viver segundo o Espírito é não cair nessas ilusões e mentiras, propagadas pelo *marketing* comercial; comporta a consciência dessas perversidades; a coragem de denunciá-las; o compromisso, seja pessoal, seja apoiando entidades e grupos que lutam pelos direitos das vítimas. Quem vive segundo o Espírito deixa de ser escravo de si próprio e dos seus interesses individuais; abre-se aos outros, mostra-se solidário, especialmente com o mais necessitado. Liberdade não só para mim, mas para todos, começando pelos mais oprimidos. Essa descentração de si mesmo e essa volta para os outros é próprio da espiritualidade que se orienta pelo Espírito Santo.

Como se infere, "carne" e Espírito se opõem frontalmente. São projetos excludentes. O mesmo se deve pensar quando as Escrituras opõem o Espírito ao "mundo". Mundo aqui, especialmente no Evangelho de São João, não significa a criação sobre a qual o Gênesis testemunha: "E Deus viu tudo quanto havia feito e achou que estava muito bom" (1,31). "Mundo" na Bíblia é, ao contrário, a organização social e histórica que não se rege pela lógica da vida segundo o Espírito, mas pela dinâmica da "carne", da acumulação feita à custa da exploração dos outros, da devastação dos bens e serviços da natureza, da destruição da biodiversidade, das desigualdades sociais, das opressões dos poderosos sobre os mais vulneráveis, das armas e das guerras, cada vez mais letais, matando especialmente inocentes, atualmente com a utilização de aviões não pilotados (drones) que, além de assassinar lideranças, matam centenas de inocentes, chegando a incinerá-los.

Para esse "mundo" Deus enviou seu Filho, colocando-o sob crise, consoante o Evangelho de São João, como forma de redimi-lo. Sobre ele desceu o Espírito Santo para resgatá-lo e renová-lo. O "mundo" não acolheu o Filho, mas o perseguiu e assassinou. O Espírito foi afogado nas injustiças e nos atentados contra a vida, a humana e a da natureza. São Marcos chega a falar, como analisamos no capítulo V deste livro, na "blasfêmia contra o Espírito Santo, que jamais será perdoada e torna a pessoa ré de eterna condenação" (Mc 3,29). Ela ocorre quando as pessoas se dão conta de que em Jesus opera o Espírito, mas conscientemente e com malícia supina o atribuem a satanás. O perdão é sempre oferecido por Deus. Mas as pessoas se fecham de tal modo que, persistindo nessa atitude, negam-se a acolhê-lo.

Viver segundo o Espírito comporta seguir estritamente o que São Paulo nos diz: "Irmãos, eu vos exorto pela misericórdia de Deus [...] não entreis nos esquemas deste 'mundo', mas transformai-vos pela renovação do Espírito" (Rm 12,1-2). O ser espiritual busca a sua transformação e a transformação das estruturas (*tà skémata* = os esquemas), mediante um outro paradigma, para conviver com mais humanidade, habitar respeitando os limites do planeta, produzir e atender as demandas humanas sem precisar devastar a natureza.

Essa busca não possui apenas uma relevância política. É um imperativo para aqueles que se dispõem viver segundo o Espírito de vida. Por consequência, o ser espiritual vive em conflito com "os esquemas deste mundo", vale dizer, com seus valores, princípios, projetos e ideais, pois em sua grande maioria se orientam pelo projeto da "carne" que perpetua o *status quo* desumano, a "sociedade malvada" (Paulo Freire) e hostil à vida. Sabiamente diz a epístola atribuída a São Tiago, "irmão do Senhor" (Gl 1,19), segundo alguns; segundo outros, seu primo (Mc 3,18; Jo 7,3): "Não sabeis que a amizade do 'mundo' é inimiga de Deus? Quem pretende ser amigo do 'mundo' se torna inimigo de Deus. Ou pensais que é sem motivo que diz a Escritura: 'com amor ciumento anseia o Espírito que habita em nós'?"

(Tg 4,4-5). É na força do Espírito que sempre se suscitam sonhos, utopias e mil razões para recusar este "mundo" e tentar construir outro possível e necessário.

3 O Espírito de liberdade e de libertação

Associado ao tema da vida, tão sacrificada para a maioria da humanidade, assoma o tema da liberdade e de sua conquista, quando cativa, pelo processo de libertação. O Novo Testamento é claro ao proclamar: "Onde está o Espírito aí está a liberdade" (2Cor 3,17). Grande parte da vida de Jesus, portador especial do Espírito, foi tecida por uma luta em favor da liberdade e da libertação do povo.

Primeiramente, Jesus libertava de uma representação de Deus, juiz feroz e perscrutador de tudo. Em seu lugar, anunciou um Deus-Pai de bondade, cuja característica principal é ser bom e misericordioso, até para com os ingratos e maus (Lc 6,35).

Outra luta dura foi contra a lei vigente em seu tempo. A lei é a totalidade da organização da vida judaica, até em seus mínimos detalhes (COMBLIN, J. *O Espírito no mundo*, 1978, p. 62-68). Jesus praticou uma crítica contundente: "Pagais o dízimo da hortelã, da erva-doce e do cominho, mas não vos preocupais com o mais importante da lei: a justiça, a misericórdia e a fidelidade; é isso que importa fazer sem omitir aquilo" (Mt 23,23).

A vida segundo a lei se contrapunha à vida segundo o Espírito, porque a lei escravizava com "cargas pesadas, postas nas costas do povo" (Mt 23,4). No lugar da lei, Jesus coloca o amor incondicional. Tudo se resume no amor, que supõe a liberdade.

São Paulo bem entendeu a lição e diz: "libertados da lei [entenda-se do sistema], estamos mortos para a lei que nos trazia presos, a fim de servirmos conforme o novo Espírito, e não segundo a letra" (Rm 7,6). O novo Espírito é a liberdade, pois o Espírito não está amarrado a nada, "sopra e vai onde quer" (Jo 3,8). Na Epístola aos Gálatas, o documento de identidade da liberdade cristã, Paulo revolucionariamente proclama: "Para gozarmos da liberdade é que Cristo nos libertou. Ficai, portanto, firmes, e não vos deixeis sujeitar de novo ao jugo da escravidão" (Gl 5,1).

A partir desta liberdade, Martinho Lutero escreveu um dos mais belos textos da teologia cristã: "A liberdade de um cristão" (*Die Freiheit eines Christen Menschen*): O cristão é livre de tudo e de todos e a ninguém está sujeito; e ao mesmo tempo, pelo amor, ele se faz servo e sujeito a tudo e a todos. Portanto, a liberdade é para o amor. A libertação é a ação que liberta a liberdade cativa (cf. COMBLIN, J. *Vocação para a liberdade*, 1998, todo o capítulo 9).

Para as grandes maiorias, afrodescendentes, indígenas, quilombolas, mulheres oprimidas e pobres em geral, não vigora a liberdade fundamental, que é a liberdade para poder sobreviver, ter garantida sua comida, sua habitação, proteção contra os desastres ambientais... Daí a urgência da libertação. Dentro do sistema vigente (lei) não há salvação para os pobres. Eles estão fora e são excluídos dele. E aí vem Jesus e lança seu manifesto libertador: "O Espírito do Senhor me ungiu para anunciar a boa-nova aos pobres, enviou-me para anunciar aos aprisionados a libertação [...] para pôr em liberdade os oprimidos" (Lc 4,18-19). É na força do Espírito que Jesus suscita esse vendaval de liberdade e de libertação.

Viver segundo o Espírito não será possível sem que o fiel viva a liberdade e a queira para os outros. Essa liberdade a ser construída pela conscientização, organização e articulação dos oprimidos, afirma-se primeiramente contra o sistema vigente. Importa historicamente superá-lo. Mas vale também para as igrejas que se transformaram em escolas farisaicas de leis e normas que tiram a liberdade, a criatividade e a palavra dos fiéis. Essa é uma luta profética arriscada porque as autoridades eclesiásticas, contra o sentido do Espírito, estatuíram critérios de exclusão e de punição, cuja consequência é sempre o enquadramento dos fiéis e sua infantilização, quando não a sua excomunhão.

Viver segundo o Espírito é ensaiar a liberdade de palavra, de criação no âmbito das celebrações e das iniciativas da solidariedade e da caridade. Para isso não se precisam licenças eclesiásticas, porque aqui, como na primeira decisão nos Atos dos Apóstolos, a autoridade não era referida aos Apóstolos (e seus sucessores), mas ao Espírito: "Pareceu bem ao Espírito Santo e a nós" (At 15,28). Como diz Paulo aos Gálatas: para exercermos a liberdade é que Cristo nos libertou (cf. Gl 5,1). A liberdade é vazia e retórica sem sua prática, nas sociedades, comunidades e nas igrejas.

Os cristãos, especialmente os católicos, não sabem o que é liberdade dentro da Igreja. Escutam e obedecem. Qualquer iniciativa que nasça da liberdade é logo sentida como ameaça, colocada sob vigilância e suspeição. Por qualquer motivo, chamado prudencial (para não escandalizar os fiéis, diz-se), são supressas as Comunidades Eclesiais de Base, os Círculos Bíblicos, ou se impõem limitações, normas e proibições que fazem desanimar os fiéis. Como fica o preceito apostólico: "Não afogueis o Espírito"?

Foi um momento de grande densidade espiritual a decisão da Conferência Latino-americana de Bispos (Celam) e também da Confederação de Religiosos da América Latina (Clar) haverem feito, a partir de Medellín (1969), uma opção preferencial pelos pobres e contra a sua pobreza. Esta opção levou bispos a se moverem do centro para a periferia, religiosos e religiosas se inserirem nos meios populares e teólogos e teólogas assumirem a causa da libertação dos oprimidos. A Igreja se tornou mais espiritual, e assim facilitou aos cristãos viverem segundo o Espírito.

4 O Espírito de amor

O Espírito está vinculado diretamente ao ato criador de todas as coisas. Ele é a Energia instauradora originária. Semelhantemente ocorre com o amor. Depois do Espírito, é o amor, dom do Espírito, a energia cósmica que pervade todas as coisas; tudo atrai, tudo conecta e tudo une.

Quem melhor explicou essa base cosmológica e biológica do amor foi o eminente biólogo chileno Humberto Maturana em seus muitos escritos. Eis sua explicação: o amor se dá dentro do dinamismo da própria evolução, desde o seu primeiríssimo momento de existência. Manifesta-se em todas as etapas ulteriores, até nas mais complexas no nível humano. Assim entra o amor no universo: nele se verificam dois tipos de acoplamento (encaixe) dos seres com seu meio: um necessário e outro espontâneo. O primeiro, o necessário, faz com que todos os seres estejam interconectados uns aos outros e acoplados aos respectivos ecossistemas para assegurar sua sobrevivência. Mas há um outro acoplamento (encaixe) que se realiza espontaneamente. Os bósons de

Higgs, os topquarks, a primeira densificação da energia em matéria e outras partículas elementares interagem entre si sem conexão com a própria sobrevivência, mas por puro prazer, no fluir de seu viver. Trata-se de encaixes dinâmicos e recíprocos entre todos os seres, não vivos e vivos. Não há justificativas para isso. Acontece porque acontece. É um evento original da existência em sua pura gratuidade. É como a flor que floresce por florescer, como dizia o místico Angelus Silesius.

Quando um se relaciona com o outro (digamos dois prótons), cria-se um campo de relação; surge o amor como fenômeno cósmico. Ele tende a se expandir e a ganhar formas cada vez mais inter-retro-conectadas nos seres vivos, especialmente nos humanos. No nosso nível é mais que simplesmente espontâneo como nos demais seres; é feito projeto da liberdade que acolhe conscientemente o outro e cria o amor como o mais alto valor da vida.

Nessa deriva surge o amor ampliado, que é a socialização, o amor de muitos com muitos. É essa energia que sustenta e mantém coesa uma sociedade. Sem o amor, o social ganha a forma de agregação forçada, de dominação e de violência, todos sendo obrigados a se encaixar. Por isso, sempre que se destrói o encaixe e a congruência entre os seres e entre os humanos se destrói o amor-relação, e, com isso, a sociabilidade. O amor-relação é sempre uma abertura ao outro e uma con-vivência e co-munhão com o outro.

Não foi a luta pela sobrevivência do mais forte que garantiu a persistência da vida e dos indivíduos até os dias atuais. Mas o amor-relação entre eles, que se expressa em formas de cooperação e de solidariedade a partir dos últimos. Os ancestrais hominídeos passaram a ser humanos na medida em que mais e mais partilhavam entre si os resultados da coleta de frutos e de caça e compartilhavam também seus afetos. A própria linguagem que caracteriza o ser humano surgiu no interior desse dinamismo de amor-relação e de partilha.

A competição, enfatiza Maturana, é antissocial, hoje e outrora, porque implica a negação do outro, a recusa da partilha e do amor. A sociedade moderna neoliberal e de mercado se assenta sobre a competição. Por isso, é excludente, inumana e faz tantas vítimas por todas as partes. Ela não traz felicidade porque não se rege pelo amor-relação.

Como se caracteriza o amor humano? Responde Maturana: "O que é especialmente humano no amor não é o amor, que é um dado objetivo, cósmico e biológico, mas o que, enquanto humanos, fazemos com o amor; ele deve reforçar e aprofundar o estar-juntos como seres sociais e seres com linguagem que revela nossa capacidade de comunicação; sem amor nós não somos seres sociais". É o amor que nos faz humanos, em nível pessoal e social. Ele é a fonte da realização e da felicidade. Os africanos utilizam uma categoria para essa implicação do eu para com todos os outros: *Ubuntu*. Traduzindo significa: eu sou seu eu através dos outros.

Como se evidencia, o amor é um fenômeno cósmico e biológico. Ao chegar ao patamar humano, revela-se como um projeto da liberdade, como uma grande força de união, de mútua entrega e de companheirismo. As pessoas se unem e recriam, pela linguagem amorosa, o sentimento de benquerença e de pertença a um mesmo destino.

Mas sejamos realistas: sem a ternura calorosa e sem o cuidado essencial o encaixe do amor-relação se enfraquece, não se conserva por muito tempo, não se expande como poderia e dificulta a consorciação com os demais seres. Sem a ternura e cuidado o amor definha. Não há atmosfera que propicie o florescimento daquilo que verdadeiramente humaniza: o sentimento profundo de ligação com o outro, a vontade de partilha e a busca do amor.

Esse tipo de reflexão nos ajuda a entender o amor de Deus e o Espírito Santo como a fonte permanentemente geradora de amor. A afirmação mais forte do Novo Testamento certamente é esta: "Deus é amor" (1Jo 4,8.16). Esta afirmação é profundamente libertadora, pois é só positividade; não mete medo, é acolhedora e nos dá a experiência de Deus como intimidade.

Em seguida, faz-se outra afirmação de graves consequências: "Aquele que não ama, não conhece a Deus, porque Deus é amor" (1Jo 4,7-8). Em outras palavras: em vão procuramos Deus fora do amor. Se tivermos seu nome sempre em nossos lábios e anunciarmos belas palavras sobre sua existência e providência, mas não tivermos amor, estamos longe do Deus verdadeiro. O Deus que anunciamos não passa de um ídolo. Por aí se entende a admoestação do Apóstolo: "Fazei tudo no amor" (1Cor 16,14). Fazer tudo no amor significa fazer tudo na atmosfera do Espírito Santo, na sua presença e em comunhão com Ele. Não precisamos pensar no Espírito para estarmos no Espírito. Se fizermos tudo no amor já estamos objetivamente no Espírito. São João o diz claramente: "Quem permanece no amor permanece em Deus e Deus nele" (1Jo 4,16). Observemos: o Apóstolo não diz: quem permanece em Deus, permanece no amor; ao inverso: "quem permanence no amor, permanece em Deus". O amor é o ponto de referência, embora seja redundante dizê-lo porque amor e Deus se identificam.

Quem nos conduz a essa dimensão do amor é o Espírito Santo. Por isso, o primeiro fruto do Espírito, segundo São Paulo, é o amor (Gl 5,22).

Quatro afirmações são básicas no Novo Testamento, nas quais se manifesta a força do Espírito: (1) "Ama teu próximo como a ti mesmo" (Mc 12,31); (2) "Amai vossos inimigos" (Lc 6,27); (3) "Pai, como amastes a mim amaste também a eles" (Jo 17,23); (4) "Somos participantes da natureza divina" (cf. 2Pd 1,3-4).

A primeira afirmação – "ama o próximo como a ti mesmo" – tem que ser entendida no espírito de Jesus. Não se trata de amar a quem está ao meu lado e é fisicamente próximo. Isso todos o fazem, até os malvados se amam entre si. Nisso Jesus não diria novidade alguma. Mas a novidade de Jesus que aparece na Parábola do Bom Samaritano (Lc 10,33ss.) consiste nisso: próximo é todo aquele de quem eu me aproximo, pouco importam sua crença, sua etnia e sua condição moral. Portanto, depende de mim fazer dos outros meus próximos e amá-los como a mim mesmo.

Mas há outra novidade: para Jesus os próximos mais próximos, destinatários do amor, são aqueles que ninguém ama, são os desconhecidos e feitos invisíveis. O mundo está cheio desses anônimos, zeros econômicos que não contam em nada para o atual sistema porque pouco produzem e consomem quase nada. Para Jesus, são estes que contam. Eles devem ser amados como os próximos mais próximos, e amá-los como amo a mim mesmo.

Vida segundo o Espírito implica viver este amor universal e sem fronteiras. Quer dizer, importa fazer do distante um próximo e do próximo um irmão e uma irmã. E amá-los de verdade, a partir da profundidade do coração. Se houvesse esse amor e os cristãos não fossem tão alienados do projeto de amor de Jesus, não haveria tantos invisíveis, humilhados e ofendidos em nossas sociedades que se dizem cristãs.

É esse amor que as escolas cristãs e as Pontifícias Universidades Católicas do mundo inteiro transmitem a seus estudantes? Vivem *etsi Jesus non daretur*, vivem, como se Jesus nem tivesse existido e nada tivesse ensinado sobre o amor ao próximo mais marginalizado. São fábricas para formar aqueles que vão levar avante o sistema social perverso que a tantos exclui, aquilo que São Paulo chamaria o projeto da "carne".

A segunda afirmação tem a ver com o amor ao inimigo. Esta é uma novidade do amor trazido por Jesus. Ele quer o amor incondicional e que vá além de todas as barreiras. Na realidade, no mundo, há inimigos da vida, inimigos que não nos querem bem e que visam nos fazer mal, difamar e eventualmente nos tirar a vida. Não excluir estes do amor representa o maior desafio do amor, pois normalmente odiamos quem nos odeia, falamos mal de quem fala mal de nós. Estar para além desse lado instintivo e deixar-se reger pela energia do amor incondicional e universal que a ninguém exclui representa um ato de coragem, de autossuperação e de transcendência.

Não daríamos jamais esse salto sem o impulso do Espírito que nos abre o coração para que nele tenham também seu lugar os inimigos. Eles não deixam de ser inimigos. Mas tudo faremos para não prejudicá-los, nem dar-lhes o troco ou nos nivelarmos a eles. O ódio não terá jamais a última palavra.

A terceira afirmação – com o mesmo amor com que o Pai ama Jesus, Jesus também ama os discípulos – alcança o nível divino do amor. O Pai amou Jesus enviando-o ao mundo para estar conosco e nos arrancar de nossa miséria material e espiritual. Eis uma fonte de libertação e de incontida alegria. Mas esse amor pode conhecer "a noite do espírito". O amor do Pai chegou ao ponto de entregar o Filho ao mundo (às estruturas da perversidade) e abandoná-lo na cruz, que o levou a gritar, desesperado, pois sentia-se abandonado até por Deus: Pai, ó Pai, por que me abandonaste? (cf. Mc 15,34). Esse é o amor realizado dentro da "noite escura e terrível" da qual falam os místicos, quando não se sente mais a presença de Deus e se vive o inferno existencial.

Apesar disso, amar e continuar amando consiste a suprema expressão gratuita do amor. Amar por amar, sem esperar qualquer retribuição, porque o amor tem um absoluto valor em si mesmo. Só um amor suscitado e amparado pelo Espírito Santo é capaz desse portento espiritual.

Viver segundo o Espírito comporta esta lógica: o amor é um único movimento, do Pai para o Filho e para os seguidores; do Filho para o Pai e para os seguidores. Tal experiência de amor gera um sentimento de profunda gratuidade e amorosidade. E ao mesmo tempo pode implicar a experiência do ocaso de Deus, da ausência perceptível de seu amor. E contudo importa não desistir de amar, pois se está convencido de que Deus, mesmo escondido, está amando, certo de que o amor é mais forte do que qualquer adversidade, é aquele "que nunca acabará" (1Cor 13,8).

Por fim, a vida segundo o Espírito nos dá acesso a algo inominável e absolutamente misterioso: participar na própria natureza de Deus. Tal inaudita afirmação é apresentada na Segunda Carta de São Pedro, carta atribuída a ele, mas provavelmente escrita por um de seus discípulos entre os anos 70-125 d.C., portanto, após a sua morte. Aí se afirma: "O poder divino nos deu tudo o que contribui para a vida e a piedade [...] fez-nos participantes da natureza divina" (2Pd 1,3-4). Para a compreensão cristã, que difere dos demais monoteísmos, a natureza de Deus é comunhão de Três Pessoas, e não a solidão do Uno. A natureza divina é, em sua essência, trinitária. Simultaneamente emergem Pai, Filho e Espírito Santo, sem que haja qualquer precedência de uma Pessoa sobre a outra. Elas são igualmente simultâneas, eternas e diversas. São diversas para permitirem a comunhão e a absoluta reciprocidade entre elas.

Nisso nos afastamos da teologia ortodoxa, que faz do Pai "a origem e a fonte de toda divindade", passando-o ao Filho e ao Espírito. Defendemos que não há origem e fonte da divindade, porque as Três Divinas Pessoas são conjuntamente fonte e origem; irrompem, por sua natureza intrínseca, como Três Pessoas Divinas, desde sempre e para sempre.

Ora, o amor como dimensão cósmica, energia de coesão, de criação de diversidade e de convergências, encontra na natureza trinitária e relacional da divindade seu derradeiro fundamento. Como somos seres de amor e de comunhão, participamos, por excelência, da natureza trinitária e comunional de Deus. Ou inversamente: porque Deus é trinitário e relacional, todas as criaturas espelham esta natureza relacional e comunional.

Viver segundo o Espírito envolve desenvolver um outro olhar sobre o universo das coisas, das pessoas e sobre nós mesmos. Todos estamos molhando nossas raízes na natureza de Deus. Todos somos de certa forma divinizados. Os místicos como São João da Cruz e o Mestre Eckhart chegaram a dizer que "somos Deus por participação". Viver segundo o Espírito nesta perspectiva nos enche de dignidade e de radical respeito. Olhar as outras pessoas e todos os seres é ver Deus-Trindade nascendo de dentro deles; é contemplá-los no seio do *milieu divin* de que falava Teilhard de Chardin. De alguma forma, já estamos dentro do Reino da Trindade. Não o sentimos ainda, mas um dia se desvelará esta sublime realidade, e então será pura experiência e vivência de participação da divindade trinitária.

5 Os dons e os frutos do Espírito

As Escrituras cristãs do Primeiro e do Segundo Testamentos concretizam a presença do Espírito no seio da comunidade humana ou nas pessoas individuais na forma de dons. O dom não se inscreve no âmbito do extraordinário, mas na cotidianidade da vida, desde que seja levada com retidão e atenta às moções do Espírito. O dom representa uma especial atuação do Espírito nas pessoas. Todas são envoltas por sua autocomunicação e amor. Mas cada uma vem galardoada de algum dom, de alguma habilidade e característica numa medida própria que o Espírito lhe confere. Costumam-se, entre tantos e tantos dons, elencar especialmente sete. Reflitamos rapidamente sobre cada um deles.

O dom da sabedoria: ela é mais do que ciência. Esta fala à razão. A sabedoria fala ao coração, pois ela produz sabor, capta o outro lado das coisas. No meio das tantas mensagens, ela nos faz perceber aquela que mais faz sentido e nos dá a percepção da medida e do equilíbrio, próprios da sabedoria. Por isso, o portador do dom da sabedoria irradia serenidade, tranquilidade e grande equilíbrio. O sábio é um grande conselheiro.

O dom da inteligência: é a capacidade de ver as realidades a partir de dentro, de seu sentido interior. A razão analisa, detalha, decompõe e atomiza; a inteligência capta o todo para além das partes e nas partes consegue vislumbrar o todo. Ela representa a perfeição da razão, o seu ápice, quando se transforma em visão e contemplação. Pessoas inteligentes não são apenas as que sabem muito, mas aquelas que veem conexões surpreendentes, são portadoras de *esprit*, ou seja, de dizer uma palavra iluminadora.

O dom do conselho: a vida é complexa e se apresenta como a convivência dos opostos. Os caminhos se bifurcam; não raro, acabam num beco sem saída ou se perdem na floresta. Entre tantas mensagens, influências, visões de mundo, impulsos interiores, muitos se sentem confusos e desamparados. Esta é a condição humana num mundo onde o Reino de Deus se enfrenta com o anti-Reino. O dom do conselho é a capacidade que alguém possui de ver claro no confuso, de perceber a linha condutora e unificadora de uma realidade complexa, que discerne qual é a decisão mais acertada e que define um rumo seguro, repassando os frutos dessa virtude aos demais, especialmente àqueles que os procuram para buscar luz. Quantas pessoas, a partir de uma palavra de gente experimentada e sábia, não foram tiradas do desespero e tiveram a indicação de um rumo para a sua vida. Este é um dom dos mais urgentes nos dias de hoje, pois a sociedade oferece uma pletora de opções, nem sempre as mais sensatas e inspiradoras. Ela não favorece a busca da justa medida e do equilíbrio dinâmico. Por isso, há tantos em derrelição, pessoas entristecidas e amargas, vagando pelo mundo, perdidas e solitárias e sem uma palavra que as conforte.

O dom da fortaleza: este dom supõe o realismo das contradições, dos riscos e das ameaças que acompanham a vida humana. Somos tentados muitas vezes e de muitas formas no sentido de nos omitir, de fugir da dura realidade, de buscarmos, de forma equivocada, soluções, seja em fórmulas passadas que já perderam o vigor, seja em projeções idealísticas e vãs para o futuro. Aí surgiu um verdadeiro comércio de receitas de autoajuda, feitas de cacos de psicologia, de frases de místicos e de elementos do senso comum. Não raro vêm acompanhadas por uma atmosfera de esoterismo, de horóscopos e de profecias ancestrais. Fortaleza é a capacidade de enfrentar com destemor os obstáculos que se nos antolham. Falamos de resiliência, que é a arte de tirar proveito dos próprios fracassos, de dar a volta por cima e de amadurecer com as decepções. Contra todo desalento precisamos da "Força do Alto" (cf. Lc 24,49), que é a forma pela qual Jesus se referia ao Espírito Santo.

O dom da ciência: há ciência e ciência. Os últimos séculos se estruturaram ao redor do projeto da ciência em suas várias ramificações. Surgiu a sociedade do conhecimento. Ela nos trouxe incomensuráveis facilidades e benefícios para a vida cotidiana, transformou as paisagens e remontou as sociedades, especialmente criou condições para vivermos saudavelmente mais e melhor. Entretanto, reconhecidos esses avanços, a ciência foi posta, em grande parte, a serviço do poder: "poder é saber", pinta-se em muitas fachadas de escolas. Este poder não se orientou para melhorar a vida de todos, mas para acumular riqueza, torturar a natureza, como dizia Francis Bacon, pai do método científico, até que ela entregue todos os seus segredos. Lamentavelmente, construiu também uma máquina de morte que devastou a natureza, fez guerras com milhões de vítimas e instaurou a dominação político-econômica de pequenos grupos sobre a maioria da humanidade. Não era uma ciência feita com consciência, cujo destinatário seria a vida. Ela preferiu ser uma ciência para o mercado e para as vantagens, e meio de riqueza de alguns. Mas há também uma ciência – e essa é dom do Espírito – que usa a razão humana para conhecer melhor os mecanismos da natureza e para tirar dela o que precisamos e, ao mesmo tempo, preservá-la, para que possa se refazer e continuar atendendo as nossas necessidades e a das futuras gerações. É uma ciência para a vida e para a vida de todos. Hoje, sem essa ciência não conseguiríamos dar conta da complexidade da realidade nem garantir um futuro de esperança para a humanidade e para a Mãe Terra. Mas uma ciência transformada em dom do Espírito exerce uma missão messiânica de preservar e promover a vida.

O dom da piedade: a piedade aqui referida tem pouco a ver com a compreensão comum de piedade, como a maioria a entende: a atitude de recolhimento, de unção, de respeito e de oração dos fiéis. Este sentido é válido, mas não é o originário, pensado aqui. O sentido primordial de piedade vem da virtude familiar da cultura romana, chamada de *pietas*. A piedade romana (*pietas*) se caracterizava pelo amor e pelo respeito dos filhos e filhas para com seus pais, e especialmente com referência às orações e oferecimentos dedicados às divindades da casa (*penates*). A casa romana, por meio da piedade, ajudava a evitar altercações, levava aos bons modos e à gentileza no trato com as pessoas, particularmente para com os mais idosos e para com os hóspedes. Aplicada na relação para com Deus, a piedade (*pietas*) significa alimentar uma relação de pai para filho para com Deus, relação de familiaridade e de intimidade para com Deus. Ele é Pai/Mãe amoroso que cuida de seus filhos e filhas. Essa piedade afasta todos os medos e temores e suscita o sentimento de que estamos permanentemente protegidos, na palma da mão de Deus.

Hoje a piedade se estende também para com a Mãe Terra e seus ecossistemas desapiedadamente explorados. Ter piedade para com a Terra, tida como Mãe e Pachamama, é sentir seus gritos, é permitir que se refaça das chagas que lhe infligimos, é respeitar de seus limites e cuidar de seus ritmos. Só assim ela continuará a nos brindar com tudo o que precisamos para viver.

O dom do temor de Deus: o sentido bíblico de temor é parecido com o anterior, da piedade. Não se identifica com o temor empregado na linguagem usual. Para nós, temor implica medo, mesmo que seja reverencial. Para a concepção bíblica, temor é sinônimo de amor reverencial e respeitoso para com Deus. Temor é a disposição amorosa de submeter-se a Ele e a seus desígnios. Com Deus não se brinca. Não usamos seu nome em vão, como tão abusivamente se faz hoje pelas redes de rádio e de televisão religiosas. Estamos diante da Suprema Realidade, feita de amor, de ternura, de compaixão e de misericórdia. Não "tememos" esse Deus como tememos a polícia ou a sentença de um juiz severo. Mas amamos reverentes e respeitosos a Deus e tudo o que é dele: a Palavra Sagrada, os sacramentos, as celebrações e as festas religiosas (cf. KLOPPENBURG, B. *Parákletos – O Espírito Santo*. Vozes, 1998, p. 67-77. • CONGAR, Y. *El Espíritu Santo*. Herder

1983, p. 340-347. • GRÜN, A. *Os sete dons do Espírito Santo*. Vozes, 2011).

Viver segundo o Espírito envolve internalizar esses dons. Eles conferem qualidade à nossa vida espiritual, pois sentimos a proximidade e a ação do Espírito no mundo, nos outros e em nós mesmos.

Junto com os dons, fala-se dos frutos do Espírito Santo. Os frutos, como de uma árvore, são consequência de sua vitalidade e fertilidade. A vida segundo o Espírito transforma a vida das pessoas. Elas irradiam virtudes que se derivam dessa imersão no Espírito, também chamada de "batismo no Espírito". Ele não substitui nem concorre com o sacramento de iniciação cristã que é o batismo. Mas o "batismo no Espírito" é um aprofundamento e radicalização da presença do Espírito que ocorreu no batismo, à semelhança do batismo de Jesus por João Batista. Jesus ficou cheio do Espírito Santo e pelo Espírito foi conduzido ao deserto para preparar a sua missão.

São Paulo enumerou esses frutos num contexto polêmico, contrapondo as "obras da "carne", como aclaramos anteriormente (a organização viciada de nossa vida e o descontrole de nossas paixões) com os frutos do Espírito.

Enumera 15 obras da "carne": "fornicação, impureza, libertinagem, idolatria, feitiçaria, ódio, rixa, ciúmes, ira, discussões, discórdia, divisões, inveja, bebedeiras e orgias" (Gl 5,16-20). Quem vive segundo a carne se coloca fora do âmbito do Reino de Deus.

Em contraposição às obras da carne, Paulo enumera nove frutos do Espírito: "amor, alegria, paz, generosidade, benignidade, bondade, fidelidade, mansidão e autocontrole" (Gl 5,23). Estes estados de espírito são tão evidentes em si mesmos que nos dispensamos de comentá-los. São virtudes humanas, mas que vêm potenciadas quando vividas com a consciência de sua vinculação com o Espírito, que está agindo em nós, orientando nossas ações.

Onde encontra portas abertas para o acolher, o Espírito entra e realiza sua obra inspiradora. Como arremata Paulo: "Se vivemos do Espírito, andemos também segundo o Espírito" (Gl 5,25).

6 O Espírito: fonte de inspiração, criatividade e arte

Até aqui falamos no Espírito preferentemente no âmbito religioso e teológico. Mas o Espírito desborda de todos os limites. Ele é a fantasia de Deus. Chega antes da Igreja e mesmo antes de Jesus Cristo. Ele está presente onde vive-se o amor, testemunha-se a verdade, realiza-se a solidariedade e pratica-se a compaixão. Em qualquer parte do mundo, no passado, no presente e no futuro, quando tais realidades marcam as pessoas é sinal de que o Espírito já chegou e está agindo nelas.

É por inspiração do Espírito que os poetas e escritores redizem a vida em suas luzes e sombras, em seus dramas e realizações. Eles são tomados por uma luz interior e por energias que lhes suscitam inesperadas conexões e acrescentam algo ao mundo que ainda não existia. Eles são criadores a partir do Espírito Criador. E não são poucos os escritores que confessam, como Nietzsche, que se sentiam totalmente tomados por uma energia interior (um *daimon* = um espírito bom), que os fazia pensar e escrever.

É pela inspiração do Espírito que o artista e o artesão tiram da matéria, da madeira, da pedra, do mármore e do granito uma imagem que só eles a veem em seu interior e a trazem à luz. A matéria se espiritualiza, e o espírito também se materializa. Especialmente na dança, e particularmente no *ballet*, o corpo vira espírito.

É na música que o Espírito ganhou especial densidade. Os sons são invisíveis; o espaço e o tempo não os podem reter, como o Espírito, que nada pode limitar seu agir. Eles projetam melodias que enlevam e vão à profundidade da alma; consolam, fazem chorar de beleza e sorrir de enlevo. O grande teólogo evangélico Karl Barth, que ouvia permanentemente Mozart, afirmava que esse músico genial tirou do céu e do Sopro (Espírito Santo) suas melodias tão encantadoras até os dias de hoje.

Quando São Paulo fala dos vários carismas, refere-se às capacidades humanas que reforçam a vida comunitária ou simplesmente representam a irrupção do Espírito no mundo. Aí diz que a uns o Espírito deu o dom da palavra, a outros o da cura, da profecia, do discernimento dos espíritos, da palavra de ciência e de sabedoria, entre outros dons. E conclui: "Tudo isto é o único e o mesmo Espírito que opera, que distribui em particular a cada um como quer" (1Cor 12,11).

As artes guardam afinidade com a natureza do Espírito. São intangíveis. Elas são fim em si mesmas. Possuem um valor intrínseco. Não servem como meios para outra coisa, embora em sua forma decadente possam servir ao mercado e ser fonte de enriquecimento. Mas em si mesma a arte, a música e a poesia têm valor, mas não têm preço. São criações únicas, e não produções em série. São como um presente que damos à pessoa amada: vale por si mesmo. Elas, de alguma forma, escapam ao tempo e nos trazem uma pequena antecipação da eternidade.

A inspiração paira no ar, ela não olha a cor da pele, a origem social e o grau de escolaridade. Quantos artistas analfabetos, nos fundões de nosso país, nas comunidades periféricas não emergem, sem ganharem notoriedade: poetas, artesãos, pintores, cantores, músicos, místicos. É próprio do Espírito não fazer alarde, ser como a água que humildemente se conforma a cada solo, a cada recipiente e procura sempre o caminho mais fundo para correr.

Por isso, o Espírito não possui uma figura singular, como a do Pai e a do Filho. É representado como uma pomba, mas o importante é a irradiação que sai dela. Ele é o Sopro (*Spiritus* em latim) que revela a vida, mantém a vida e reanima todo tipo de vida.

O universo e todos os seres vêm impregnados de Espírito. Perceber a sua presença cósmica e em cada detalhe é obra da espiritualidade, da vida segundo o Espírito.

XIII
Comentários aos hinos ao Espírito Santo

As reflexões teológicas possuem uma destinação prática. Devem ajudar não tanto a pensar sobre o Espírito Santo, mas a sentir o Espírito Santo e a viver segundo o Espírito. Por sua natureza, Ele é energia, movimento, moção interior, entusiasmo, força misteriosa que nos impulsiona para a ação e a resistência contra as solicitações da autoafirmação, da soberba e da dominação pelo poder.

Ele é silencioso. Manifesta-se nas dobras da existência. Introduz-se lentamente nos movimentos dos fracos para que tenham força de resistência, de enfrentamento e de libertação. Sempre que a vida é ameaçada na humanidade, na natureza e especialmente entre os pobres, aí intervém o Espírito, endireitando o torto, levantando o caído e animando o desfalecido.

Faltaria algo essencial ao nosso tratado se não comentássemos alguns hinos importantes da liturgia cristã e da piedade popular. Aí se encontra o essencial da teologia sobre o Espírito Santo. Não se trata de detalharmos cada versículo, coisa que foi feita com grande erudição pelo pregador de retiros dos papas, Raniero Cantalamessa, com respeito à sequência da Missa de Pentecostes *Veni, Creator Spiritus* (*O canto do Espírito*. Vozes, 1998).

1 A origem do *Veni Sancte Spiritus*

Atribui-se este hino, que é sequência da Missa de Pentecostes, a Rabano Mauro (784-856), nascido em Fulda e feito arcebispo de Mogúncia (Mainz). Era tido como renomado teólogo e conhecedor das tradição dos Padres da Igreja (CANTALAMESSA, R. *O canto do Espírito...*, p. 384-387), o que lhe valeu o epíteto de *praeceptor Germaniae* (o mestre da Alemanha). Mas nem isso é seguro.

Outros autores sérios consideram o hino vindo de um poeta anônimo (cf. RIGHETTI, M. *Storia liturgica*, p. 239). Esse anonimato me apraz porque é próprio da natureza do Espírito não se anunciar quando vem.

Inicialmente, o hino não era rezado na Missa de Pentecostes, mas na recitação das horas canônicas, na Terça Hora, em que se presumia ter descido o Espírito Santo sobre os Apóstolos no cenáculo em Jerusalém (RIGHETTI, p. 240). Mais tarde, foi difundido pelas igrejas, graças aos frades, que o levaram pelo mundo afora. Mas foi na grande Abadia de Cluny que acabou sendo inserido como sequência na Missa de Pentecostes, pelo abade São Hugo, o Grande.

Transcrevemos o texto original latino e sua a tradução.

Veni, Sancte Spiritus	Vem, Espírito Santo
et emite caelitus	envie dos céus
lucis tuae radium	um raio de tua luz
Veni, pater pauperum	Vem, pai dos pobres
Veni, dator munerum	Vem, doador de dons
Veni, lumen cordium	Vem, luz dos corações
Consolator optime	Consolador ótimo
Dulcis hospes animae	doce hóspede da alma
Dulce refrigerium	doce refrigério

In labore requies	No trabalho, o descanso
In aestu temperies	no calor, o frescor
In fletu solatium	no pranto, o conforto
O lux beatissima	Ó luz beatíssima
Reple cordis intima	enche o íntimo do coração
Tuorum fidelium	de teus fiéis
Sine tuo numine	Sem a tua luz
Nihil est in homine	Nada há no homem
Nihil est inoxium	Nada que seja puro
Lava quod es sordidum	Lava o que é sórdido
Riga quod est aridum	irriga o que é árido
Sana quod est saucium	sana o que é doente
Flecte quod est rigidum	Dobra o que é rígido
Fove quod est frigidum	aqueça o que é frígido
Rege quod est devium	guia o que está desviado
Da tuis fidelibus	Dá aos teus fiéis
In te confidentibus	que em ti confiam
Sacrum septenarium	os teus sete dons
Da virtutis meritum	Dá o mérito da virtude
Da salutis exitum	Dá o êxito da salvação
Da perenne gaudium	Dá o perene gozo
Amem	Amém

a) *Breve comentário das estrofes*

O que ressalta, à primeira vista, é a súplica: "Vem, Espírito Santo". Ele sempre vem e, diria, foi o primeiro a vir, pois é o Espírito Criador, aquele que esteve presente no primeiríssimo momento da criação do universo, aquele que fez surgir a complexidade, e em seu interior a vida, especialmente a humana, aquele que fez sua morada permanente em Maria, formou a santa humanidade de Jesus no seio de Maria e imbuiu totalmente a vida e a prática de Jesus com sua inspiração. Foi Ele também que o ressuscitou dos mortos.

Por que, então, a súplica: "Vem, Espírito Santo"? Ela é uma conclamação para que se realize a promessa de Jesus aos Apóstolos de enviar o Espírito na forma de Conselheiro e Auxiliador (Paráclito em grego). Devemos imaginar como deveria se sentir a primeira comunidade cristã: perplexa pela morte de Jesus, sem entender direito a ressurreição, sujeita a suspeitas e a perseguições dos coirmãos judeus, confusos acerca de que rumo tomar para o futuro. Nesse contexto recordam as palavras de Jesus: "Eu rogarei ao Pai e Ele vos dará um Conselheiro e Auxiliador [Paráclito] para que convosco permaneça para sempre" (Jo 14,16). Agora não precisam mais temer: têm o Espírito Santo a aconselhá-los e auxiliá-los nas tarefas que iriam assumir pelo vasto mundo.

Podemos repetir continuamente esta súplica: "Vem, Espírito Santo". Quantas vezes não sabemos que rumo tomar! Sentimo-nos num voo cego. E ainda assim temos que seguir adiante. Que consolo ao saber que o Espírito nos guia e nos envia sua luz esclarecedora.

A vinda do Espírito é representada pela metáfora da luz. É a melhor e mais sugestiva de todas. O que mais sentimos falta em momentos obscuros, quando perdemos as estrelas-guia, é uma luz que nos aponte um caminho ou pelo menos nos sinalize uma direção. Se ao longe percebemos uma luzinha, por menor que seja, já não nos sentimos perdidos: lá vive alguém que nos pode acolher.

Se sabemos a direção, construiremos um caminho que nos leva ao ponto ansiado. Este pode ser pedregoso e cheio de obstáculos. Mas se sabemos a direção, superamos os obstáculos pela força do Auxiliador.

Quem se sente mais perdido neste mundo, sem casa para morar, sem saber o que vai comer no dia seguinte, sem trabalho e sem qualquer segurança são os pobres. Hoje eles são multidão. Os pobres gritam. E Deus é o Deus do grito, quer dizer, aquele que escuta o grito do oprimido. Deixa sua transcendência e desce para escutá-los e libertá-los, como no caso do cativeiro no Egito (cf. Ex 4,3). É o Espírito que nos faz gritar Abba, Paizinho querido (Rm 8,15; Gl 4,6). Por isso, o Espírito é pai e padrinho dos pobres (*pater pauperum*). Ele os toma sob sua guarda.

Seguramente, não o faz miraculosamente, mas lhes confere ânimo e resistência, vontade de luta e de conquista. Não deixa que seus braços se abaixem. Ele enviou a luz aos corações dos pobres para descobrirem as iniciativas certas, persistirem e de fato chegaram vivos até hoje; se os indígenas não puderam ser totalmente exterminados, se os afro-descendentes não puderam sucumbir ao peso da escravidão foi porque dentro deles havia uma energia de resistência e de libertação, aquilo que o hino chama de dons e luz dos corações: o Espírito Santo.

Aos desesperados Ele se mostra como um consolador sem igual. Não os assiste a partir de fora. Foi morar dentro deles como hóspede para auxiliá-los e aconselhá-los, pois esta é sua missão. Nos grandes apertos e crises, Ele se anuncia como uma referência de paz, de calma: um refrigério.

Tarefa importante na vida neste mundo é trabalhar para garantir o sustento e ainda auxiliar os outros. Trabalhar é sempre penoso e desgastante. O Espírito aparece como descanso no meio do trabalho e como alívio do sol escaldante. Quantas vezes as agruras da vida nos fazem encher os olhos de lágrimas. Quando perdemos um ente querido ou vivemos profundas frustrações, afetivas ou profissionais, parece que caímos num abismo. Nesses momentos é que devemos suplicar: "Vem Espírito, seja nosso conforto; enxugue nossas lágrimas, afaga o nosso coração perturbado".

Há um momento em que o hino nos revela algo da natureza do Espírito Santo. É chamado de "luz beatíssima". Quando dizemos "luz" entramos na dimensão do mistério, tanto para a ciência quanto para a nossa percepção cotidiana. Vivemos na luz e sob a luz, mas nunca chegamos a saber o que realmente ela seja. Ela percorre com a máxima velocidade (300 mil km por segundo) o universo, de ponta a ponta.

95% de tudo o que existe na Terra nos vêm da luz do sol. Ela é tão misteriosa, que os cientistas nos sugeriram entendê-la simultaneamente como energia e como partícula material. Só assim podemos ter uma apreensão mais completa dela. Ela é uma analogia da encarnação do Filho de Deus, chamado de luz do mundo (Jo 1,4; 8,12). Ele também é simultaneamente Deus e homem.

Podemos dizer que o Espírito é a "luz beatíssima" que atravessa todo o universo, sustentando-o e dando-lhe consistência. Essa "luz beatíssima" vem ao nosso encontro. Penetra de luz e de calor nossos corações para sermos também transfigurados e espiritualizados (cf. BOFF, L. *Meditação da luz*. Vozes, 2010). Esta é sua grande obra: tornar-nos filhos e filhas da luz e seres que irradiam espiritualidade por sua vida segundo o Espírito.

Como seres inteligentes e portadores de amor e de bondade, podemos muito. Mas sentimos que somos vulneráveis e vulnerados. Há em nós uma ferida que nunca se fecha. Somos como uma madeira torta da qual nunca se pode tirar uma tábua reta (Kant). Por que somos assim? Eis uma interrogação que, possivelmente, só à luz da fé se poderá ganhar alguma iluminação.

Num determinado momento de nossa história fomos infiéis à luz, à vida e aos apelos do Espírito. Tal atitude fez história e nos marcou profundamente. Não nos roubou a capacidade de encontrar Deus e de amá-lo. Mas nos deixou fracos, claudicantes e incapazes de levar, coerentemente e sem rupturas, um projeto de bondade. Caímos, levantamos e tornamos a cair. Esta é a condição humana atestada pela experiência pessoal de cada um, por todas as filosofias e caminhos espirituais.

Face a essa situação decaída, precisamos da ajuda do Espírito, pois sem Ele nada existe em nós de consistente e de inteiramente puro. Em nós convivem o "velho Adão" e o "novo Adão". O Espírito reforça a presença do "novo Adão", e assim não perdemos o rumo nem a direção em nossa vida.

O Espírito está sempre trabalhando. A criação que Ele fez surgir é marcada pelo caos e pelo cosmos; quer dizer, por dimensões contraditórias, de ordem e de desordem, no nível humano, de graça e de pecado, de sapiência e de demência. Há sordidez nos comportamentos, aridez nas atitudes e doenças no corpo e no espírito. Nessas situações podemos gritar: "Vem, Espírito". Vem lavar nossa imundície, flexibilizar nossa aridez e sanar nossas enfermidades.

Somos portadores, ainda, de outras limitações e também de verdadeiros pecados: somos rígidos para com os outros, frios face ao sofrimento alheio e com comportamentos ética e moralmente desviantes, perdendo nosso equilíbrio interior e prejudicando terceiros. Novamente sentimos que não damos conta na condução de nossa vida. É então que suplicamos, humildemente: "Espírito Santo, vem". Faça-nos afáveis para com os outros; sensíveis a seus sofrimentos; dê-nos um comportamento responsável e benéfico para todos.

Por fim, para coroar uma vida segundo o Espírito, pede-se que o Espírito se faça presente por seus sete dons, anteriormente analisados (sabedoria, inteligência, conselho, fortaleza, ciência, piedade e temor de Deus). Estes dons não são outra coisa que formas concretas de atuação do Espírito nas várias situações de nossa vida.

Se tivermos mantido uma abertura atenta e generosa ao Espírito e a suas moções, teremos realizado uma vida de virtudes. Recebemos o reconhecimento por parte de Deus (mérito), mas também teremos aberto o caminho para a salvação (*exitus* = uma boa saída, em latim).

Esta salvação representa uma perene alegria, um dos frutos do Espírito Santo. Mas aqui alegria significa a vida eterna que irradia, que não sofre mais qualquer ameaça, que não conhece entropia alguma ou perda de vitalidade. Será a suprema felicidade de quem vive da vida do Espírito e convive no Reino da Trindade: do Pai, do Filho e do Espírito Santo. Como escreveu Santo Agostinho: "Eis o que será o fim sem fim; pois que outro fim queremos senão chegar ao reino que não tem fim"? (*Cidade de Deus,* XXII, 30). Isso é obra do Espírito.

2 A origem do *Veni Creator Spiritus*

Outro hino famoso dedicado ao Espírito Santo, cantado no ofício divino, nas Vésperas, é o *Veni Creator Spiritus*" ("Vem, Espírito Criador"). Seu autor foi o arcebispo de Cantuária, Estêvão Langton († 1228). Nascido na Inglaterra, fez sua carreira acadêmica em Paris, tornando-se um dos mais renomados teólogos do tempo. Fez-se amigo íntimo do Papa Inocêncio III (1160-1216), o mais poderoso de todos os papas da história da Igreja. Ainda em Paris, em 1207, este papa o fez cardeal de Cantuária. Mas, devido à oposição de alguns nobres, só pode assumir a sede em 1213. Sua importância se deve ao fato de ter colaborado na elaboração da Carta Magna, monumento do direito político inglês e mundial.

Ao lado de sua atividade política tornou-se uma grande personalidade religiosa, a ponto de ser reconhecido como "talvez o maior arcebispo inglês da Idade Média".

Os dois hinos de Pentecostes, a sequência analisada anteriormente e o atual *Veni Creator Spiritus*, eram cercados de um ritual popular singular. Era costume na Itália e na França, mas também em outros lugares, fazer chover rosas, flores e estopas incandescentes no momento em que se cantavam tais hinos. Em Roma, em Palermo, em Siena e em Florença praticavam esse rito já antes mesmo da Festa de Pentecostes, nos domingos que se seguiam à Páscoa. Chamavam-no de "páscoa rosada" (cf. RIGHETTI, M. *Storia liturgica*. Vol. II, p. 240).

Dentro das igrejas deixavam voar pombos e outros pássaros que lembravam o Espírito Santo. Das cúpulas das igrejas se lançavam fitas vermelhas, que permaneciam por oito dias esvoaçando ao vento. Todos esses ritos enfatizavam a importância de Pentecostes ao lado da Páscoa e do Natal.

Vejamos o hino em latim e com sua tradução ao lado:

Veni Creator Spiritus	Vinde Espírito Criador
Mentes tuorum visita	As nossas almas visitai.
Imple superna gratia	Enchei de graça divina
Quae tu creasti pectora	os corações que tu criaste
Qui diceris Paraclitus	Vós sois chamado Auxiliador
Altissimi donum Dei	O dom de Deus altíssimo
Fons vivus, ingnis, caritas	a fonte viva, o fogo, o amor
Et spiritalis unctio	E a unção espiritual
Tu septiformis munere	Sois o doador dos sete dons
Digitus Paternae dexterae	Sois o poder da mão do Pai
Tu rite promissum Patris	Sois o prometido do Pai
Semone ditans guttura	Ditando-nos mensagens
Accende lumen sensibus	Acendei a nossa mente
Infunde amorem cordibus	Infundi amor aos corações
Infirma nostri corporis	Rebustecei nosso corpo
Virtutem firmans perpeti	Fazei-nos firmes na virtude
Hostem repellas longius	Repeli para longe o inimigo
Pacemque dones protinus	Dá-nos logo a paz
Ductore sic te praevio	Conduzidos por um guia assim
Vitemus omne noxium	Evitaremos todo o mal
Per te sciamus ad Patrem	Por ti conhecemos o Pai
Noscamus atque Filium	E conhecemos também o Filho
Teque utriusque Spiritum	Porque de ambos procedeis
Credamus omni tempore	O cremos firmemente.

Deo Patri sit gloria	Ao Pai seja a glória
Et Filio qui a mortuis	Ao Filho que dos mortos
Surrexit ac Paraclito	Ressuscitou e ao Paráclito
In saeculorum saecula	pelos séculos dos séculos.

| Amem | Amém |

a) Breve comentário das estrofes

"Vinde, Espírito Criador": esta seja talvez a invocação mais importante que o fiel possa fazer ao Espírito Santo. Ele é o Criador, aquele que, segundo as primeiras palavras do Gênesis (1,1), pairava sobre o caos primitivo (o conjunto das virtualidades) e tirou para a existência o universo e todos os seres. Em termos trinitários, as três Pessoas Divinas sempre agem conjuntamente. Todas participam do ato criador. Mas é atribuída ao Espírito Santo uma ação singular e apropriada a Ele. Esse fato nos sugere que o Universo inteiro, como pensam não poucos cosmólogos, seja portador de espírito e de consciência. Lógico, pois ele emergiu a partir da ação do Espírito, que nunca cessou de agir em todas as fases do processo cosmogênico.

Em termos práticos: se contemplarmos a criação, os conglomerados de galáxias, as miríades de estrelas e corpos celestes, se dirigirmos nosso olhar para a natureza com sua imensa biodiversidade, se nos detivermos nos seres humanos, nos deparamos aí com uma energia, um movimento e uma irradiação que só podem provir do Espírito Santo. Nosso olhar se transfigura. Tudo se transforma num imenso sacramento do Espírito, um templo sagrado onde Ele habita e age.

Este Espírito Criador é convidado para visitar nossas almas e encher nossos corações com sua graça. Na verdade, Ele é a chama sagrada que sempre está acessa dentro de nós. A invocação tem o sentido de despertar a nossa consciência para esta presença misteriosa. Despertada, podemos de forma ativa celebrar e gozar de sua presença. Podemos construir um projeto de vida que venha sempre inspirado e iluminado pela luz do Espírito Criador. Suplicamos que sua atividade criadora se prolongue para dentro de nossos projetos de vida.

A segunda estrofe possui alta densidade teológica. De alguma forma tenta definir quem é o Espírito Criador para nós. Ele é chamado de "Paráclito", termo grego para designar o Conselheiro e Auxiliador. Não é qualquer conselheiro e auxiliador. Ele nos é entregue com esta missão pelo Deus altíssimo. Portanto, por seu caráter divino, é o Conselheiro por excelência, cujos conselhos e iluminações não se enganam nem podem nos enganar. Podemos nos entregar confiadamente a suas orientações. Por esta razão, não há reunião importante de cristãos, de bispos, de cardeais e de eleitores do papa que não comecem com cântico gregoriano deste hino, cuja beleza é incomparável por sua simplicidade e harmonia.

Ele se apresenta também como Auxiliador. Auxiliador não é aquele que faz em nosso lugar e nos dispensa de assumir nosso "cômpito". É aquele que fica ao nosso lado para nos dar segurança e ânimo, que penetra suavemente em nossa ação, potenciando-a e completando-a. É aquele que impede que nossa prática não se corrompa e se desvie do rumo certo.

Quem de nós se sente tão onipotente que não precisa de uma força auxiliar, de alguém que nos ajude e, em momentos decisivos, livre-nos de riscos e nos salve do fracasso, vendo nossos projetos queridos irem por água abaixo? Nessas situações, devemos contar com o Espírito-Auxiliador. Para isso é que Ele nos foi enviado pelo Pai e pelo Filho, para ficar sempre conosco, ao nosso lado e, mais ainda, dentro de nós.

O Espírito Criador é "fonte viva". Conhecemos águas mortas de fontes que se extinguiram. Ele é fonte de água viva. Nenhum ser vivente dispensa a água. Ela é sagrada e pertence essencialmente à vida. Por isso, não pode ser mercadoria e fator de lucro, mas é um bem universal, insubstituível e essencial, acessível a todos os viventes; especialmente aos seres humanos.

Que coisa mais bela a fonte de água viva e fresca atrás da casa, que jorra dia e noite! Ela é inesgotável. Pois assim é o Espírito Criador: dessedenta-nos a todo o momento e nos garante a substância que nos assegura a continuidade da vida: a água como símbolo da graça, da presença vital do Espírito Criador.

Simbolicamente tão importante quanto a água é o fogo. Ele ilumina e produz calor. Ele purifica e libera o ouro das gangas. O fogo está na origem do universo. O *big-bang* se produziu no interior de bilhões de graus de calor. Cada pessoa é depositária, em seu interior, de uma chama sagrada (*Fünklein*, na linguagem do místico mestre Eckhart) que lhe suscita o entusiasmo para seus empreendimentos e que o motiva para as boas ações. Eis o Espírito em ação.

Outro nome do Espírito Santo, nome sagrado que define a natureza íntima da Santíssima Trindade, é o Amor.

O amor é a maior força cósmica existente, pois tudo atrai, mantém em coesão, harmoniza e faz tudo convergir para o Reino da Trindade. Já nos referimos muitas vezes ao amor, e aqui não cabe mais fazer comentários. O Espírito Santo como amor vitaliza os seres humanos, torna-os amáveis, incendeia seus corações para se encontrarem e se auxiliarem mutuamente, tornando leve o fardo da existência. Quem tem o amor tem tudo.

A unção espiritual de que fala a estrofe se refere à consagração que alguém recebe para cumprir uma missão. Há uma presença particular do Espírito para aqueles que devem assumir situações de risco, responsabilidades públicas que afetam milhares de pessoas e representar por seus carismas e virtudes o melhor do ser humano, tornando crível Deus e a mensagem de Jesus. Luther King Jr. foi ungido pelo Espírito Santo para libertar os negros norte-americanos sem direitos civis garantidos. Gandhi foi ungido pelo Espírito para libertar a Índia da colonização inglesa. O Papa João XXIII foi ungido pelo Espírito Santo para abrir as portas e janelas do velho edifício da Igreja e adequá-la aos tempos modernos. Dom Helder Camara foi ungido para ser o grande profeta dos pobres do mundo inteiro. No fundo, cada um é ungido e escolhido pelo Espírito para conduzir sua vida segundo o Espírito, que é uma vida no amor, na compaixão, na solidariedade e na fidelidade.

A terceira estrofe trata dos sete dons por nós já analisados anteriormente. Cabe repetir que os dons significam a forma concreta com que o Espírito Santo atua nas pessoas e nas diferentes funções. Ele é a extensão da mão poderosa e amorosa do Pai.

A quarta estrofe completa a anterior. Mostra a presença do Espírito em nossa mente, despertando-a para os mistérios de Deus. Ele infunde amor, a energia insuperável que, como concluía Dante em cada cântico da Divina Comédia, move o céu, as estrelas e também nossos corações. Que triste, desamparada e absurda seria a existência se não pudéssemos amar e ser amados? Bem dizia o poeta Thiago de Mello: "Não há maior dor do que não poder dar amor a quem se ama". O Espírito move mutuamente as pessoas em direção às outras. Na gravidade do universo todos os seres se atraem, e assim também se manifesta no nível humano.

Somos seres expostos a enfermidades que podem nos enfraquecer e até matar. Também nestas situações o Espírito Criador e de vida se revela como Auxiliador. Convém sempre invocá-lo e sentir-se conduzido por suas energias revitalizadoras.

O espírito humano possui seu alimento específico: as virtudes. Estas se formam por hábitos bons que vamos exercitando, incorporando, até fazerem parte de nossa existência, a ponto de não precisarmos mais fazer esforço e nem pensar neles. Aí a virtude ganha a sua perfeição. O Espírito, Auxiliador e Conselheiro que é, está sempre nos acompanhando para que plasmemos uma vida marcada pela amorosidade, pela paciência, pela convivência pacífica, pela solidariedade a partir dos últimos; vale dizer, por uma vida virtuosa.

A quinta estrofe nos traz para a realidade conflitiva. No mundo há inimizades, injustiças e humilhações. Há o Reino e o anti-Reino, que constantemente se enfrentam. O inimigo aqui não é qualquer um. É o arqui-inimigo, o grande opositor, o causador da guerra, o portador da morte, a força do negativo que vem sob o nome de demônio. O Espírito Santo é mais forte que o forte. Ele repele para longe tudo o que é negativo e inimigo da vida.

Consequentemente nos traz a paz, sempre tão ansiada. A Carta da Terra traz uma definição de paz que é das mais objetivas e verdadeiras: "é a plenitude que resulta de relações corretas consigo mesmo, com outras pessoas, com outras culturas, com outras vidas, com a Terra e com o Todo maior do qual somos parte" (n. 16.4). Portanto, a paz não é um estado dado e automático. Ela é construída mediante relações adequadas, cujo resultado é a paz duradoura. Não é uma trégua para logo em seguida retomar o conflito. Nem é uma pacificação, fruto da imposição de uma das partes sobre as outras. A paz é o equilíbrio do movimento, é a rede de relações que se entrelaçam de tal forma que geram um mundo onde não seja tão difícil alguém ser irmão e irmã do outro, onde o amor pode florescer e dar seus bons frutos. Tudo isso só é possível com o concurso do Auxiliador universal, o Espírito Criador, o *ductor*, o condutor que nos livra de todo mal.

A sexta estrofe é eminentemente teológica. O Espírito Santo nos dá a conhecer o Filho no qual atuou permanentemente e junto com o Filho nos comunica o Pai. Segundo a teologia tradicional, o Espírito procede do Pai e do Filho; quer dizer, não pode ser pensado em si mesmo sem a sua intrínseca relação com o Pai e o Filho. A essência divina é trinitária e desde toda a eternidade as três Divinas Pessoas emergem conjuntamente e vivem em perpétua comunhão e doação mútua. Essa é a fé dos cristãos e de todas as igrejas.

Por fim, há uma doxologia, quer dizer, uma louvação às três Pessoas Divinas, ressaltando uma ação singular do

Espírito que ressuscitou Jesus e com Ele introduziu o "novo Adão", as primícias do fim bom de toda a criação. Tudo termina com um Amém, que significa uma total adesão ao que foi dito e rezado, com os votos de que tenha uma duração sem fim.

Como se infere, esta bela oração ao Espírito nos enche de serenidade e paz, pois nos sabemos iluminados e inspirados por Ele em tudo o que somos e fazemos.

3 A nós descei, Divina Luz

Há um hino sempre cantado nas igrejas e por isso tornou-se popular. Nele estão contidas as principais características da Pessoa do Espírito Santo e de sua ação na Igreja e no mundo. Vejamos primeiramente o texto, para em seguida comentá-lo brevemente:

A nós descei, Divina Luz

Em nossas almas acendei

O amor, o amor de Jesus (refrão)

Vós sois a alma da Igreja

Vós sois a Vida, sois o Amor

Vós sois a Igreja benfazeja

Que nos irmana no Senhor

Divino Espírito, descei

Os corações vinde inflamar

E as nossas almas preparar

Para o que Deus nos quer falar

a) Breve comentário do cântico

O Espírito Santo é sempre associado à luz. A luz é a realidade mais preciosa e misteriosa que conhecemos. Só sabe da luz quem conheceu as trevas. Basta a luz de um fósforo para iluminar toda a escuridão de uma sala. Por isso dizemos: a luz tem mais direito do que as trevas.

Sem a luz do sol a natureza perde seu vigor, as pessoas empalidecem e perdem a orientação. Praticamente todas as religiões usaram a metáfora da luz para expressar a divindade. As Escrituras dizem: Deus habita numa luz inacessível. Jesus é chamado luz do mundo. O Espírito é luz que transfigura todo o universo.

Como o cântico diz: Ele vem para acender em nós o amor de Jesus. Sua missão é prolongar a obra de Jesus e completá-la. Uma dimensão essencial da mensagem de Jesus é o amor incondicional, a amigos e a inimigos; amor que não conhece barreiras. É o Espírito que nos permite viver esse amor tão difícil, mas tão central da mensagem de Jesus.

Uma Igreja não pode viver só de doutrinas, de leis morais, de celebrações e de códigos de disciplina. Mais do que tudo, ela deve ser o lugar onde se pode experimentar o amor fraterno e o amor de Deus. Uma Igreja de poder tem dificuldade de testemunhar o amor porque este desaparece quando predomina o poder, por mais sagrado que seja. O poder raramente conhece a misericórdia e a magnanimidade. Uma comunidade onde a centralidade é colocada na ordem e na disciplina é uma comunidade incapaz de se irradiar porque não tem vida.

O que irradia, atrai as pessoas e as convence é o amor. Nada resiste ao amor incondicional, especialmente quando assume a forma do perdão e da misericórdia. O amor é o dom central do Espírito Santo.

Sendo Amor, Ele naturalmente é a alma da Igreja, como canta o hino. Uma Igreja, vista analiticamente, é um corpo de fiéis. São Paulo já usava a metáfora do corpo com a diversidade de membros e cada qual com sua função específica. Mas o corpo não é um cadáver. Ele possui vida, irradia vigor, espalha alegria de ser. O corpo é animado, quer dizer, possui uma alma. Esta alma é o Espírito Santo.

É Ele que impede que a igreja seja apenas uma instituição com suas normas e seus interditos. Ele usa a organização e os instrumentos necessários para a comunidade existir, para, através deles (são sempre meios e não fins), chegar às pessoas, infundir-lhes espírito de piedade, de solidariedade, de amor fraterno e de permanente abertura à Palavra. O testemunho que a comunidade dá ao mundo pelos inúmeros serviços que presta, especialmente aos mais necessitados, se vier imbuído do amor de Jesus, acendido pelo Espírito, ganha respeitabilidade e apreço de todos. É por estas ações que o Espírito, quase sempre invisível, torna-se visível. A Igreja se transforma no sacramento do Espírito Santo.

O canto afirma ainda: "Vós sois a vida". Tão misteriosa quanto a luz é a realidade da vida. Sabemos que ela irrompeu no processo cosmogênico há 3,8 bilhões de anos. Os cosmólogos e biólogos descrevem as condições sob as quais ela emergiu: num momento em que as energias universais e a matéria alcançaram alto grau de complexidade. Como um imperativo cósmico, nestas condições, emerge a vida. O que ela é, ninguém sabe. Sabe-se que ela possui interioridade, vive permanentemente dialogando com o meio, trocando energia e matéria, que lhe permitem sobreviver, expandir-se e reproduzir.

Ela é tão misteriosa que não existem religiões que não tenham denominado Deus como vida e doador de vida. A vida possivelmente não seja nem material, nem espiritual. Ela é simplesmente eterna. Vem a nós, vivifica-nos, inventa a morte para permitir que nos transfiguremos e vivamos num outro estágio junto da Fonte da vida, que é Deus. É obra do Espírito criar, manter e transmitir vida, em todas as suas formas (biodiversidade), mas principalmente vida espiritual como o temos enfatizado ao longo de todas as nossas reflexões.

O canto diz ainda que o Espírito Santo é "a graça benfazeja". Biblicamente falando, graça e Espírito Santo são sinônimos. A graça é a presença concreta e benfazeja do Espírito nas pessoas e no mundo (cf. BOFF, L. *Graça e experiência humana*. Vozes, 1998). É pela graça que somos, de alguma forma, divinizados; vale dizer, feitos "participantes da natureza divina", como nos recorda a Epístola de São Tiago.

A teologia sempre afirmou que a diferença entre uma vida em graça na terra e a vida em glória na eternidade é apenas acidental. Em sua essência, são a mesma coisa. Apenas com uma diferença: aqui na terra não sentimos a graça, salvo casos especiais concedidos pelo Espírito; no céu vivenciaremos experimentalmente e estaremos mergulhados conscientemente na graça, quer dizer, no Reino da Santíssima Trindade: do Pai, do Filho e do Espírito Santo.

Por fim, o canto termina com uma súplica: que o Espírito nos mantenha sempre preparados e abertos "para o que Deus nos quer falar". Ele não nos fala diretamente aos ouvidos. Ele nos desperta para observar os sinais dos tempos, as urgências dos outros, a situação do mundo, o destino miserável dos pobres. Deus vive nos enviando mensagens. É o Espírito que nos mantém atentos, porque, a cada vez, Ele vem uma única vez. Como dizia um filósofo pré-socrático: "Se não esperamos o inesperado, quando ele passar por nós, não o percebemos" . Assim é o Espírito. Ele é brisa suave, não é turbilhão. É sussurro, e não um brado. Então para captá-lo e acolhê-lo precisamos estar atentos e com o coração aberto e sensível.

E quando Ele desce como Divina Luz, transforma nosso olhar para identificarmos a sua presença nas dobras da vida, o que nos traz uma paz que nenhuma medicina poderá produzir. Porque é a paz, dom do Espírito, a paz perene de Deus.

Conclusão

O Espírito foi o primeiro a chegar e ainda está chegando

O Espírito Santo foi a primeira Pessoa Divina a entrar em nossa história. Armou sua tenda sobre Maria de Nazaré. Quer dizer, fixou nela sua morada permanente (Lc 1,35).

Dessa sua presença, originou-se a santa humanidade do Filho de Deus. O Verbo armou sua tenda (Jo 1,14) no homem Jesus gerado por Maria. Num momento da história, ela, a simples mulher de Nazaré, é o templo de Deus vivo: nela habitam duas Divinas Pessoas: o Espírito, que a faz "bendita entre todas as mulheres" (Lc 1,42), e o Filho de Deus, de quem é verdadeiramente mãe.

Depois, o Espírito desceu sobre Jesus e o inflamou para a sua missão libertadora. Desceu sobre a primeira comunidade reunida em Jerusalém, fazendo nascer a Igreja. Continuou descendo, independentemente se as pessoas eram cristãs e batizadas ou não, como ocorreu com o oficial romano Cornélio, ainda pagão (At 11,45). E em toda a história sempre se antecipou aos missionários, fazendo com que no coração dos povos vigorasse o amor, se cultivasse a justiça e se vivesse a compaixão. Uma vez entrado na história, nunca mais a deixou. Toma o que é de Jesus, passa-o adiante, mas também "anuncia coisas novas que hão de vir" (Jo 16,13).

É pelo Espírito que irrompem os profetas, cantam os poetas, criam os artistas, e pessoas praticam o bem e o verdadeiro. Do Espírito se moldam os santos e santas, especialmente aqueles que entregam a própria vida para a vida dos outros.

É também pelo Espírito que velhas e crepusculares instituições de repente se renovam e prestam o serviço necessário para as comunidades.

O mundo está grávido do Espírito, mesmo quando o espírito da iniquidade persevera na sua obra, hostil à vida e a tudo o que é sagrado e divino. Mas o Espírito Ele é invencível.

Ele veio uma vez e continua vindo permanentemente. Mas em momentos dramáticos como os nossos precisamos clamar: "Vem, Espírito Santo, e renova a face da Terra". Se o Espírito não vier, viveremos a paisagem descrita pelo Profeta Ezequiel (c. 37): a Terra coberta de cadáveres e ossos por todos os lados. Mas quando Ele vem, os cadáveres se revestem de vida e o deserto se faz um vergel. Os pobres receberão sua justiça, os enfermos ganharão saúde e os pecadores, que somos todos nós, receberemos o perdão e a graça.

Essa é a nossa fé e, mais ainda, a nossa imorredoura esperança.

Referências essenciais

ALDAY, S.C. *A renovação no Espírito Santo*. Rio de Janeiro: Louva-a-Deus, 1986.

_____. *O Espírito Santo na Igreja dos Atos dos Apóstolos*. São Paulo: Loyola, 1984.

ARANDA, A. *Estudios de pneumatologia*. Pamplona: Universidad de Pamplona, 1983.

ASCIUTTO, L. "Rapsodia spirituale". *Nuovo Testamento ci parla dello Spirito*. Bréscia: Morcelliana, 1989.

ASSMANN, H. *A Igreja eletrônica e seu impacto na América Latina*. Petrópolis: Vozes, 1986.

BALTHASAR, H.U. "O Espírito Santo, o desconhecido para além do Verbo". *Lumière et Vie*, 67 (1.064), p. 115ss.

BARET, C.K. *El Espíritu Santo en la tradición sinóptica*. Salamanca: Koinonia, 1978.

BASÍLIO DE CESAREIA. *Tratado sobre o Espírito Santo*. São Paulo: Paulus, 1999.

BENTO XV. "Spiritus Paraclitus". *ASS*, 1920.

BERGMANN, S. *Geist der Natur befreit* – Die trinitarische Kosmologie Gregors von Nazianz im Horizont einer ökologischen Theologie der Befreiung. Mainz: Grünewald, 1995.

BERKHOF, H. *Lo Spirito Santo e la Chiesa* – La dottrina dello Spirito Santo. Milão: Jaca Book, 1971.

BOFF, L. *O rosto materno de Deus*. Petrópolis: Vozes, 2011.

_____. *Meditação da Luz* – O caminho da simplicidade. Petrópolis: Vozes, 2010.

_____. *A Ave-Maria* – O feminino e o Espírito Santo. Petrópolis: Vozes, 2009.

_____. *Igreja*: carisma e poder. Rio de Janeiro: Record, 2005.

_____. *Espiritualidade*: um caminho de transformação. Rio de Janeiro: Sextante, 2001.

_____. *A Trindade, a sociedade e a libertação*. Petrópolis: Vozes, 1999.

BOFF, L. & HATHAWAY, M. *O Tao da libertação* – Explorando a ecologia da transformação. Petrópolis: Vozes, 2012.

BOFF, L. & LELOUP, J.-Y. *O Espírito na saúde*. Petrópolis: Vozes, 2008.

BOFF, L. & MURARO, R.M. *Feminino e masculino*: uma nova consciência para o encontro das diferenças. Rio de Janeiro: Record, 2002.

BOFF, Lina. *Espírito e missão na teologia* – Um enfoque histórico-teológico, 1850-1930. São Paulo: Paulus, 1998.

_____. *Espírito e missão na prática pastoral* – Acre: 1920-1930. São Paulo: Paulus, 1997.

_____. *Espírito e missão na obra de Lucas e Atos*. São Paulo: Paulinas, 1996.

BOURASSA, F. "Dans la communion de l'Esprit Saint". *Science et Esprit*, 34/1, 1938, p. 31-56.

BOUYER, L. *Le Consolateur et vie de grâce*. Paris: Du Cerf, 1980.

BRANDT, H. *O risco do Espírito* – Um estudo pneumatológico. São Leopoldo: Sinodal, 1977.

BULGAKOV, S. *Il Paráclito*. Bolonha: Dehoniana, 1971.

CACCIATORE, O.G. *Dicionário de Cultos Afro-brasileiros*. Rio de Janeiro: [s.e.], 1977.

CANTALAMESSA, R. *O canto do Espírito* – Meditação sobre o *Veni Creator*. Petrópolis: Vozes, 1998.

CASALDÁLIGA, P. & VIGIL, J.M. *Espiritualidade de libertação*. Petrópolis: Vozes, 1993.

CASELLES, H. "Saint Esprit: Ancient Testament et Judaisme". *Supplément au Dictionnaire de la Bible*, IX. Paris: [s.e.], 1991, p. 129ss.

CHEVALLIER, M.A. *Aliento de Dios* – El Espíritu Santo en el Nuevo Testamento. Salamanca: Secretariado Trinitario, 1982.

COMBLIN, J. *O Espírito Santo e a tradição de Jesus*. São Bernardo do Campo: Nhanduti, 2012 [obra póstuma].

———. *O Espírito Santo e a libertação*. Petrópolis: Vozes, 1987.

———. *O tempo da ação* – Ensaio sobre o Espírito e a história. Petrópolis: Vozes, 1982.

———. *O Espírito no mundo*. Petrópolis: Vozes, 1978.

CONGAR, Y.M.J. *El Espíritu Santo*. Barcelona: Herder, 1983.

———. "A blasfêmia contra o Espírito Santo". *Concilium*, 99, 1974, p. 45-57: A experiência do Espírito Santo.

CORTEN, A. *Le pentecôstisme au Brésil* – Émotion du pauvre et romantisme théologique. Paris: Karathala, 1995.

COX, H. *Fire from Heaven* – The Rise of Pentecostal Spirituality and the Reshaping of Religion in the Twenty-First Century. Nova York: Addison Wesley, 1995.

DALBESSIO, A. *Lo Espirito Santo* – Nel Nuovo Testamento, nella Chiesa e nella vita del cristiano. Milão: San Paolo, 1994.

DALMAIS, J.H. "L'Esprit de vérité et de vie – Pneumatologie grecque et latine: opposition ou complémentarité". *Lumen Vitae*, 1972, p. 572-585.

DIAZ, J. "Espírito Santo". *REB*, 6, 1971, p. 622-629.

DUHM, H. *Die bösen Geister im Alten Testament*. Tübingen/Leipzig: Mohr, 1904.

DUNN, J.D.G. *Jesus and the Spirit* – A study of the religious an charismatic experiencé of Jesus and the first christians as reflected in the New Testament. Londres: SCM Press, 1976.

———. *Baptism in the Holy Spirit* – A re-examination of the New Testament teaching on the gift of the Spirit in relation to Pentecostalism today. Londres: SCM Press, 1970.

ELBEIN, J. "A percepção ideológica dos fenômenos religiosos: sistema nagô no Brasil, negritude *versus* sincretismo". *Revista Vozes*, 71, 1977, p. 543-554.

_____. *Os nagô e a morte*. Petrópolis: Vozes, 1976.

EVDOKIMOV, P. *L'Esprit Saint dans la tradition orthodoxe*. Paris: Du Cerf, 1969.

FABRI DOS ANJOS, M. *Sob o fogo do Espírito*. São Paulo: Soter/Paulinas, 1998.

FIERRO, N. *Hildegard of Bingen and her vision of the feminine*. [s.l.]: Rowman & Littlefield, 1994.

FLANAGAN, S. *Hildegard of Bingen 1098-1179*: a visionary life. [s.l.]: Routledge, 1998.

FREYER, T. *Pneumatologie als Strukturprinzipt der Dogmatik* – Überlegungen im Anschluss an die Lehre von der "Geisttaufe" bei Karl Barth. Paderborn: Schöningh, 1982.

GALINDO, F. *O fenômeno das seitas fundamentalistas*. Petrópolis: Vozes, 1995.

GIESRIEGL, R. *Die Sprengkraft des Geistes* – Charismen und apostolicher Dienst des Paulus im 1. Korintherbrief. Thaur/Tirol: Wort und Welt Verlag, 1989.

GRÜN, A. *Confia em tua força* – Os sete dons do Espírito Santo. Petrópolis: Vozes, 2011.

HASENHÜTL, G. *Charisma, Ordnungsprizip der Kirche*. Friburgo: Herder, 1969.

JOÃO PAULO II. "Dominum et Vivificantem". *AAS*, 78, 1986.

JULIANA DE NORWICH. *Revelations of Divine Love*. Londres: [s.e.], 1952.

KLOPPENBURG, B. *Parákletos* – O Espírito Santo. Petrópolis: Vozes, 1997.

KOVEN, J. *History and Spirit* – An Inquiry the Philosophy of Liberation. Boston: Beacon Press, 1991.

LADARIA, L.F. *El Espíritu en Clemente Alejandrino*. Madri: UPVM, 1980.

LEÃO XIII. "Divinum Illud Munus". *AAS*, 1897.

LYONNET, S. "Le récit de l'Annonciation et la maternité divine de la Sainte Vierge". *L'ami du clergé*, 66, 1956, p. 33-46.

MAMBRINO, J. "Les deux mains du Père dans l'oeuvre de S. Irenée". *Nouvelle Revue Théologique*, 79, 1957, p. 355-370.

MOLTMANN, J. *O Espírito da vida*. Petrópolis: Vozes, 1998.

_____. *Doutrina ecológica da criação* – Deus na criação. Petrópolis: Vozes, 1993.

MONTAGUE, G.T. *The Holy Spirit* – The growth of biblical tradition. Nova York: Paulist Press, 1976.

MÜHLEN, H. *Einübung in die christliche Grundefahrung* – Vol. I: Lehre und Zuspruch; Vol. 2: Gebet und Erwartung. Mainz: Grünewald, 1976.

_____. *El Espíritu Santo en la Iglesia*. Salamanca: Secretariado Trinitario, 1974.

_____. *Erfahrung und Theologie des Heiligen Geistes*. Munique: Kösel, 1974.

NOUWEN, H. *A formação espiritual* – Seguindo os movimentos do Espírito. Petrópolis: Vozes, 2012.

NOVAES, R.R. *Os escolhidos de Deus* – Pentecostais, trabalhadores & cidadania. São Paulo: Marco Zero, 1985.

ORO, A.P. *Avanço pentecostal e reação católica*. Petrópolis: Vozes, 1996.

PIKAZA, X. *El Espíritu Santo y Jesús*. Salamanca: Secretariado Trinitario, 1982.

PIXLEY, J.V. *A vida no Espírito* – O projeto messiânico de Jesus depois da ressurreição. Petrópolis: Vozes, 1997.

RICHARD, J. "Conçu du Saint-Esprit, né de la Vierge Marie". Église et Théologie, 10, 1979, p. 291-323.

RIGHETTI, M. *Storia liturgica*. Vol. 3. Roma: Ancora, 1956.

ROBINSON, H.W. *The christian experience of the Holy Spirit*. Londres: William Collins, 1962.

ROLIM, F.C. *Anjos, demônios e espíritos*. Petrópolis: Vozes, 1998.

_____. *O que é pentecostalismo*. São Paulo: Brasiliense, 1997.

_____. *Pentecostalismo*: Brasil e América Latina. Petrópolis: Vozes, 1995.

ROSSATO, P. *The Spirit as Lord*. Edimburgo: T & T Clark, 1981.

SANCHIS, P. et al. *Nem anjos nem demônios*. Petrópolis: Vozes, 1994.

SANTA ANA, J. *Die politische Ökonomie des Heiligen Geistes*. Bremen: Zeitschrift Europäischer Christen, 1990.

SECONDIN, B. *Nuovi cammini dello Spirito*. Roma: Paoline, 1990.

SCHIWY, G. *Der Geist des neuen Zeitalters* – New Spirituality und Christentum. Munique: Kösel, 1987.

SCHÜTZ, C. *Introducción a la pneumatología*. Salamanca: Koinonia, 1991.

SCHWEIZER, E. *Heiliger Geist*. Stuttgart: Kreuz Verlag, 1978.

SILVA, A.C. *Hildegarda de Bingen e as sutilezas da natureza de diversas criaturas*. Rio de Janeiro: UFRJ/Instituto de Filosofia e Ciências Sociais, 2002.

SOBRINO, J. "El Espíritu, memoria y imaginación de Jesús en el mundo". *Sal Terrae*, 966, 1994, p. 181-196.

SOFIATI, F.M. *Religião e juventude*. Aparecida: Ideias & Letras, 2011.

SWIMM, B. & BERRY, T. *The Universe Story*. São Francisco: San Francisco Harper, 1992.

TERMOLEN, R. *Hildegard von Bingen Biographie*. Augsburg: Patloch, 1990.

VAN DER LEEUW, J.J. *O fogo interior*. São Paulo: Pensamento, 1987.

_____. *Phänomenologie der Religion*. Tübingen: Mohr, 1956.

VERGES, S. *Imagen del Espíritu de Jesús*. Salamanca: Secretariado Trinitario, 1997.

VOLZ, P. *Das Dämonische in Jahwe*. Tübingen: Mohr, 1924.

VV.AA. *Vem, Espírito Santo, e renova a face da Terra* – Seis estudos bíblicos. São Paulo: Cedi/CMI, 1990.

_____. "Espírito Santo: mistério e história". *Concilium*, n. 148, 1979.

_____. *Renovação Carismática Católica*: uma análise sociológica e interpretações teológicas. Petrópolis/Rio de Janeiro: Vozes/INP/Ceris, 1978.

_____. "A experiência do Espírito Santo". *Concilium*, n. 99, 1974.

_____. *O Espírito Santo*: pessoa, presença, atuação. Petrópolis: Vozes, 1973.

WEIL, P. *A consciência cósmica*. Petrópolis: Vozes, 1999.

WELKER, M. *O Espírito de Deus* – Teologia do Espírito Santo. São Leopoldo: Sinodal/EST, 2010.

WESTERMANN, C. "Geist im Alten Testament". *Evangelische Theologie*, n. 41, 1981, p. 223ss.

ZOHAR, D. *QS*: a inteligência espiritual. Rio de Janeiro: Record, 2000.

Índice

Sumário, 7

Prefácio – Pentecostes foi só o começo, 9

I. Vem, Espírito Santo; vem com urgência, 13
  1 A presença do Espírito nas grandes crises, 13
  2 A erosão das fontes de sentido, 19
  3 O Espírito na história: a derrocada do Império Soviético, a globalização, os fóruns sociais mundiais e a consciência ecológica, 22
  4 O enrijecimento das religiões e das igrejas, 26
  5 A irracionalidade da razão moderna, 36
  6 A contribuição do feminismo mundial, 39
  7 A Renovação Carismática Católica: a missão de renovar a comunidade, 40
  8 A Renovação Carismática Católica: a missão de evangelizar a Igreja hierárquica?, 48

II. No princípio era o Espírito: novo modelo de pensar Deus, 55
  1 O resgate da palavra "espírito", 55
  2 Fenômenos carregados de espírito, 59
    a) A força da natureza; ela geme e freme, 59
    b) A vida como expressão do espírito, 61
    c) A vivacidade da vida vegetal e animal, 63
    d) A irradiação da vida humana, 65
    e) O ser humano: portador privilegiado do espírito, 66
    f) A fulguração das pessoas carismáticas, 68
    g) O entusiasmo como possessão do espírito, 69
    h) A irrupção do espírito profético e da inspiração poética, 70
    i) A fortaleza do espírito face à opressão, 72
    j) Carne e espírito: dois modos de ser, 72

III. Espírito: as interpretações das experiências-base, 75
1 O animismo e o xamanismo: sua atualidade, 75
2 O *ruah* bíblico: o espírito que enche o cosmos, 77
3 *Pneuma* e *spiritus*: força elementar da natureza, 80
4 O *axé* dos nagô e yorubá: a energia cósmica universal, 81
5 Tudo é energia: a moderna Cosmologia, 83
6 O espírito no cosmos, no ser humano e em Deus, 86

IV. A passagem do espírito ao espírito de santidade, 91
1 O espírito atua na criação, 91
2 Deus tem espírito, 92
3 Deus é espírito, 93

V. O salto do espírito de santidade para Espírito Santo, 95
1 O que diz Jesus sobre o Espírito Santo?, 97
2 O Espírito Santo vem e mora em Maria de Nazaré, 103
3 O Espírito Santo cria a comunidade dos discípulos, 103
4 O Espírito Santo é Deus, 108
5 Os dois braços do Pai: o Filho e o Espírito Santo, 110
   a) Dois regimes e dois projetos: a carne e o espírito, 112
   b) O Espírito, a Igreja e os carismas, 115
   c) Conclusão: dos sinais à plena revelação do Espírito, 116

VI. Do Deus-Espírito Santo à Terceira Pessoa da Santíssima Trindade, 119
1 A fórmula do batismo, 119
2 A epíclese eucarística, 120
3 Missão e martírio, 120
4 Os homens do Espírito: monges e religiosos, 122
5 Disputas teológicas: o Espírito Santo é Deus?, 123
6 O Espírito Santo é Deus: o Concílio de Constantinopla, 125

VII. Os caminhos da reflexão sobre a Terceira Pessoa da Santíssima Trindade, 129
1 Dois modelos de compreensão: o grego e o latino, 130
2 A importância das imagens para as doutrinas, 132
3 As polêmicas sobre a procedência do Espírito Santo, 134
4 Moderna tentativa de repensar a Santíssima Trindade, 139

VIII. Os pensadores do Espírito: homens e mulheres, 143
  1 Joaquim de Fiore e a era do Espírito Santo, 143
  2 G.W.F. Hegel: o Espírito na história, 145
  3 Paul Tillich: o Espírito e a vida sem ambiguidade, 148
  4 José Comblin: o Espírito como vida e ação libertadora, 154
  5 Santa Hildegarda de Bingen: profetisa, teóloga e médica, 160
  6 Santa Juliana de Norwich: Deus é Pai e Mãe, 164

IX. O Espírito, Maria de Nazaré e o feminino pneumatizado, 165
  1 O Espírito: o primeiro a chegar e a morar em Maria, 167
  2 A cegueira intelectual das igrejas e das teologias, 169
  3 A morada do Espírito em Maria: sua espiritualização e pneumatificação, 171
  4 O Espírito gera a santa humanidade do Filho, 173
  5 A irradiação da espiritualização/pneumatificação de Maria sobre o feminino e toda a criação, 174

X. O universo: templo e campo de ação do Espírito Santo, 175
  1 A nova Cosmologia: perspectiva fundamental, 176
  2 Os principais atos do teatro cósmico, 177
  3 A criação contínua: a cosmogênese, 181
  4 O princípio cosmogênico, 182
  5 A Terra viva, Gaia, movida pelas energias do Espírito, 184
  6 O propósito do processo cosmogênico, 185
  7 O universo como templo do Espírito, 187
  8 "O Espírito dorme na pedra, sonha na flor...", 189
  9 O Espírito e o novo céu e a nova terra, 191

XI. A Igreja: sacramento do Espírito Santo, 193
  1 A morte e a ressurreição de Jesus: pré-condições do nascimento da Igreja, 193
  2 O nascimento histórico da Igreja em Pentecostes, 196
  3 Os carismas: princípio de organização comunitária, 202
  4 O carisma da unidade: um entre outros carismas, 205
  5 A convivência necessária entre os modelos de Igreja, 208

XII. Espiritualidade: vida segundo o Espírito, 215
  1 O Espírito: a energia que tudo penetra e anima, 215
  2 O Espírito de vida, 219

3 O Espírito de liberdade e de libertação, 225
4 O Espírito de amor, 228
5 Os dons e os frutos do Espírito, 236
6 O Espírito: fonte de inspiração, criatividade e arte, 242

XIII. Comentários aos hinos ao Espírito Santo, 245
1 A origem do *Veni Sancte Spiritus*, 246
a) Breve comentário das estrofes, 247
2 A origem do *Veni Creator Spiritus*, 253
a) Breve comentário das estrofes, 255
3 A nós descei, Divina Luz, 261
a) Breve comentário do cântico, 262

Conclusão – O Espírito foi o primeiro a chegar e ainda está chegando, 267

Referências essenciais, 269

Livros de Leonardo Boff, 281

Livros de Leonardo Boff

1 – *O Evangelho do Cristo Cósmico*. Petrópolis: Vozes, 1971. • Reeditado pela Record (Rio de Janeiro), 2008.

2 – *Jesus Cristo libertador*. Petrópolis: Vozes, 1972.

3 – *Die Kirche als Sakrament im Horizont der Welterfahrung*. Paderborn: Verlag Bonifacius-Druckerei, 1972 [Esgotado].

4 – *A nossa ressurreição na morte*. Petrópolis: Vozes, 1972.

5 – *Vida para além da morte*. Petrópolis: Vozes, 1973.

6 – *O destino do homem e do mundo*. Petrópolis: Vozes, 1973.

7 – *Experimentar Deus*. Petrópolis: Vozes, 2012 [Publicado em 1974 pela Vozes com o título *Atualidade da experiência de Deus*].

8 – *Os sacramentos da vida e a vida dos sacramentos*. Petrópolis: Vozes, 1975.

9 – *A vida religiosa e a Igreja no processo de libertação*. 2. ed. Petrópolis: Vozes/CNBB, 1975 [Esgotado].

10 – *Graça e experiência humana*. Petrópolis: Vozes, 1976.

11 – *Teologia do cativeiro e da libertação*. Lisboa: Multinova, 1976. • Reeditado pela Vozes, 1998.

12 – *Natal*: a humanidade e a jovialidade de nosso Deus. Petrópolis: Vozes, 1976.

13 – *Eclesiogênese* – As comunidades reinventam a Igreja. Petrópolis: Vozes, 1977. • Reeditado pela Record (Rio de Janeiro), 2008.

14 – *Paixão de Cristo, paixão do mundo*. Petrópolis: Vozes, 1977.

15 – *A fé na periferia do mundo*. Petrópolis: Vozes, 1978 [Esgotado].

16 – *Via-sacra da justiça*. Petrópolis: Vozes, 1978 [Esgotado].

17 – *O rosto materno de Deus*. Petrópolis: Vozes, 1979.

18 – *O Pai-nosso* – A oração da libertação integral. Petrópolis: Vozes, 1979.

19 – *Da libertação* – O teológico das libertações sócio-históricas. Petrópolis: Vozes, 1979 [Esgotado].

20 – *O caminhar da Igreja com os oprimidos*. Rio de Janeiro: Codecri, 1980. • Reeditado pela Vozes (Petrópolis), 1988.

21 – *A Ave-Maria* – O feminino e o Espírito Santo. Petrópolis: Vozes, 1980.

22 – *Libertar para a comunhão e participação*. Rio de Janeiro: CRB, 1980 [Esgotado].

23 – *Igreja*: carisma e poder. Petrópolis: Vozes, 1981. • Reedição ampliada: Ática (Rio de Janeiro), 1994; Record (Rio de Janeiro) 2005.

24 – *Crise, oportunidade de crescimento*. Petrópolis: Vozes, 2011 [Publicado em 1981 pela Vozes com o título *Vida segundo o Espírito*].

25 – *São Francisco de Assis* – ternura e vigor. Petrópolis: Vozes, 1981.

26 – *Via-sacra para quem quer viver*. Petrópolis: Vozes, 1991 [Publicado em 1982 pela Vozes com o título *Via-sacra da ressurreição*].

27 – *O livro da Divina Consolação*. Petrópolis: Vozes, 2006 [Publicado em 1983 com o título de *Mestre Eckhart*: a mística do ser e do não ter].

28 – *Ética e ecoespiritualidade*. Petrópolis: Vozes, 2011 [Publicado em 1984 pela Vozes com o título *Do lugar do pobre*].

29 – *Teologia à escuta do povo*. Petrópolis: Vozes, 1984 [Esgotado].

30 – *A cruz nossa de cada dia*. Petrópolis: Vozes, 2012 [Publicado em 1984 pela Vozes com o título *Como pregar a cruz hoje numa sociedade de crucificados*].

31 – (com Clodovis Boff) *Teologia da Libertação no debate atual*. Petrópolis: Vozes, 1985 [Esgotado].

32 – *A Trindade e a sociedade*. Petrópolis: Vozes, 2014 [publicado em 1986 com o título *A Trindade, a sociedade e a libertação*].

33 – *E a Igreja se fez povo*. Petrópolis: Vozes, 1986 (esgotado). • Reeditado em 2011 com o título *Ética e ecoespiritualidade*, em conjunto com *Do lugar do pobre*.

34 – (com Clodovis Boff) *Como fazer Teologia da Libertação?* Petrópolis: Vozes, 1986.

35 – *Die befreiende Botschaft*. Friburgo: Herder, 1987.

36 – *A Santíssima Trindade é a melhor comunidade*. Petrópolis: Vozes, 1988.

37 – (com Nelson Porto) *Francisco de Assis* – homem do paraíso. Petrópolis: Vozes, 1989. • Reedição modificada em 1999.

38 – *Nova evangelização*: a perspectiva dos pobres. Petrópolis: Vozes, 1990 [Esgotado].

39 – *La misión del teólogo em la Iglesia*. Estella: Verbo Divino, 1991.

40 – *Seleção de textos espirituais*. Petrópolis: Vozes, 1991 [Esgotado].

41 – *Seleção de textos militantes*. Petrópolis: Vozes, 1991 [Esgotado].

42 – *Con La libertad del Evangelio*. Madri: Nueva Utopia, 1991.

43 – *América Latina*: da conquista à nova evangelização. São Paulo: Ática, 1992 [Esgotado].

44 – *Ecologia, mundialização e espiritualidade*. São Paulo: Ática, 1993. • Reeditado pela Record (Rio de Janeiro), 2008.

45 – (com Frei Betto) *Mística e espiritualidade*. Rio de Janeiro: Rocco, 1994. • Reedição revista e ampliada pela Vozes (Petrópolis), 2010.

46 – *Nova era*: a emergência da consciência planetária. São Paulo: Ática, 1994. • Reeditado pela Sextante (Rio de Janeiro) em 2003 com o título de *Civilização planetária*: desafios à sociedade e ao cristianismo [Esgotado].

47 – *Je m'explique*. Paris: Desclée de Brouwer, 1994.

48 – (com A. Neguyen Van Si) *Sorella Madre Terra*. Roma: Ed. Lavoro, 1994.

49 – *Ecologia* – Grito da terra, grito dos pobres. São Paulo: Ática, 1995. • Reeditado pela Record (Rio de Janeiro) em 2015.

50 – *Princípio Terra* – A volta à Terra como pátria comum. São Paulo: Ática, 1995 [Esgotado].

51 – (org.) *Igreja*: entre norte e sul. São Paulo: Ática, 1995 [Esgotado].

52 – (com José Ramos Regidor e Clodovis Boff) *A Teologia da Libertação*: balanços e perspectivas. São Paulo: Ática, 1996 [Esgotado].

53 – *Brasa sob cinzas*. Rio de Janeiro: Record, 1996.

54 – *A águia e a galinha*: uma metáfora da condição humana. Petrópolis: Vozes, 1997.

55 – *A águia e a galinha*: uma metáfora da condição humana. Edição comemorativa – 20 anos. Petrópolis: Vozes, 2017.

56 – (com Jean-Yves Leloup, Pierre Weil, Roberto Crema) *Espírito na saúde*. Petrópolis: Vozes, 1997.

57 – (com Jean-Yves Leloup, Roberto Crema) *Os terapeutas do deserto* – De Fílon de Alexandria e Francisco de Assis a Graf Dürckheim. Petrópolis: Vozes, 1997.

58 – *O despertar da águia*: o dia-bólico e o sim-bólico na construção da realidade. Petrópolis: Vozes, 1998.

59 – *O despertar da águia*: o dia-bólico e o sim-bólico na construção da realidade. Edição especial. Petrópolis: Vozes, 2017.

60 – *Das Prinzip Mitgefühl* – Texte für eine bessere Zukunft. Friburgo: Herder, 1999.

61 – *Saber cuidar* – Ética do humano, compaixão pela terra. Petrópolis: Vozes, 1999.

62 – *Ética da vida*. Brasília: Letraviva, 1999. • Reeditado pela Record (Rio de Janeiro), 2009.

63 – *Coríntios* – Introdução. Rio de Janeiro: Objetiva, 1999 (Esgotado).

64 – *A oração de São Francisco*: uma mensagem de paz para o mundo atual. Rio de Janeiro: Sextante, 1999. • Reeditado pela Vozes (Petrópolis), 2014.

65 – *Depois de 500 anos*: que Brasil queremos? Petrópolis: Vozes, 2000 [Esgotado].

66 – *Voz do arco-íris*. Brasília: Letraviva, 2000. • Reeditado pela Sextante (Rio de Janeiro), 2004 [Esgotado].

67 – (com Marcos Arruda) Globalização: desafios socioeconômicos, éticos e educativos. Petrópolis: Vozes, 2000.

68 – *Tempo de transcendência* – O ser humano como um projeto infinito. Rio de Janeiro: Sextante, 2000. • Reeditado pela Vozes (Petrópolis), 2009.

69 – (com Werner Müller) *Princípio de compaixão e cuidado*. Petrópolis: Vozes, 2000.

70 – *Ethos mundial* – Um consenso mínimo entre os humanos. Brasília: Letraviva, 2000. • Reeditado pela Record (Rio de Janeiro) em 2009.

71 – *Espiritualidade* – Um caminho de transformação. Rio de Janeiro: Sextante, 2001. • Reeditado pela Mar de Ideias (Rio de Janeiro) em 2016.

72 – *O casamento entre o céu e a terra* – Contos dos povos indígenas do Brasil. São Paulo: Salamandra, 2001. • Reeditado pela Mar de Ideias (Rio de Janeiro) em 2014.

73 – *Fundamentalismo*. Rio de Janeiro: Sextante, 2002. • Reedição ampliada e modificada pela Vozes (Petrópolis) em 2009 com o título *Fundamentalismo, terrorismo, religião e paz*.

74 – (com Rose Marie Muraro) *Feminino e masculino*: uma nova consciência para o encontro das diferenças. Rio de Janeiro: Sextante, 2002. • Reeditado pela Record (Rio de Janeiro), 2010.

75 – *Do iceberg à arca de Noé*: o nascimento de uma ética planetária. Rio de Janeiro: Garamond, 2002. • Reeditado pela Mar de Ideias (Rio de Janeiro), 2010.

76 – *Crise*: oportunidade de crescimento. Campinas: Verus, 2002. • Reeditado pela Vozes (Petrópolis) em 2011.

77 – (com Marco Antônio Miranda) *Terra América*: imagens. Rio de Janeiro: Sextante, 2003 [Esgotado].

78 – *Ética e moral*: a busca dos fundamentos. Petrópolis: Vozes, 2003.

79 – *O Senhor é meu Pastor*: consolo divino para o desamparo humano. Rio de Janeiro: Sextante, 2004. • Reeditado pela Vozes (Petrópolis), 2013.

80 – *Responder florindo*. Rio de Janeiro: Garamond, 2004 [Esgotado].

81 – *Novas formas da Igreja*: o futuro de um povo a caminho. Campinas: Verus, 2004 [Esgotado].

82 – *São José*: a personificação do Pai. Campinas: Verus, 2005. • Reeditado pela Vozes (Petrópolis), 2012.

83 – *Un Papa difficile da amare*: scritti e interviste. Roma: Datanews Ed., 2005.

84 – *Virtudes para um outro mundo possível* – Vol. I: Hospitalidade: direito e dever de todos. Petrópolis: Vozes, 2005.

85 – *Virtudes para um outro mundo possível* – Vol. II: Convivência, respeito e tolerância. Petrópolis: Vozes, 2006.

86 – *Virtudes para um outro mundo possível* – Vol. III: Comer e beber juntos e viver em paz. Petrópolis: Vozes, 2006.

87 – *A força da ternura* – Pensamentos para um mundo igualitário, solidário, pleno e amoroso. Rio de Janeiro: Sextante, 2006. • Reeditado pela Mar de Ideias (Rio de Janeiro) em 2012.

88 – *Ovo da esperança*: o sentido da Festa da Páscoa. Rio de Janeiro: Mar de Ideias, 2007.

89 – (com Lúcia Ribeiro) *Masculino, feminino*: experiências vividas. Rio de Janeiro: Record, 2007.

90 – *Sol da esperança* – Natal: histórias, poesias e símbolos. Rio de Janeiro: Mar de Ideias, 2007.

91 – *Homem*: satã ou anjo bom. Rio de Janeiro: Record, 2008.

92 – (com José Roberto Scolforo) *Mundo eucalipto*. Rio de Janeiro: Mar de Ideias, 2008.

93 – *Opção Terra*. Rio de Janeiro: Record, 2009.

94 – *Meditação da luz*. Petrópolis: Vozes, 2010.

95 – *Cuidar da Terra, proteger a vida*. Rio de Janeiro: Record, 2010.

96 – *Cristianismo*: o mínimo do mínimo. Petrópolis: Vozes, 2011.

97 – *El planeta Tierra*: crisis, falsas soluciones, alternativas. Madri: Nueva Utopia, 2011.

98 – (com Marie Hathaway) *O Tao da Libertação* – Explorando a ecologia da transformação. 2. ed. Petrópolis: Vozes, 2012.

99 – *Sustentabilidade*: O que é – O que não é. Petrópolis: Vozes, 2012.

100 – *Jesus Cristo Libertador*: ensaio de cristologia crítica para o nosso tempo. Petrópolis: Vozes, 2012 [Selo Vozes de Bolso].

101 – *O cuidado necessário*: na vida, na saúde, na educação, na ecologia, na ética e na espiritualidade. Petrópolis: Vozes, 2012.

102 – *As quatro ecologias: ambiental, política e social, mental e integral*. Rio de Janeiro: Mar de Ideias, 2012.

103 – *Francisco de Assis* – Francisco de Roma: a irrupção da primavera? Rio de Janeiro: Mar de Ideias, 2013.

104 – *O Espírito Santo* – Fogo interior, doador de vida e Pai dos pobres. Petrópolis: Vozes, 2013.

105 – (com Jürgen Moltmann) *Há esperança para a criação ameaçada?* Petrópolis: Vozes, 2014.

106 – *A grande transformação*: na economia, na política, na ecologia e na educação. Petrópolis: Vozes, 2014.

107 – *Direitos do coração* – Como reverdecer o deserto. São Paulo: Paulus, 2015.

108 – *Ecologia, ciência, espiritualidade* – A transição do velho para o novo. Rio de Janeiro: Mar de Ideias, 2015.

109 – *A Terra na palma da mão* – Uma nova visão do planeta e da humanidade. Petrópolis: Vozes, 2016.

110 – (com Luigi Zoja) *Memórias inquietas e persistentes de L. Boff.* São Paulo: Ideias & Letras, 2016.

111 – (com Frei Betto e Mario Sergio Cortella) *Felicidade foi-se embora?* Petrópolis: Vozes Nobilis, 2016.

112 – *Ética e espiritualidade* – Como cuidar da Casa Comum. Petrópolis: Vozes, 2017.

113 – *De onde vem?* – Uma nova visão do universo, da Terra, da vida, do ser humano, do espírito e de Deus. Rio de Janeiro: Mar de Ideias, 2017.

114 – *A casa, a espiritualidade, o amor.* São Paulo: Paulinas, 2017.

115 – (com Anselm Grün) *O divino em nós.* Petrópolis: Vozes Nobilis, 2017.

116 – *O livro dos elogios*: o significado do insignificante. São Paulo: Paulus, 2017.

117 – *Brasil* – Concluir a refundação ou prolongar a dependência? Petrópolis: Vozes, 2018.

118 – *Reflexões de um velho teólogo e pensador.* Petrópolis: Vozes, 2018.

119 – *A saudade de Deus* – A força dos pequenos. Petrópolis: Vozes, 2020.

120 – *Covid-19 – A Mãe Terra contra-ataca a Humanidade*: Advertências da pandemia. Petrópolis: Vozes, 2020.

121 – *O doloroso parto da Mãe Terra* – Uma sociedade de fraternidade sem fronteiras e de amizade social. Petrópolis: Vozes, 2021.

122 – *Habitar a Terra* – Qual o caminho para a fraternidade universal? Petrópolis: Vozes, 2021.

123 – *O pescador ambicioso e o peixe encantado* – A busca pela justa medida. Petrópolis: Vozes, 2022.

124 – *Igreja: carisma e poder* – Ensaios de eclesiologia militante. Petrópolis: Vozes, 2022.

125 – *A amorosidade do Deus-Abbá e Jesus de Nazaré.* Petrópolis: Vozes, 2023.

126 – *A busca pela justa medida* – Como equilibrar o planeta Terra. Petrópolis: Vozes, 2023.

Conecte-se conosco:

- facebook.com/editoravozes
- @editoravozes
- @editora_vozes
- youtube.com/editoravozes
- +55 24 2233-9033

www.vozes.com.br

Conheça nossas lojas:

www.livrariavozes.com.br

Belo Horizonte – Brasília – Campinas – Cuiabá – Curitiba
Fortaleza – Juiz de Fora – Petrópolis – Recife – São Paulo

  Vozes de Bolso

EDITORA VOZES LTDA.
Rua Frei Luís, 100 – Centro – Cep 25689-900 – Petrópolis, RJ
Tel.: (24) 2233-9000 – E-mail: vendas@vozes.com.br